浙江省文化研究工程指导委员会

浙江文化名人传记精选修订丛书

原 主 编：万 斌

执行主编：卢敦基

克隆先驱

童第周传

俞为洁 著

浙江人民出版社

图书在版编目（CIP）数据

克隆先驱 ：童第周传 / 俞为洁著. -- 杭州 ：浙江人民出版社，2024. 12. -- ISBN 978-7-213-11673-5

Ⅰ. K826.15

中国国家版本馆CIP数据核字第2024V9X530号

克隆先驱：童第周传

KELONG XIANQU TONG DIZHOU ZHUAN

俞为洁　著

出版发行　浙江人民出版社（杭州市环城北路177号　邮编　310006）

市场部电话：(0571)85061682　85176516

责任编辑　祝含瑶

责任校对　何培玉

责任印务　程　琳

封面设计　王　芸

电脑制版　杭州天一图文制作有限公司

印　　刷　杭州富春印务有限公司

开　　本　710毫米×1000毫米　1/16

印　　张　13.75

字　　数　210千字

插　　页　6

版　　次　2024年12月第1版

印　　次　2024年12月第1次印刷

书　　号　ISBN 978-7-213-11673-5

定　　价　58.00元

“浙江文化研究工程成果文库”总序

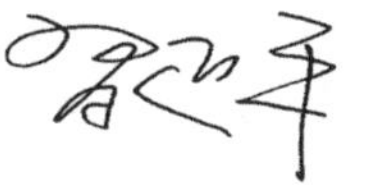

有人将文化比作一条来自老祖宗而又流向未来的河，这是说文化的传统，通过纵向传承和横向传递，生生不息地影响和引领着人们的生存与发展；有人说文化是人类的思想、智慧、信仰、情感和生活的载体、方式和方法，这是将文化作为人们代代相传的生活方式的整体。我们说，文化为群体生活提供规范、方式与环境，文化通过传承为社会进步发挥基础作用，文化会促进或制约经济乃至整个社会的发展。文化的力量，已经深深熔铸在民族的生命力、创造力和凝聚力之中。

在人类文化演化的进程中，各种文化都在其内部生成众多的元素、层次与类型，由此决定了文化的多样性与复杂性。

中国文化的博大精深，来源于其内部生成的多姿多彩；中国文化的历久弥新，取决于其变迁过程中各种元素、层次、类型在内容和结构上通过碰撞、解构、融合而产生的革故鼎新的强大动力。

中国土地广袤、疆域辽阔，不同区域间因自然环境、经济环境、社会环境等诸多方面的差异，建构了不同的区域文化。区域文化如同百川归海，共同汇聚成中国文化的大传统，这种大传统如同春风化雨，渗透于各种区域文化之中。在这个过程中，区域文化如同清溪山泉潺潺不息，在中国文化的共同价值取向下，以自己的独特个性支撑着、引领着本地经济社会的发展。

从区域文化入手，对一地文化的历史与现状展开全面、系统、扎实、有序的研究，一方面可以借此梳理和弘扬当地的历史传统和文化资源，繁荣和丰富当代的先进文化建设活动，规划和指导未来的文化发展蓝图，增强文化软实力，为全面建设小康社会、加快推进社会主义现代化提供思想保证、精神动力、智力支持和舆论力量；另一方面，这也是深入了解中国文化、研究中国文化、发展中国文化、创新中国文化的重要途径之一。如今，区域文化研究日益受到各地重视，成为我国文化研究走向深入的一个重要标志。我们今天实施浙江文化研究工程，其目的和意义也在于此。

千百年来，浙江人民积淀和传承了一个底蕴深厚的文化传统。这种文化传统的独特性，正在于它令人惊叹的富于创造力的智慧和力量。

浙江文化中富于创造力的基因，早早地出现在其历史的源头。在浙江新石器时代最为著名的跨湖桥、河姆渡、马家浜和良渚的考古文化中，浙江先民们都以不同凡响的作为，在中华民族的文明之源留下了创造和进步的印记。

浙江人民在与时俱进的历史轨迹上一路走来，秉承富于创造力的文化传统，这深深地融汇在一代代浙江人民的血液中，体现在浙江人民的行为上，也在浙江历史上众多杰出人物身上得到充分展示。从大禹的因势利导、敬业治水，到勾践的卧薪尝胆、励精图治；从钱氏的保境安民、纳土归宋，到胡则的为官一任、造福一方；从岳飞、于谦的精忠报国、清白一生，到方孝孺、张苍水的刚正不阿、以身殉国；从沈括的博学多识、精研深究，到竺可桢的科学救国、求是一生；无论是陈亮、叶适的经世致用，还是黄宗羲的工商皆本；无论是王充、王阳明的批判、自觉，还是龚自珍、蔡元培的开明、开放，等等，都展示了浙江深厚的文化底蕴，凝聚了浙江人民求真务实的创造精神。

代代相传的文化创造的作为和精神，从观念、态度、行为方式和价值取向上，孕育、形成和发展了渊源有自的浙江地域文化传统和与时俱进的浙江文化精神，她滋育着浙江的生命力、催生着浙江的凝聚力、激发着浙江的创造力、培植着浙江的竞争力，激励着浙江人民永不自满、永不停息，在各个不同的历史时期不断地超越自我、创业奋进。

悠久深厚、意韵丰富的浙江文化传统，是历史赐予我们的宝贵财富，也是我们开拓未来的丰富资源和不竭动力。党的十六大以来推进浙江新发展的实践，使我们越来越深刻地认识到，与国家实施改革开放大政方针相伴随的浙江经济社会持续快速健康发展的深层原因，就在于浙江深厚的文化底蕴和文化传统与当今时代精神的有机结合，就在于发展先进生产力与发展先进文化的有机结合。今后一个时期浙江能否在全面建设小康社会、加快社会主义现代化建设进程中继续走在前列，很大程度上取决于我们对文化力量的深刻认识、对发展先进文化的高度自觉和对加快建设文化大省的工作力度。我们应该看到，文化的力量最终可以转化为物质的力量，文化的软实力最终可以转化为经济的硬实力。文化要素是综合竞争力的核心要素，文化资源是经济社会发展的重要资源，文化素质是领导者和劳动者的首要素质。因此，研究浙江文化的历史与现状，增强文化软实力，为浙江的现代化建设服务，是浙江人民的共同事业，也是浙江各级党委、政府的重要使命和责任。

2005年7月召开的中共浙江省委十一届八次全会，作出《关于加快建设文化大省的决定》，提出要从增强先进文化凝聚力、解放和发展生产力、增强社会公共服务能力入手，大力实施文明素质工程、文化精品工程、文化研究工程、文化保护工程、文化产业促进工程、文化阵地工程、文化传播工程、文化人才工程等“八项工程”，实施科教兴国和人才强国战略，加快建设教育、科技、卫生、体育等“四个强省”。作为文化建设“八项工程”之一的文化研究工程，其任务就是系统研究浙江文化的历史成就和当代发展，深入挖掘浙江文化底蕴、研究浙江现象、总结浙江经验、指导浙江未来的发展。

浙江文化研究工程将重点研究“今、古、人、文”四个方面，即围绕浙江当代发展问题研究、浙江历史文化专题研究、浙江名人研究、浙江历史文献整理四大板块，开展系统研究，出版系列丛书。在研究内容上，深入挖掘浙江文化底蕴，系统梳理和分析浙江历史文化的内部结构、变化规律和地域特色，坚持和发展浙江精神；研究浙江文化与其他地域文化的异同，厘清浙江文化在中国文化中的地位和相互影响的关系；围绕浙江生动的当代实践，深入解读浙江现象，总结浙江经验，指导浙江发展。在研究力量上，通过课题组织、出版资助、重点研究基地建设、加强省内外大院名校合作、整合各地各部门力量等途径，形成上下联动、学界互动的整体合力。在成果运用上，注重研究成果的学术价值和应用价值，充分发挥其认识世界、传承文明、创新理论、咨政育人、服务社会的重要作用。

我们希望通过实施浙江文化研究工程，努力用浙江历史教育浙江人民、用浙江文化熏陶浙江人民、用浙江精神鼓舞浙江人民、用浙江经验引领浙江人民，进一步激发浙江人民的无穷智慧和伟大创造能力，推动浙江实现又快又好发展。

今天，我们踏着来自历史的河流，受着一方百姓的期许，理应负起使命，至诚奉献，让我们的文化绵延不绝，让我们的创造生生不息。

2006年5月30日于杭州

目录

绪　言　/ 001

第一章　坎坷求学的少年　/ 005

耕读之家　/ 005

滴水穿石的座右铭　/ 008

兄长如父　/ 009

效实的新闻人物　/ 011

第二章　如冰似火的青年　/ 015

猫吃鼠的启示　/ 015

三位老师　/ 017

这不是我待的地方　/ 022

从此走上科研路　/ 027

爱妻叶毓芬　/ 028

赌气留洋　/ 031

初露锋芒　/ 033

热血青年　/ 038
博士学位　/ 041

第三章　**国破人流离**　/ 045
投奔陈铭枢　/ 045
北上山东大学　/ 047
抗日学潮　/ 049
战火纷飞西迁路　/ 052
在中大的日子　/ 055
“同济”难同心　/ 057
来自李约瑟的敬意　/ 060
受聘复旦　/ 063
与三青团的较量　/ 065
艰难岁月里的科研成果　/ 066
反内战、反迫害、反饥饿　/ 070

第四章　**建设新中国**　/ 075
冒险回国迎解放　/ 075
肝胆相照　/ 078
第一副校长　/ 080
组建海洋研究所　/ 090
坚持学术与应用并进　/ 097
海鞘的后继研究　/ 102
文昌鱼研究　/ 103
李、摩之争　/ 111

首届遗传学座谈会　/ 120

第五章　风雨中的坚持　/ 129

步履维艰　/ 129

五教授案　/ 130

四国渔业会议　/ 134

克隆先驱　/ 136

“文化大革命”风暴　/ 145

肿瘤免疫实验　/ 150

核质杂种鱼　/ 154

第六章　老骥负重在征途　/ 157

第一个中美科研合作　/ 157

童鱼出世　/ 161

硕果累累　/ 164

鸳鸯失偶　/ 168

第七章　重生的喜悦和生命的遗憾　/ 171

乔木春华　/ 171

良师益友　/ 174

科研是靠双手做出来的　/ 179

放眼看世界　/ 181

筹建发育生物学研究所　/ 183

鞠躬尽瘁　/ 188

永远的怀念　/ 190

大事年表 / 193

参考文献 / 204

后　记 / 206

修订后记 / 210

绪　言

童第周（1902—1979）是我国实验胚胎学、海洋科学的奠基人之一，同时也是我国卓越的生物学家、教育家、社会活动家和科学界的杰出领导人。

他的身份是复杂的，他的工作是多面的，但他从来没有忘记过自己的立身之本——科研，即使百事压身，即使病魔纠缠，他都要使劲地挤出点点滴滴的时间，到他心爱的实验室去干上一会儿，因为他明白科学是干出来的，不是喊出来的，自己不动手做实验的科学家绝对成不了一个真正的科学家，充其量只是一个科学政客，而他绝不做科学政客。显微镜前端坐的身影，显微镜下灵巧的双手，已成了他人生永恒的定格。

童第周长得很瘦弱，科研风格却非常大气，而且目光敏锐，每每弄潮浪尖，走在世界科研的前沿。

20世纪50年代至60年代初，他展开关于文昌鱼发育的研究，实验设计全面、系统，取得了一系列高水平的研究成果，并在世界上首次解决了文昌鱼的实验室饲养、产卵和人工授精等问题，从而使中国的文昌鱼发育研究独树一帜，立于世界领先地位，童第周本人也因此成了有关文昌鱼发育研究的世界级权威。

20世纪50年代初，当两栖类动物细胞核移植技术刚刚在学界兴起的时候，童第周就独辟蹊径在中国创立了鱼类细胞核移植技术，在同种核移植的基础上又率先进行了异种核移植试验，并使这一领域的基础研究一直领先于国际。70年代，他又将这项技术应用于我国经济鱼类的品种培育和改良，成功培育出了高品质的可育的鲤鲫核质杂种鱼。由此，他成了世界上第一个启用鱼类作为核移植实验材料的科学家，当仁不让地成了中国的克隆先驱，使中国成为继美、英之后最先成功开展核移植技术的国家之一。

20世纪60年代，当细胞融合技术刚刚在少数国际文献中露面时，童第周就预见到了它的重大意义，带领助手们率先在我国建立起细胞融合技术，并把它应用于肿瘤免疫试验。

20世纪70年代初，国际上的生物工程还只是在原核生物上开展时，童第周又高瞻远瞩地预见到了以分子生物学手段研究发育分化的重要性，他与美籍华人生物学家牛满江合作，进行核酸诱导生物性状变化的研究，培育出了震惊世界的信使核糖核酸（mRNA）诱导变异鱼——童鱼，为我国从分子水平上研究发育生物学奠定了良好的基础。

童第周是从哲学转习生物学的，但他一生都没有放弃对哲学的学习和研究，因此他的科研充满了哲学的思索。这种思索使他得以在一个更高的层面上分析和研究学术问题，在纷杂的科研头绪中准确地找出问题的症结和关键，因此他的课题往往会在学科的重大问题上有快速和准确的突破。例如，他研究核移植的初衷就是为了探索细胞质与细胞核的关系，摩尔根基因学说认为细胞核决定一切遗传特性，但辩证唯物主义认为任何事物都是在内因和外因的共同作用下发展变化的，他敏锐地看到了摩尔根基因学说可能存在的问题，推测在遗传问题上，细胞质应该也有作用，遗传的最终表现应该是细胞核与细胞质互相作用的结果。以这个问题为突破点的一系列实验，最终不仅证实了童第周的假说，有力地完善和发展了摩尔根的基因学说，而且成就了他在细胞质和细胞核关系研究上的世界级权威地位。

童第周一生基本没有离开过教育和科研岗位，培养过众多的学生和助手。他非常注重科研和教学的结合，讲课不炒冷饭，喜欢把最前沿的科研成果带进课堂作讲解，以激发学生的学习热情，训练学生的科研选题能力。他还非常注重学生的实验操作和观察思考，以培养学生将来实现自己科研设想的实验技术能力。在全国院校大调整时期，作为山东大学第一副校长的童第周，与其他领导一起提出了扬长避短、突出特色的办学方针，发挥近海优势，创建了中国当时唯一的一个海洋学系，并确定以海洋生物学和海洋物理学作为重点发展学科，为中国海洋事业的发展培养了大批优秀的人才。在科研队伍的组合上，童第周心胸开阔，特别反对“近亲繁殖”，有意识地接收来自其他院校其他导师的学生，希望他们把好的经验和新的知识带进来，以改进和完善队伍的结构，增强队伍的科研实力。开阔的胸怀，造就了高远的目光，童第周是在当时的国内形势下仍能放眼看世界的极少数学者之一，并促成了一批又一批学生出国进修，为四个现代化建设培养了不少科研精英。教育家的称号，童第周当之无愧，他的教学理念和办学思想至今仍有很强的现实指导意义，值得我们认真学习和领会。

作为社会活动家和科学界领导，他组建和领导了中国第一个全国性的海洋研究机构——中国科学院海洋研究所，开展了一系列大规模的海洋调查和研究工作，为中国的海洋事业作出了巨大贡献。20世纪70年代初，童第周促成了中美建交后的第一个中美科研合作项目，为中国科研的现代化搭建了一个宝贵的交流平台。“文化大革命”结束后，童第周迎来了科学的春天，他不顾年老体弱，积极参加国家科学发展规划的讨论，奔波各地开展科普宣传和科研指导工作，并信心百倍地开始筹建我国及亚洲地区唯一的一所专门从事发育生物学研究的科研机构——中国科学院发育生物学研究所。

童第周热爱祖国热爱人民。新民主主义革命时期，他是顶着敌人的刺刀走在游行队伍最前面的人。中华人民共和国成立后，童第周对祖国取得的快速发展表达了由衷的赞赏，对国家为科研人员提供的科研条件也相当知足。虽然在政治运动中遭受了不公正的对待，但他始终坚信党的领导，坚信共产主义的奋斗目标，想得最多的仍是如何把浪费的时间补回来，为祖国多干点实事。粉碎“四人帮”后，他更如枯木逢春，并在77岁高龄光荣加入了中国共产党，为了科学的繁荣、祖国的强盛鞠躬尽瘁。

爱因斯坦在居里夫人的追悼会上说：“我们不要仅仅满足于回忆她的工作成果对人类已经作出的贡献。第一流人物对于时代和历史进程的意义，在其道德品质方面，也许比单纯才智方面的成就还要大……她的坚强，她的意志的纯洁，她的律己之严，她的公正不阿。她在任何时候都意识到自己是社会的公仆。”[①]这段话同样可以作为我们理解童第周光辉人生的指南。

① 童时中：《童第周的治学为人之道》，《纵横》2002年第8期，第32页。

第一章　坎坷求学的少年

耕读之家

“渔阳鼙鼓动地来，惊破霓裳羽衣曲。”安史之乱后，唐室衰微，各地藩镇割据，战乱频起。德宗贞元年间（785—805），苏州别驾童晏（字天清）为避战乱，携三子童森（字大芳）从嘉兴府举家南迁，来到了山清水秀的浙江鄞县，并在此择地定居，号曰“童村”，俗称“童家岙”，今为宁波市鄞州区塘溪镇童村。

中国人择居向来讲究风水，因为人们相信风水的好坏不仅关系着这一代人的生活，而且关系着子孙万代的安康和发达。童晏选择的这块风水宝地，三面环山，一面临水，南面是浙东四明山支脉海拔500多米的赤堇山主峰白岩山和银山岗，北面是神话传说中太白金星仙居的太白山，西面是西汉名道梅福隐居过的梅岭，东面是清澈奔腾的梅溪。村中则有两条小溪缓缓流淌在人家的门前屋后，整个村庄坐得实，望得远，宁静中蕴含着灵秀。

1902年5月28日，童第周在这块风水宝地里呱呱坠地。

童和周都是鄞县的大姓，民国以来，坊间流传着这样一句话：“周家出大官，童家出学者。”[①]其中，最被人津津乐道的“童家学者”就是童第周。

---

① 童教英：《从炼狱中升华——我的父亲童书业》，华东师范大学出版社2001年版，第1页。

鄞县童家出学者，是有深远历史渊源的。虽然从表面看，这一带的乡村和别的江南乡村并没有什么两样，但当你走进这里的人家，了解了这里的历史，你的心或许会有些微的震动，甚至萌发出些微的敬意来。因为这一带延续着深厚的儒家血脉，有着浓厚的耕读之风，村民知书达理，学而优则仕的观念更是深入人心。相传北宋名相王安石在庆历年间（1041—1048）出任鄞县知县时，就曾致力于县学的振兴，从而使教育在民间绵延成风，"田家有子皆习书"。至清末，鄞县一带的私塾已遐迩相望。据统计，从宋至清，鄞县一地就出了6名状元、1074名进士和数千举人。

童第周家的先祖为官宦门第，比一般人家自然更看重读书和功名。然世事无常，据《邹谷童氏宗谱》记载，到童第周太祖童载彬这一辈时，家道中落，已沦为地道的农家。但世家的风韵并未因此彻底泯灭，子孙取名时用以排辈分的"诗、书、甲、第、中、和"等字，兄弟分家时用以排房号的"温、良、恭、俭、让"①等字，都是体现儒家文化精髓的字眼。童第周的曾祖父童诗绪和祖父童书礼，虽然没上过一天学，不识一个字，但在家境稍有好转时，都迫不及待地去捐钱买了个"国学生"的名号撑门面。

据说童第周的曾祖父母很能干，家道由此重振，家中土地最多时已有上百亩。童第周非常敬佩曾祖父母，说："我的曾祖父很聪明，用纽扣可以算很复杂的题目，曾祖母很会持家，会养猪。"②曾祖育有五子，童第周的祖父童书礼是曾祖的幼子，为五房中的"让"房。俗话说："公婆疼长孙，父母疼尾囝。"因得母亲的特别宠爱，分家时祖父得了50亩土地的大份额。但祖父患有眼疾，无法下田劳动，家中因此长年雇着一个长工和几个季节性短工做农活。祖父先得二女，中年才喜得一子，即童第周的父亲童兆甲（字如祥，号梅芳）。因为是独子，童兆甲被家里人视为掌上明珠，待他年纪稍长，父母就卖了一部分田地，

---

① 童村的童姓后逐渐分化为"上丘田、大树下、高房、青房、祖堂下、小五房"六大房，六大房下又派生出许多小房。童第周家属"祖堂下"派生的"温、良、恭、俭、让"五小房中的"让"房。

② 童第周、煦峰、文菂：《童第周：追求生命真相》，解放军出版社2002年版，第3页。

将他送到百里外宁波城中的县学去考“邑庠生”（即秀才）[①]。童第周的父亲品行端正，孝敬父母，勤奋好学，但性格比较内向，不太爱说话，这一点童第周有点像他。童兆甲没有辜负父母亲的希望，顺利考入了县学学习，村人由此称他为童秀才。

此时，其父母的年纪都比较大了，“父母在，不远游”，所以童兆甲后来就没再出去考举人，静下心来在村里办了童村的第一所私塾，开课授徒。1905年，清政府废除了科举制度，更彻底断了他科举致仕的念头。

童兆甲的私塾，除接收本族、本村的孩子外，还顺带着接收上周岙、童夏家、白岩头、沙家等邻村的孩子上学，对家境贫寒的学生则减免学费，因此赢得了乡人的尊重。这所私塾不仅改变了童家子孙的命运（童家至今已出了几十个高级知识分子），还由此改变了童村及其附近众多农家弟子的命运，童村现已成为远近闻名的教授村。启学之道，功在千秋，童兆甲去世后没多久，蒋介石就亲自为他的墓地题写了“德音是茂”的匾额。

童兆甲是独子，且自幼身体虚弱，童第周的祖父母非常担心香火的存续问题，因此早早地就让童兆甲完了婚，娶的是同村一户中等人家的女儿，品貌端庄，为人贤惠，小两口很是恩爱。童兆甲夫妇不负父母厚望，第一胎就生了个儿子，续了香火，接着又连生五男三女，彻底打消了父母的续脉之忧。看着这一群孙子孙女，祖父母乐得合不拢嘴，对他们宠爱得不得了。每次吃鱼，怕鱼骨鲠着他们，祖父都要亲自嚼出鱼肉喂给他们吃。小第周觉得脏，还拒吃过祖父喂的鱼肉，但祖父的慈爱，已深深地铭刻在他们的心里。

童第周是童兆甲夫妇的第七个孩子，祖父和父亲商量着给他取名。童第周在辈分上属“第”字辈，因此中间一字只能是“第”字。此时祖父已年迈衰老，这种年纪的人，对什么都看开了，唯独越来越珍惜亲情，儿孙的安康成了他最大的祈求，“孩子长成人也不易啊！要叫他既好学，又平安，样样都周全”[②]。

---

① 在明清科举制度中，府学称郡庠，州、县学称邑庠。童生参加考试，获选者才能进入学校读书。若进府学，称府庠生或郡庠生，进州、县学，称邑庠生，两者在民间皆被称为秀才。

② 周文斌、林玉树：《探索生命奥秘的人——生物学家童第周》，四川少年儿童出版社1983年版，第4页。

于是，一个寄托着家族希望和祖父慈爱的名字——童第周，就这样诞生了。

晚清时期，苛捐杂税多如牛毛，百姓生活十分艰难，再加上童家人多，吃口重，到童第周出生时，童家的日子已经窘迫，仅靠童兆甲教书赚得的那几斗谷，已无法维持一家人的生计。好在此时童第周的大哥童第锦（字葵孙）已经长大成人，于是家里辞退了种地的长工，以大哥为主劳力，家里人自己耕种，以求节约成本。由此，童家成了真正的"耕读"之家。

滴水穿石的座右铭

童兆甲的私塾就建在村口，2004年笔者前去探访时，原址上已是一座水泥钢筋结构的鄞县塘溪镇赤堇小学。学校操场的一侧就是童氏宗祠的老房子，阴暗斑驳的灰墙尘檐，让人的思绪在夏日正午的烈阳下不由得恍惚起来，黄髫稚口的琅琅书声穿过百年尘封的岁月缥缈而来。

1908年，七岁的童第周跟着父亲到私塾去读书。父亲在上面讲，他就安静地在下面听，一句一句地跟着念，一字一字地跟着写。童第周一生创作过不少可圈可点的诗词作品，或师友唱和，或抒情明志，身为科学家而兼有诗才，靠的就是在私塾里打下的童子功。

有件事情让童第周终生难忘，他生前曾多次与人说起，那就是父亲写给他的座右铭——滴水穿石。关于这个座右铭，还有一个故事：

有一天，童第周看到屋檐下的石级上整整齐齐地排列着一行小坑，他觉得很奇怪，干吗要在石级上凿这样一排小坑？它们有什么用处呢？琢磨半天还是弄不明白，他便去问父亲。父亲因势利导，告诉他那些小坑不是人凿的，而是檐头的滴水敲的。小第周惊奇极了，这么软的水怎么能把坚硬的石头敲出坑呢？父亲耐心地向他解释：一滴水当然敲不出坑，但是长年累月，点点滴滴不断地敲，不但能敲出坑，还能敲出一个洞呢！成语"滴水穿石"，说的就是这个道理。

因为经济拮据，童第周虽然还小，但作为家中的男孩，也要帮着做一些力所能及的活。农活是种重体力活，一天干下来，童第周常常累得全身骨头像散了架一样，只想往床上躺，书就有点懒得读了。这时，是父亲及时地点拨了他：你还记得“滴水穿石”的故事吗？点点滴滴的檐头水只要坚持不懈，就能把坚硬的石头敲穿。学知识也要靠一点一滴地积累，坚持不懈才能获得成功。

为了鼓励童第周，父亲亲手写了“滴水穿石”四个大字赠送给他，并充满期望地说：“你要把它作为座右铭，永志不忘。”

应该说，这时候的童第周，对这个座右铭的理解还只停留在字面意义。但他是个听话和懂事的孩子，不想让父亲失望，父亲让他这样做，他就这样做，乖乖地把这幅字摆在了桌上，坚持着学习父亲教给他的“子曰”“诗云”之类的文章。

但在以后坎坷的求学和艰难的科研道路上，童第周在一次次拼搏中加深了对它的理解，更品尝了由此带来的成功的喜悦。这四个字不仅是童第周童年时的座右铭，而且成了他一生的信念。

兄长如父

童年的欢愉是短暂的，祖父过世后，大约1916年，父亲也因病去世，童家更趋衰败，养家糊口的重担整个儿压在了他大哥童第锦的身上，大哥不仅要顾着田里的农活，还要接替父亲管理私塾。15岁的童第周很想为大哥分忧，就和大哥一起去私塾教书，由于年纪小，个子又长得矮小，人称“小先生”。

大哥风里来雨里去，拼着命干，也只能勉强维持二哥童第德（字藻孙）一人在外求学的费用。

童第德小时候跌断过腿，有些跛足，无法干农活，因此家里希望他能识点字、读点书，谋条生路，而且童第德确实很有读书的天分，记性好，三四岁就能背诗词了，作文也写得很好。童第德从宁波省立第四师范学校毕业时，那时尚在世的父亲已为他联系好了去邻乡咸祥球山书院教书的工作，但童第德渴望继续读书深造，父亲很为难，觉得答应二儿子的话，就太委屈大儿子了。童第锦是个非常大度而且有远见的人，知道此事后，反过来劝父亲支持童第德的选择，“大弟能读大学是好事，毕业后能赚更多的钱，地位也不一样，对全家有好处，应该让他去”[1]。童第德没有辜负家人对他的付出，跳过预科，直接考进了刚由京师大学堂改名为北京大学的正科文科，受业于章炳麟、黄侃、马一浮等名师。据说金榜题名时，报单一直送到家门口，为童家争了一口气。但童家为此也付出了沉重的经济代价，卖掉了邻近奉化松岙的20亩水稻田才勉强维持了童第德的学费。

童第周和二哥一样，也是个很想念书的人，但他深知家境的窘困，只能把读书的愿望强压在心底，不忍在家人面前提半句外出求学的事。但十几岁的童第周毕竟还“嫩”得很，他的眼神、他的言行，无时无刻不在泄露着他心中的渴望。每当放寒暑假时，在宁波上学的学生回村的时候，他总是远远地望着他们出神。有时，他还会凑上前去，向这些童年时代的朋友打听洋学堂的情况：学校里有几个班级？每个班级都学些什么？功课难不难？老师好不好？他对学堂里的一切都有兴趣，什么都想知道。

这一切家里人都看在眼里，急在心里，只是家里实在无法再供他上学了。

二哥是个知恩图报的人，家人对他的倾力培养他铭记在心。从北大毕业后，经原来中学老师的举荐，宁波效实中学聘任了他。赴任前，他特地回了趟家，看望家人，并有心用自己的工资资助弟弟们求学。那时，中学老师的地位还是比较高的，第一年见习期每月有30元工资，以后每个月有100多元。

多年的祈盼终于有了着落，没有什么事能比这事儿更让童第周开心了。大哥也很高兴，四弟想念书的心思他最明白，现在二弟毕业了，家里的负担一下轻了好多，更难得的是二弟不忘亲情，主动提出要带弟弟去城里念书，一家人如此体谅、如此同舟共济，兄弟如此和睦、向上，大哥觉得他所承受的所有苦难和艰辛都值得了。

他们合计着先送童第周去读宁波省立第四师范学校，因为当时的师范学校可免费供给学生食宿。这样不仅可以减轻家里的负担，童第周师范毕业后，还可以回村接替大哥，负责冠山小学（在原私塾的基础上由童第锦创办）的工作。

1918年，童第周如愿考进了宁波省立第四师范学校的预科，读了两年后，

① 周静书：《童第周传》，宁波出版社2002年版，第10页。

童第周又改考学费昂贵的效实中学，接着又考上了复旦大学，之后又自费留学比利时。童第周这个农家穷孩子在求学道路上一次次艰难地迈步，每一步都凝聚着他对知识的信念和追求，更凝聚着兄长们倾尽全力的支持。可以说，没有这些理解他、支持他的兄长，就不可能有这个世界一流的生物学家童第周。

效实的新闻人物

1918年9月，童第周随二哥来到宁波，进入宁波省立第四师范学校预科学习。宁波省立第四师范学校是所洋学堂，教的课和童第周在村私塾中所学的“之乎者也”完全不是一回事，在这里，他不仅开始学习英语，而且还学到了数学等自然科学知识，这些课深深地吸引了他。

读了一年预科后，童第周进入正科一年级。但在读完一年级后，童第周改主意了，他向大哥提出了报考宁波效实中学的心愿。按他自己的说法，当时是心比天高，贪得很，感觉去效实中学读书，毕业后前途大一些。[①]因为师范学校虽然免费供给食宿，但按当时的规定，学生毕业后必须当小学教师。童第周之所以产生转学的念头，还有一部分原因可能是受了他二哥、三哥（童第谷，字芗孙）的影响。二哥从宁波省立第四师范学校毕业后，没去“安分守己”地当小学教师，却报考了当时名震海内的北京大学。三哥也曾在师范学校就读，后来觉得读师范没有意思，就转考到杭州的法律高等学校去了。兄长们的远大志向深深地影响了童第周，他也不安分起来，想搏一搏。

宁波效实中学创办于民国元年（1912）2月3日，是1911年辛亥革命后的产物。辛亥革命后，新学勃兴，当时鄞县和慈溪等地具有爱国革新思想的知名人士如陈夏常（字谦夫）、钱吟苇（字保杭）、陈屺怀（字训正）等，邀请宁波府属各县人士建立学会，并创立效实中学，校名取自《天演论》的名句“物竞天择，效实储能”。英国生物学家赫胥黎所著的《天演论》，由近代著名的资产阶级改良主义者、翻译家严复翻译成中文后，在中国思想界产生了重大影响，

①《童第周：追求生命真相》，第4页。

成了当时社会改良的理论基础之一。

效实中学“以施实学为主旨，作鼎革之先声”[1]，特别重视理科和外语的教学。考入的新生在一二年级要进行英语强化学习；三年级开始，除了中文、中国历史外，其余课程全部用英文课本和英语讲授。学校教学质量一直很高。从这所中学毕业的学生，几乎个个都能考上大学，学校成立的第二年就有四名学生跳级考入了北京大学等高等学府。因此从1917年起，上海复旦大学、圣约翰大学、光华大学等先后同效实中学签订了永久性的协议：凡是效实中学的毕业生，全部可以免试进入这些大学学习。[2]效实中学由此成了宁波最负盛名的私立中学，谁家有小孩能上这所中学，家长都颇为自豪，但这所学校的学费非常昂贵，而且入学考试非常难。

在得到大哥和家里人的支持后，童第周整个暑假足不出户，埋头备考。

极其关心着他的大哥，私下里给宁波的朋友写了一封信，请他帮忙打听效实中学的招生情况。就在开学的前几天，大哥收到了宁波朋友的回信：“遵兄至嘱，多方探问效实考期，今日获悉，该校因故年内不招新生，只招少数优等生到三年级插班。特此禀告。”[3]大哥怕童第周受不了，吭哧了半天才把这事说完整了。大哥为他如此劳神费心，童第周感动于心，但他告诉大哥自己早就知道这个消息了，他在暑假里准备的就是三年级插班生的考试。他也知道难，但不甘心就此放弃。他只有一个心愿，如果能考上，希望家里能支持他读到毕业。

家里是尽一切可能在支持他了，但学校呢？按师范学校的规定，学生若中途退学，必须补缴食宿费用。童家出不起这笔钱，于是童第周就去找校长孙绍康，诚恳地说了自己的志向和难处，最终得到了校长的理解和支持，同意他退学时不用再补缴这笔钱了。

从师范学校成功退学后，童第周就急着赶去报考效实中学。但因去宁波的航船误点，童第周错过了考试时间。好在二哥就在效实任教，学校最后通融了

---

① 李庆坤：《宁波效实中学》，载浙江省政协文史资料委员会（编）：《浙江文史集粹·教育科技卷》，浙江人民出版社1996年版，第101页。

② 李庆坤：《宁波效实中学》，载《浙江文史集粹·教育科技卷》，第103页。

③《探索生命奥秘的人——生物学家童第周》，第12页。

一下，让其补考了中文、英文和数学。考完后，二哥就急着去问校长陈夏常，校长说："你弟弟英文不行，中文也不怎么样，但数学不错，请他来上学吧！"[①] 数学共考了10题，童第周做对了9题。靠着这个比较拔尖的数学成绩，童第周在1920年9月如愿入读效实中学。

童第周这种底子的人能考上效实中学三年级的插班生，简直是个奇迹，他由此成了学校的"新闻人物"，冷嘲热讽也随之而来。因为他的考入成绩是插班生中的倒数第一名，因此被讥讽为"牛尾巴上的苍蝇"，迟早要被甩掉——不是留级，就是退学。

进入效实的第一年，是童第周最困难的一年。他插入的班级，一共只有12个人，课本全部是英文的，老师也用英语讲课。老师讲课时，他什么也听不懂，几何更是一窍不通，英文则是一问三不知。老师们为此很伤脑筋，想让他留一级。但童第周没有放弃自己，白天没有时间，就利用晚上熬夜补习。晚上九点半教室熄灯后，别的同学都回寝室睡觉了，他就去找个有路灯的地方继续看书。童第周睡得晚起得早，同寝室的人几乎见不到他，时间一长，流言又起，说他肯定是谈恋爱去了。好在学监和老师都曾看到过在路灯下熬夜苦读的童第周，才还了他清白，并特许他延长在教室的夜自习时间，且再也没有提留级的事。

努力的童第周还碰到了一批好老师。他的数学老师蔡曾祜尤擅代数，与当时正始中学著名的几何老师陈积骅齐名，人称"陈几何，蔡代数"。童第周非常感谢蔡老师对他的信任和鼓励，也非常敬佩蔡老师的学问和为人，晚年的童第周曾深情地对蔡老师的女儿蔡文萦说："蔡先生虽然是数学老师，但他改卷时连英语语法不通或字母拼错都一一加以改正，那红笔书写的一行行小字，整整齐齐地插在学生的答题之间，其功夫真是可贵，我们非常崇拜。"[②]

童第周需要补习的知识实在是太多了，一个只有私塾底子的人，一下子要跟上一个洋学堂中学三年级的课程，确实太难为他了，何况这还不是一所一般的洋学堂，而是以严教高质出名的效实中学。虽然他拼命地努力，但科学是来

---

①《童第周：追求生命真相》，第5页。

②《童第周传》，第27页。

不得半点虚假的，不懂就是不懂，半桶水只能是半桶水，童第周第一学期的总平均分数只有45分。陈校长十分担心地对他说："下学期如果总平均分再不及格只好留一级了。"童第周对校长说："一定努力赶上去。"[①]这是他对校长的承诺，更是对自己的鞭策。

童第周相信有付出总会有收获，持之以恒，滴水总会穿石。他更刻苦、更努力了。随着知识结构的逐渐完善，童第周的成绩开始稳步地直线上升。第二学期期末考试时，他的几何课竟然考了100分，而且全学年平均分数近70分，当时全班第一名也只有70几分。童第周又一次成了效实的"新闻人物"，不过这次，同学们更多的是羡慕和敬佩。

在自己的努力和老师的关心下，到四年级期末考试时，他的总成绩已名列全班第一。童第周再次成了人们关注的"新闻人物"，这次谈论的话题是：童第周是怎样从"倒数第一"变成"正数第一"的。连陈夏常校长也无限感慨地对童第周的二哥说："我当了十几年校长，第一次碰到进步这么快的学生。"[②]

对于这段经历，童第周承认对自己的一生影响很大："在效实的两个'第一'，对我一生有很大影响。那件事使我知道自己并不比别人笨，别人能做到的，我经过努力也一定能做到。世上没有天才，天才是用劳动换来的。"[③]

①②《童第周：追求生命真相》，第5页。

③ 尤为：《少年童第周》，《家庭教育》2003年第9期。

第二章　如冰似火的青年

猫吃鼠的启示

那时候的中学，实行的是1912年公布的壬子学制，小学七年，中学四年，因此1922年7月童第周就从效实中学毕业了，并准备直升圣约翰大学。但恰在这时，大哥生了重病。家里的田地山林无人管，私塾的学童没人教，整个乱了套。而此时，二哥在城里教书，三哥在杭州读法律高等学校，小弟还在念私塾，童第周不忍大哥焦心，主动放弃上大学的机会，回来管家，把一切料理得井井有条。

第二年，大哥病愈，童第周就去投考北京大学和南京的国立东南大学，但因近一年的学业荒疏，没有考上。于是就在同年9月到上海复旦大学哲学系做特别旁听生，1924年7月才正式考入复旦大学。

童第周的二哥很喜欢哲学，尤其欣赏乡贤王阳明"知行合一""知行并进"的哲学思想和"格物致知"的研究方法。这对童第周影响很大，他也因此喜欢上了哲学。在效实中学读书时，他就开始看哲学书，希望中学毕业后能考上大学的哲学系。

但当时的复旦哲学系基本处于"国粹""子曰"满天飞的状态，新思想一点也进不来。满怀信心而来的童第周开始彷徨，开始怀疑自己选择的专业对社会是否有用，自己是否真有兴趣，这个专业是否还值得自己学下去。这时，一个偶然的机会改变了童第周一生的选择。

一天，系里贴出了一张布告："本校校长郭任远先生，定于今日下午三时，在哲学系大课堂作学术讲演，欢迎诸位届时参加。"[①]

此时，童第周对各种空洞无物的讲座已毫无兴趣，但从他身边走过的两个学生的对话却引起了他的注意。一个说：郭校长是心理学界少有的权威，他的报告一定是很有水平的。另一个说：听说郭校长专门研究猫和老鼠的行为，今天下午他作报告，应该有这方面的内容吧！

在复旦读了这么长时间的书，童第周还是第一次听说有人专门在研究"猫和老鼠的行为"，这一下子激起了他的兴趣。

郭任远当时刚从美国留学回来，雄心勃勃，除积极筹办心理学系，开授心理学课程外，还举办了一系列的心理学讲座。头两次讲座在101大教室举办，据说座无虚席，连门外、窗外都站满了人。但因演讲内容比较专业难懂，所以听众逐渐减少，后面的讲座改在了较小的A11教室，后来又改到了更小的A6教室。听众越来越少，弄得郭任远越讲越没劲，只好提前结束了这个系列讲座。[②]童第周听的不知是郭任远的哪次讲座，从各种情况推测，很可能是头两次中的一次。

那天的讲座中，郭任远着重讲了他正在研究的"猫和老鼠的行为"。当时，世界心理学界流行的是"动物本能说"。心理学家们认为，猫要吃老鼠，这是猫的本能。但郭任远不同意这个说法，并用实验推翻了"本能说"，证明猫吃老鼠不是先天的本能，而是通过后天学习获得的。

郭任远设计的实验很有趣。他把猫和老鼠从小关在一起，发现它们并不相犯。等猫稍大些，有时想以大欺小、冒犯老鼠时，郭任远便在它们之间安装一个小电网，猫一伸爪子便触电，就会本能地缩回爪子。让猫这样碰碰缩缩一段时间后，再把电网去掉，这时猫就再也不去碰老鼠了，彼此仍和小时候一样相安无事。由此证明：猫不是从娘肚子里生下来就想吃老鼠的，而是后来跟着母

---

①《探索生命奥秘的人——生物学家童第周》，第19页。

② 温崇信：《把你的身体放在床上》，载彭裕文、许有成（编）：《台湾复旦校友忆母校》，复旦大学出版社2003年版，第470—471页。

猫或同类在生存斗争中学会的，如果有意让它在捕鼠这事上受些挫折，它就不吃老鼠了。

这个讲座给童第周留下了深刻的印象，让他真正认识到了科学的严肃性，明白了只有通过实验，才能推翻旧的学说，论证新的想法。他由此对科学实验产生了浓厚的兴趣，并终身乐此不疲。

三位老师

童第周晚年回忆说：对他一生影响最大的三位老师是郭任远、蔡翘和蔡堡。[①]

郭任远（1898—1970）出生于广东汕头市的一个经商家庭，是中国现代著名的心理学家。早年就读于上海复旦大学，1918年赴美国加利福尼亚大学伯克利分校攻读心理学，曾得到新行为主义代表E.C.托尔曼教授的赏识。1921年，还是大学四年级学生的郭任远就在美国《哲学》杂志上发表了名为《取消心理学的本能说》的论文，主张废除心理遗传的说法，认为有机体除受精卵的第一次动作外，别无真正不学而能的反应，批评锋芒不仅直指心理学权威哈佛大学心理学系主任麦独孤，还触及美国行为主义的创始人华生，震惊了当时的美国心理学界。1922年和1923年，他又乘胜追击，先后发表了《我们的本能是怎样获得的》《反对本能运动的经过和我最近的主张》等论文。郭任远因此被称为“超华生”的行为心理学家。

1923年，郭任远在完成博士论文后回国，任上海复旦大学教授，并兼任副校长。年轻有为且血气方刚的郭任远，以超常充沛的精力，投入到学术研究活动和学校的行政管理工作中。

在学术上，他不仅向国内大量介绍西方的行为主义心理学，还用自己独创的方法进行动物行为的实验研究。如通过前述的猫、鼠实验，证明猫、鼠关系主要是由后天训练培养而成；他还在鸡蛋壳上开一扇“天窗”，观察鸡胚胎的

①《童第周：追求生命真相》，第12页。

行为发展，为胎教提供了一定的理论和实验依据。为此，他在学术上取得了丰硕的成果，出版和发表了大量的著作和论文，极大地丰富和发展了行为主义心理学。虽然郭任远是个极端的机械论者，但正是他以实验的方法把比较唯心而且玄虚的心理学“捧”进了科学之门，使心理学最终成为一门名副其实的现代科学。

在行政管理上，郭任远也充分展示了他的领导能力。1923年秋，郭任远在复旦大学试办了心理学系。1924年2月，心理学系发展为心理学院，这是中国第一座心理学院，培养造就了中国第一批生理学和心理学人才。当时各个大学的生物学系，大多仍停留在动植物的形态描写和分类研究上，唯独他开始了实验动物学的研究。

郭任远成为代理校长后，采取了一系列改革措施，其中对心理、生理学科的建设是郭任远对复旦最大的贡献之一。1925年起，中华教育文化基金会每年拨款1万元，帮助复旦发展生物学科；同年9月，郭任远设立心理学院附属实验中学，并亲任中学部主任。此外，郭任远还出面向其族叔、潮州巨商郭子彬募资兴建心理学院大楼，郭子彬与其子郭辅庭共同出资5万银圆，于1926年6月建成“子彬院”。但不久，郭任远被调离复旦。

郭任远在任期间，复旦大学的生物学科得到了长足的发展，蔡翘、蔡堡、许襄、李汝祺、董世魁、许逢熙等陆续来到心理学院任教，号称一系七博士，教师阵容非常强大。而这个时期，童第周正在复旦读书，因此从专业学习上来说，童第周赶上了一个好时机。

虽然童第周后来对郭任远没有太多好感，在政治观念上也有分歧，对其个性行为也不太看得惯，但他并没有因此忘记自己处于求学迷茫的时候，是郭任远一个有关猫鼠实验的讲座，引领他走上了科学研究的道路。童第周对他的评价非常客观：“我的老师郭任远在政治上很落后，业务上很强，他是留美学生。他在心理学上有一个突出的贡献，就是打破了曾经风行一时的‘动物本能说’……通过这个试验[①]，我联想到，一切都要通过实验，通过实验打破前人的

① 指上述的猫、鼠试验。

学说。这是我从郭任远老师那里得到的终生难忘的教诲。郭任远老师的教学方法是提倡自己看书，然后大家讨论谈体会，另一方面要大家看杂志，这都是启发式教学。从那时起我就养成了看杂志的习惯。”[①]因为专业杂志上的文章往往代表了最前沿的研究和新的研究动态。

蔡翘和蔡堡则是童第周在学问和人品上都非常敬重的两位恩师。

蔡翘（1897—1990）是我国生理学的奠基人和开拓者、著名的生理学家和医学教育家。他早年留学美国，成绩斐然，在大脑中发现了后来以他姓氏命名的“蔡氏区”，并揭示了蔡氏区与视觉和眼球运动功能有关的结构基础。1925年，蔡翘回国后任教复旦，主讲生物学和生理学。1927年，蔡翘应罗志希之邀，来到中央大学，在那里创办了生理学科，并编写出版了我国第一本用中文表述的大学生物系课本《生理学》。1937年，中央大学医学院内迁成都华西坝，在这国难当头、物资匮乏、物价暴涨、科研条件极其困难的情况下，蔡翘挑起生理研究所和生化研究所的重任，并于1938年秋发起成立了“中国生理学会成都分会”，把当时在华西坝的中央大学、华西大学、齐鲁大学等医学院中的生理学工作者团结在一起，开展学术交流活动，童第周也是其中的会员。1941年6月，以蔡翘为主编、金陵大学农学院朱壬葆教授和华西大学医学院生理学教授道启真为编委的《中国生理学会成都分会专刊》出版。蔡翘先生不仅为学有成，而且为人正直，对学生考试走后门以及当时由这些医学院合办的一所医院里的医生开处方拿回扣的恶习，给予了坚决的抵制和批评，甚至在齐鲁大学医学院侯宝璋教授主编的《学思》杂志上发表署名文章，严词斥责这种行为。但他对同事和学生却宽厚慈爱，发动大家在研究所的空地上种菜以补充食物的严重不足；发工资后，又马上派专人外出采购，为大家带回生活必需品，既节约了大家的时间，又以最快的速度在最大限度上抵消了因物价暴涨引起的法币贬值。新中国成立后，因国家之需，蔡翘披上戎装，献身国防事业，开始最尖端的航空航天和航海、潜水医学的研究，后又出任军事医学科学院院长，为祖国国防事业的发展贡献了毕生的心血。

---

①《童第周：追求生命真相》，第6—7页。

童第周是蔡翘在复旦大学任教时的学生，蔡先生的为人为学，赢得了童第周的衷心爱戴和尊敬。1938年，内迁四川的山东大学解散后，童第周应聘到中央大学医学院任教，当时接聘的主要原因据说就是他得知蔡翘也在那里任职。童第周和蔡翘一直保持着联系，新中国成立后，两人同在北京工作时，童第周每年春节都去老师家拜年，师生关系非常融洽。1990年蔡翘先生去世时，人们在他的遗物中发现了一张他珍藏多年的照片，是童第周等五位复旦学生在20世纪70年代的一次合影，照片背后有这五位学生给老师的题诗留念：

五十年前师生情，
今日回忆倍觉亲。
沪地同窗共聚首，
古稀年要鼓干劲。

——蔡老师蔡师母留念

您的学生们：冯德培、徐丰彦、沈霁春、童第周、朱鹤年敬赠。[①]

冯德培、朱鹤年和徐丰彦主攻生理学研究，冯德培还获得过中华医学会奖章及奖金。童第周和沈霁春则致力于实验胚胎学的研究，并先后回复旦任过教。冯德培和童第周于1948年当选为中央研究院院士。

蔡堡（1897—1986），浙江余杭仓前镇人，1923年从北京大学地质系毕业后，去美国耶鲁大学和哥伦比亚大学的研究院留学，1926年获哥伦比亚大学动物学硕士学位后回国，先后任复旦大学、中央大学和浙江大学教授，是中国动物学会的创始人之一。

童第周和蔡堡既是师生，又是浙江老乡，而且两人年龄和个性都比较接近，所以童第周对蔡堡除了敬重之外，更有一份自然的亲近。

两人的友情源于童第周在复旦读书的时候。童第周听了郭任远的讲座后，兴趣转到了科学研究上，于是他就经常去听当时的细胞学权威蔡堡先生的课。

---

① 张石：《中国的脊梁——纪念著名科学家蔡翘百年诞辰》，《人物》1998年第4期。

每次听课后，童第周都要拖住老师问一大堆的问题。蔡堡很欣赏他，不仅为他仔细讲解，还经常指点他去看一些参考书，培养他独立思考和解决问题的能力。最让童第周感动的是：有一次，他被一个想了几天都没想明白的问题折磨得寝食难安，于是冒冒失失地在中午敲了蔡老师的门。看到刚要午睡的老师急急忙忙来开门，童第周不好意思了，结结巴巴向老师道歉、解释。蔡堡赶紧把他往里让，嘴里还不停地安慰童第周：不要紧，不要紧，我一般很少午睡的。蔡老师的厚道和热情，给童第周留下了深刻的印象。

这个让童第周百思不得其解且上门搅了蔡堡先生午觉的问题是：我们天天在研究生物的生理功能，可是生物是怎样繁衍下来的呢？蔡堡先生详细向他讲述了生物学的发展历史，告诉他小孩和所有的生物一样，都是由胚胎发育而来的。童第周第一次知道生理学之外，还有一门叫胚胎学的学科。蔡堡先生为童第周打开了一扇神奇的大门，童第周兴奋地迈了进去，踏踏实实、一步步地向前走，终成中国实验胚胎学的奠基人。

生殖细胞虽具有与其他细胞类似的基本结构：细胞核、细胞质和细胞膜，但它具有全能性，可以产生复杂的有机体。实验胚胎学就是用不同的方法，如针刺、分离、结扎、移植、离心等，改变它们的结构，干扰胚胎的发育，以了解发育的因果关系。

童第周对蔡堡的回忆充满了感情："蔡堡先生现在在浙江杭州大学当教授。他对我在业务上影响也很大，搞科学研究很认真，治学严格，一丝不苟。他写的书很多，教课很严，人很厚道。他使我走上了科学的道路。叶毓芬当助教时，就住在他家中。1976年叶毓芬去世时，他还作了一首哀悼诗。①我们与蔡堡先生经常有书信来往。"②

"叶毓芬当助教时，就住在他家中"，这几个字的简单记述，却是童第周夫妇终身铭记的一份恩情。童第周在比利时留学时，还在中央大学读书的叶毓芬生下了女儿童夙明，在南京举目无亲的叶毓芬一筹莫展。这时，正是蔡堡夫妇

① 蔡堡善诗，"文化大革命"后曾任杭州"西湖诗社"社长，留存有《诗集》手稿。

②《童第周：追求生命真相》，第13页。

伸出了援助之手，把她接到了家中，待她如亲生女儿。叶毓芬快毕业时，又是蔡堡先生东奔西跑帮她找工作，因为此时的叶毓芬不仅急需一份工作来养活自己和女儿，还得挤出一份钱接济在国外自费留学的童第周。终于，蔡堡为她在学校找了一份助教的工作。这个工作来得实在不容易，因为那时毕业即意味着失业，何况她还是一个带着婴儿的年轻母亲，谁能要她？受人滴水之恩，必当涌泉相报，据说1979年童第周就是应蔡堡先生之邀来杭州作科学报告的，当时童第周的心脏病已经比较严重了，但他不忍拒绝老师的邀请，也没告诉老师自己的病情，坚持着来了，结果在3月6日的报告会上晕倒。回京后，他的病情进一步恶化，于3月30日去世。

这不是我待的地方

童第周从复旦大学毕业时，蔡堡先生曾想让他留校任教，可惜最后没留成，童第周只好回了老家。

由于当时国内局势不稳，工作非常难找。母亲看着读了这么多年书却找不到一份差事做的四儿子，心中甚是焦急，不停地唠叨，催促几个哥哥赶紧帮他想办法。哥哥们何尝不着急呢？只是这年月找个工作真的很不容易。母亲想起在宁波一家银行供职的三儿子童第谷有个朋友和陈布雷认识，提议能否去通通这个关节。

陈布雷（1890—1948），原名陈训恩，出身于富庶家庭且天资聪颖。清光绪二十九年（1903），14岁的陈布雷在宁波府科考中名列第一，由此名扬宁波。但聪慧的陈布雷并不是个“书笃头”，相反，因受董子咸等人革命思想的影响，他思想激进，具有强烈的反清情绪和民主、科学的观念。早在宁波府中读书时，就因发表言辞过激的演讲而被迫退学。1907年，陈布雷考取浙江省高等学堂哲史政法科，从此眼界大开，不仅广泛阅读《复报》《民报》《新世纪》等进步刊物，而且积极参加力保铁路国有的“浙路拒款”等进步的社会活动。从浙江省高等学堂毕业后，陈布雷进入《天铎报》工作。1911年10月10日，孙中山领导的辛亥革命在武昌取得胜利，消息传到上海，陈布雷立即撰文为之欢呼，力排异议，在全国都称其为“匪”的时候，誉称其为武昌“革军”，并以《谈鄂》为题，连发10篇评论为其助威。1912年元旦，孙中山就职中华民国临时大总统，发表《告友邦人士书》。因为原稿是英文的，陈布雷就亲自翻译，并在第二天的《天铎报》上全文刊登。此事引起总编李怀霜的不满，种种刁难之下，陈布雷被迫辞职。1912年，陈布雷回到宁波效实中学任教，其堂兄陈训正是效实的创建人之一，这一干就是九年。1921年，陈布雷受陈训正之邀，出任上海《商报》编辑主任。1927年2月，在陈布雷的堂兄陈训正及国民党元老张静江、戴季陶等人的极力推荐下，蒋介石决定邀请陈布雷担任他的幕僚长。盛情难却，陈布雷加入国民党，但执意返回上海，“只愿办报，不愿为官”。蒋介石岂肯轻易放过看中的人，1927年4月，陈布雷被“连哄带骗”地推上了浙江省政府秘书长的位置，5月又赴南京任国民党中央党部秘书处书记长，1928年曾辞职赴上海办报，但1929年6月又随蒋介石赴北平，1929年至1934年出任浙江省教育厅厅长，其间还赴南京任国民党教育部次长，此后更是步步高升，号称蒋介石的“文胆”。

想想也没什么别的法子了，于是童第谷就去找了朋友。朋友挺热心，答应帮忙，而且很快就为这事去拜访了陈布雷，小心翼翼地向他推荐童第周。因为大家都知道陈布雷的脾气，一般不肯为人介绍工作。好在陈布雷1912年到1920年曾在效实中学任教，对童第周这个当年学校里的“新闻人物”有点印象，所以比较爽快地答应帮他推荐，但前提条件是只能安排在军队里，因为地方上已没有位置了。没多久，童第周就收到了军队来函，被告知已安排他到南京国民革命军总司令部下属政治部的宣传处工作，望他按时到职。

童第周的心情矛盾极了，出了大学，走进兵营，这的确不是他的愿望，甚至出乎他的意料。但自己这个年纪了，在家吃闲饭总不太说得过去，上学的时候，生活费就由二哥和家里供给，现在毕业了，总不能让他们再长期供养下去吧！虽然不称心，但不管怎么说，这总是一个能养活自己的工作。于是1927年7月，童第周前去报到，部队给了他一个中尉军衔，每月工资60银圆。

1925年孙中山逝世后，原以孙中山为首的大元帅府，改组为国民政府。国民革命军于1926年7月开始北伐战争，在全国人民的热烈拥护和共产党、革命的国民党人（即国民党左派）的奋斗之下，不断取得胜利，并于1926年10月击破反动军阀的重重防线，攻占武昌。但当时担任国民革命军总司令的蒋介石是国民党右派的代表，他们不断策划阴谋，把矛头指向共产党人，破坏共产党在全国人民中不断增长的威信，排斥共产党人对军队的领导。而当时共产党的领导人陈独秀，对国民党右派的进攻抱着消极的态度，益发助长了蒋介石的反共气焰。童第周所在的南京国民革命军总司令部，此时基本控制在国民党右派的手里，因此童第周整天忙进忙出要干的事情，就是贯彻蒋总司令的饬令，满耳听到的都是对共产党的诅咒。

童第周出生的童家岙，虽然是个很有点世外桃源味道的小山村，却蕴藏着深厚的民族气节。明末清初曾隐居童家岙的著名史学家、文学家全祖望，就是反清志士的后代。清兵南下时，他的曾祖全大和、祖父全吾骐率全家避难于鄞县鄞江桥，后来全祖望的父亲全书又带领全家迁居童家岙，并在村口筑起了抗敌的石墙。全祖望自小耳闻目睹明清之际志士们不屈不挠的斗争事迹，民族气节已深埋在他的心里。他曾怒砸乡贤祠中供奉的降清明官谢三宾和明将张杰的神位，并且为抗清复明活动中殉难的民族英雄王翊、董志宁、冯京第合葬的“三忠墓”精心撰写了墓碑。全祖望对这些义士十分敬佩，他在《鲒埼亭文集》中，为史可法、张苍水、钱肃乐、王栩、华夏、施邦珍、魏耕、董志宁、朱永祐、夏子龙、周立懋等在江南一带为抵抗清兵南下而殉难的烈士都立了传。当他从堂伯母——张苍水的女儿那里了解到张苍水的生平事迹后，又满怀敬意地撰写了比前人更为详尽的《明故权兵部尚书兼翰林院侍讲学士鄞张公神道碑铭》，以此寄托自己的哀思和志向。这种气节通过历史的传承深深地融入了童第周的血脉。

童第周后来就读的效实中学，更是一所具有光荣革命传统的学校。学校创办人中有不少孙中山领导下的同盟会会员，有些还直接参加了辛亥革命时宁波地区的光复活动。1918年5月，北洋军阀政府同日本秘密签订了卖国的《中日陆军共同防敌军事协定》和《中日海军共同防敌军事协定》，爱国学生群起反抗。留日的效实学生叶桂宜为此返回家乡，开展爱国反日活动。效实校友会召开师生大会，邀请他演讲，还把他的演讲稿印发给省立第四中学等七八所中学的学生，并由此成立了“宁波学生团”，进行“拒约反日”斗争。1919年，五四爱国运动在全国蓬勃开展之时，效实学生也组织起“效实学生自助会”积极响应，5月19日由各校推举代表成立的宁波学生联合会中，效实学生袁敦襄、张坤镛先后被推举为学联主席，带领全市学生投入轰轰烈烈的反帝反封建的爱国民主运动。童第周有个同班同学思想非常进步，私藏有不少共产主义的书籍，并偷带到学校看，童第周也因此跟着偷看了几本。童第周在1978年回忆自己的一生时，仍清楚地记得那时看过的一本书中有这样两句话：“漫天撒下自由种，伫看将来暴发时。”[①]可见当时这些“赤书”留给他的印象有多深刻。

在复旦读大学时，童第周也不是一个“安分”的学生。1925年上海发生“五卅”惨案时，童第周就与同学们一起走上街头示威抗议，险些被捕，幸亏他反应敏捷，一步跃上疾驰而来的汽车，才逃脱了追捕。虽然给他们上课的陈望道等人就是共产党员，但当时国民党仍打着革命的旗号，国共尚未分裂，打倒军阀、夺取北伐革命的胜利还是全国人民的共同信念，而且这些共产党人还都没有公开自己的身份，因此童第周经人介绍就加入了国民党，[②]并和友人一起创办进步小刊物，下乡宣传爱国思想。但就在他1927年大学毕业的前夕，国民党反动派公开背叛了革命，在上海制造了震惊中外的“四一二”反革命政变，童第周被鲜血惊醒了，彻底认清了国民党的本质，从此脱离国民党，再也没有参加过国民党的组织活动。

因此，现在南京的这种“工作”环境，对童第周来说，是话不投机半句多，格格不入，心情极其压抑。

9月的一天，宣传处的少校处长交给童第周一个任务，要他起草一份声讨共产党的宣传材料。童第周不想写这种东西，就顶了他两句。处长觉得这个年轻人不识抬举，而且思想也有点问题，很是生气，甩下几句带威胁性的难听话，转身就找别人写去了。处长走后，童第周的心情异常烦躁，种种的不顺涌上心

---

①《童第周：追求生命真相》，第5页。

② 童第周的助手和长期合作者吴尚勤的档案里，意外地混杂了一本童第周的国民党党证。证上的颁发时间是1926年，证件编号是“浙字12586”。（详见薛原：《南海路7号：海洋科学界的陈年旧事》，山东画报出版社2016年版，第97—98页。）

头，情势已经明摆在那里，他再待在这里绝不会有什么好果子吃，得为自己另找一条出路了！

第二天，他就脱下军装，辞了职，乘上了回家的火车。看见工作没多久的童第周忽然抛了工作回家，家里人很是吃惊，但弄清了事情的原委之后，还是理解了他。

不久，二哥又帮他在浙江桐庐县谋到了一个职务，任建设科科长。县长是个老官僚，第一天上班就给他来了个下马威，欺他年轻，根本不把他放在眼里，而且还在工资上欺骗、克扣他，说："我们县是二等县，工资不太高，每月工资只30元。"[①]童第周以为大家都一样，也就默认了，发工资时才知道被县长耍了，其他科长都有八九十元，只有他是30元，仅相当于一个科员的工资。这种被轻蔑和欺骗的感觉让童第周非常难受，他辗转反侧，于是披衣坐起，给女朋友叶毓芬写了一封信，诉说自己在这里受到的不公正待遇。接着又写了一篇《不要看不起年轻人》的文章，第二天就把它寄到了省党报。不久，报纸就登出了这篇文章。县长这种老官僚，为官之术烂熟于胸，这么个年轻人他是笃定玩得转的，当下就赔着笑脸来撸顺毛了："童先生虽然年轻，却见地不凡，以后，有关对外联系的事情，还望童先生多多帮助。至于薪俸嘛，来日方长，自可妥善处置。"[②]说完，真的把与县党部有关的事都拿来叫童第周做。受到"重用"的童第周，感到有些奔头了，工作自然干得很卖力，如果没有叶毓芬的那封回信，童第周这辈子也许就这样在桐庐干下去了。

叶毓芬在回信中说："当今的中国，到处是诓骗，到处有欺诈。你受了几年大学教育，何必荒废学业，侧身于那种处所，去为三十元钱的薪俸而折腰呢？"[③]这些话，激起了童第周思想上的层层波澜，内心深处他已深深地认同了叶毓芬的想法。这确实不是他该待的地方！可到哪里去呢？他想到了蔡堡先生。当初复旦毕业时，蔡先生就有心留他任教，可惜当时没留成。现在，蔡先生已调到南京国立第四中山大学生物系任系主任，是否有可能帮助自己实现教书的

---

①《童第周：追求生命真相》，第7页。

②《探索生命奥秘的人——生物学家童第周》，第32页。

③ 前引书，第32—33页。

愿望呢？于是他马上给蔡先生写了一封信。蔡先生很快回了信，让童第周去做他的助教。

1927年年底，童第周辞了桐庐的工作，于1928年1月正式到国立第四中山大学工作，在生物系做蔡堡先生的助教。

从此走上科研路

国立第四中山大学是所历史悠久的高等学府，其基础是清末的三江师范学堂和两江优级师范学堂，1915年发展为南京高等师范学校，1920年发展为国立东南大学。

这是一所以自然科学研究见长的高等学府，校长郭秉文广揽英才，任鸿隽、胡刚复、秉志、竺可桢、熊庆来、茅以升、涂羽卿、沈祖玮、李道南、潘序伦、孙本文、胡明复等科学才俊，一时均被网罗名下，据说仅留学归国的博士、硕士就有50多个。其中任鸿隽、秉志、胡刚复等人还是中国科学社的主要发起人。中国科学社1918年自美国迁回中国时，社址就设在南京高等师范学校校园内。因而东南大学被人们誉为“中国自然科学的发祥地”，时人有“北大以文史哲著称，东大以科学名世”的赞誉。

1925年1月，郭秉文被段祺瑞政府的教育部免去了校长职务。此后，东大校长频频更迭，胡敦复、陈逸凡、蒋维乔、秦汾等先后被任命为校长，但均未正式履职，直至1926年，校长一职实际上仍是空缺。易长风潮历时一年多，严重影响了东南大学的发展。1927年3月，国民革命军攻占了南京。4月18日，蒋介石在南京另行成立代表大地主大资产阶级利益的“国民政府”。6月，国民党中央政治会议批准蔡元培变更教育行政制度的呈文，决议施行大学区制。为此，东南大学与河海工程大学、上海商科大学、江苏法政大学、江苏医科大学及南京工业专门学校、南京农业学校、苏州工业专门学校、上海商业专门学校合并，组成“国立第四中山大学”，江苏省教育厅厅长张乃燕出任校长。校名中的“中山”是为了纪念孙中山先生，“第四”是因为南京是国民革命军占领的第四个历史文化名城。1928年2月，国立第四中山大学改称“江苏大学”；5月，又更名为“国立中央大学”。1929年8月，大学区制停止试行，江苏省教育厅恢复，国立中央大学不再担负大学区行政工作。由于国立中央大学是国民政府所在地南京最大的一所高校，所以也就成了国民政府的最高学府。为此，1943年至1944年，蒋介石还曾亲任该校校长。新中国成立后更名为“南京大学”。

尽管易长风波及频繁的合并、分离，给这所学校的发展带来了一定的影响，但能进入这样一个在当时跻身一流并以自然科学见长的著名学府，对年轻的童第周来说，仍是幸运的。这是童第周人生中关键的一步，为此童第周非常感激蔡堡先生给他这个机会：“我的一生决定性的一步是从做蔡堡先生助教开始的，从此进入了教育和科研领域。”①

爱妻叶毓芬

1926年，童第周暑假回家时，曾去宁波拜访一位中学老师，不想却在老师家里碰见了一个很是健谈的宁波女子师范学校学生叶毓芬。

叶毓芬（1906—1976）出生于宁波镇海鹭林村，祖父经商致富，家产传到父亲手里时，已有200多亩田地，还在上海开有几家自己经营的铺子，算得上是地主家庭了。但在这个家庭里，她并没有得到应有的关爱和照顾，因为她的母亲只是父亲的填房，而且只生了她这么一个女儿。父亲的前妻生有两男三女，这些哥哥和姐姐都不待见她。更不幸的是，父亲在她四岁时就去世了。父亲死后，家产由族叔代管，不到一年，几家铺子就被族叔徇私舞弊私吞了。而大哥不仅不务正业，还抽大烟、赌博，挥金如土。母亲怕这样下去，家产要被败光，到时候连栖身之地可能都要没有了，于是决定分家，一半家产给大哥，另一半家产归其他几个孩子。叶毓芬是个很有读书天分的人，与哥姐在本村峡江小学念书时，常被哥姐欺侮而逃到外婆家“避难”，但回校考试时，仍时时名列第一。她14岁时进入鄞县育德小学读书，并在1922年以第二名的成绩毕业。育德

①《童第周：追求生命真相》，第8页。

小学的师资有很大一部分来自杭州的浙江省立第一师范学校[①]，因此教师的素质很高，教学质量非常好。在这里，叶毓芬不仅学到了丰富的知识，还开始忧国忧民，与同学相约不买日货，去街头表演反日活报剧。毕业后，叶毓芬报考了鄞县县立女子师范学校预科，但入学不久，即1923年2月，母亲就去世了。兄嫂不让她继续读书，并想让她一嫁了之。幸亏姨妈出面，把她接到了自己家。姨妈嫁的徐家是个知识分子家庭，经济并不宽裕，但很重视教育，一直供叶毓芬读书。求学的费用，一部分来自母亲生前存放在姨妈家的数百元私房积蓄，一部分是叶毓芬与兄嫂力争后，卖掉了自己名下的家产后所得的100多元钱，其他就全靠姨妈姨父资助了。叶毓芬不忍心过多地增加姨妈的经济负担，后来就报考了宁波女子师范学校。

受新文化新思想熏陶的叶毓芬，个性开朗并极具政治热情。1925年“五卅”惨案发生时，叶毓芬被选为宁波学生联合会代表，发动同学下乡宣传，募集声援经费，反对校长压制，并为此坚持了两周的罢课。校长气坏了，下令开除叶毓芬等几个“为首分子”的学籍。叶毓芬的姨夫在当地是个有声望的人，而且热心公益事业，出面托人说情后，校长才勉强给了个面子，总算没有开除叶毓芬，只给记了两次大过。但她“屡教不改”，1926年北伐军打到宁波时，叶毓芬又带头剪了辫子，以示对革命的支持和向往。

童第周有个同学在宁波办了个刊物，经常刊登一些政治性的文章，并寄给童第周阅读。叶毓芬是这个刊物的热心投稿人，她文笔犀利，反封建主张激烈，给童第周留下了很深的印象。但童第周一直以为这位作者是一位成熟的政治家。所以，得知自己一直敬仰的这位作者就是眼前这个比自己还小的姑娘时，童第周真是又惊讶又佩服。

老师见他们谈得很投缘，就有心撮合他们。于是，他俩就谈起了恋爱。

叶毓芬以第一名的成绩从宁波女子师范学校毕业后，就到镇海小港李家私立小学去教书。

---

① 浙江省立第一师范学校是一座影响了几代人的名校，一代名流沈钧儒、沈尹默、周树人（鲁迅）、马叙伦、李叔同、夏丏尊、陈望道、刘大白等都曾在此执教，并培养出了丰子恺、潘天寿、刘质平等一大批优秀的学生。

姨妈考虑到童第周年龄已不小了，就劝他们先按习俗订婚。婚姻大事，父母不在就得由兄嫂做主，但叶毓芬的兄嫂嫌童第周家无钱无势，任凭他俩磨破了嘴皮子都不同意，除非童家付一大笔彩礼给他们，但童家明摆着付不出。最后在叶毓芬姨父的劝说协商下，叶家总算同意了由童家出钱支持叶毓芬继续求学的折中方案。

1927年7月，叶毓芬到南京报考大学，被正在那里招生的国民党中央党务学校[①]吸引。国民党于1927年上半年开展“清党运动”[②]后，先是准备成立一个宣传训练院，但后来决定成立中央党务学校，以负责北伐期间国民党干部的教育和训练，课程着重于党务及社会运动、政治宣传，内容则分为理论、历史、地理和组织，由蒋介石亲任校长，但实际校务主要由副教务主任罗家伦、副训育主任谷正纲和副总务主任吴挹峰负责。童第周劝叶毓芬不要报考这种学校，但叶毓芬认为改良政治比科学救国更直接更有效，而且自己个性外向好动，适合搞政治，于是坚持报考了这所国民党中央党务学校。

因为党务学校的学生必须是国民党党员，叶毓芬入校后，就马上加入了国民党。不想开学才一个多月，军阀孙传芳的部队[③]就打回了南京，学校停办，叶毓芬只好打道回府，返回家乡。

后经友人介绍，叶毓芬出任国民党鄞县党部妇女部部长。她向县党部申请经费，要求到农村为妇女解放做些有益的事。但她的申请根本无人理睬，她所能做的只是每天无所事事地在办公室耗着。叶毓芬这种性格的人，是过不了这种日子的，于是一个多月后她就毅然辞职不干了。

此时，她非常后悔，就给童第周写了一封信：

---

① 1927年成立，1929年北伐结束后改制为中央政治学校，1946年与中央干部学校合并为国立政治大学。国立政治大学曾是国民党政府公职人员的唯一摇篮。

② 1924年1月，孙中山在广州召开国民党第一次全国代表大会，确定了“联俄、联共、扶助农工”的三大政策，改组国民党，承认共产党员以个人资格参加该党，标志着第一次国共合作正式形成。但到1927年春季，蒋介石在上海发动“四一二”反革命政变，并公布“清党”决议案，开始大肆“清除”共产党员和国民党内拥护孙中山三大政策的左派分子，此即所谓的“清党运动”。

③ 1927年3月，北伐军攻克南京，8月孙传芳反攻占领南京，9月北伐军再战孙传芳，重占南京。

蔚：也许你的意见是对的。腐败了的政治拯救不了政治自身，更拯救不了我们苦难的民族！我已毅然离开了党务学校那个可诅咒的地方，赋闲在家。何去何从，尚无法断言。早知如此，不若当初听从你的劝告，报考复旦，脚踏实地地学点自然科学，或许对国家有所裨益，至少也免去了许多无端的烦恼。时至今日，考期已过，后悔莫及。如你能致信复旦师友，给我一个补试机会，我将立即赴考。①

童第周字“蔚孙”，叶毓芬写信的时候都称他“蔚”或“蔚哥”，童第周则称她为“毓妹”。

童第周接信后，急忙去求仍在复旦工作的师友帮忙，这些师友果真为叶毓芬争得了一个补考的机会，叶毓芬由此考进复旦大学生物系，从此和童第周走上了同一条科学救国的道路。童第周也如约开始承担起她上大学的费用。但当时童第周只是个助教，每月只有60元工资，好在此时三哥童第谷已在银行工作，经常接济他们，两人的生活才不至于捉襟见肘。

1929年8月，叶毓芬转入童第周所在的中央大学继续学习。1930年1月，童第周与叶毓芬在宁波举行了简单的结婚仪式，两人没添置任何家具，当天穿的也就是平日的衣服，在简陋的居室里接受了亲友的祝福后，就算结婚了。

赌气留洋

1928年，进入国立第四中山大学（后先后改称江苏大学、中央大学）工作的童第周心情很好，工作干劲也特别大。因为终于能从事自己喜爱的工作了，而且是做恩师蔡堡的助教，但其间发生的一件事，却深深刺痛了他的自尊心，促使他赌气留洋。

1929年，中央大学新盖了一座生物馆，由于标本、仪器等一时半会儿还不能全部到位，学校便决定先划出一些空置的房间给青年教师做住房。童第周接

①《探索生命奥秘的人——生物学家童第周》，第38页。

到事务长刘藻彬教授的通知后，便高高兴兴地往生物馆搬家。这时一位刚留学归来的教授却站在台阶上拦住了他的去路，并质问童第周：谁让你搬这里来住的？你凭什么往这儿搬?！正在兴头上的童第周也没怎么在意，笑嘻嘻地向他说明情况，为缓和气氛，随口还幽默了一句：咱是响应校长的号召来啦！可这位教授并不领童第周的情，仍冷着面孔，傲慢地嘲讽了他一句：我等留洋博士尚未搬入新居，你们倒捷足先登了！

对这种“留洋”博士，经过这些年的相处，童第周对他们其实并没有太多的好感。工作中，童第周已经感到了中国与世界科研的距离，但一些留洋回来的人却不争气，工作马马虎虎，打牌混日子。现在又欺他手里没有一张洋文凭，说这种话来气他。

内心很要强的童第周受不了了，考虑再三决定自费出国留学。一方面是为了在这些人面前争口气，另一方面他也确实想去国外了解科学前沿的进展，掌握尖端的科学技术。

当他犹豫着把这个想法告诉叶毓芬时，新婚燕尔且刚有了身孕的叶毓芬心中真是千万个不舍、千万个不愿意，何况童第周的助教收入是当时两人的唯一生活来源，童第周这一走，以后的日子可怎么过呀！如果换个女人，或许早就哭成泪人儿了，但叶毓芬之所以是叶毓芬，自有她的与众不同之处。她与丈夫学的是同一个专业，因此理解丈夫的事业追求；她与丈夫一样倔强好胜，因此理解丈夫的自尊心；她是个有知识的坚强而理性的女子，因此清楚自己将要为此付出的代价、将要面临的困境，但她知道这种付出值得。

三哥童第谷也很支持童第周的决定，为童第周筹借了1000元，童第周出国时只有这1000元，有人笑话他，到那里喝杯咖啡就好上车回来了，否则得在那里做叫花子了。

1930年8月，童第周踏上了留学比利时的路程。晚年说起这事时，童第周还曾略带自嘲地说：“那个时候出国，还真有点赌气哩。”[①]比利时和日、法、英、美一样，是当时中国学生主要的留学国之一，沙耆、吴作人、吕霞光、张

① 龚放、王运来、袁李来：《南大逸事》，辽海出版社2000年版，第248页。

充仁等都曾留学比利时，据1929年至比利时鲁汶大学留学的钱秀玲回忆，当时仅鲁汶大学的中国留学生就有150多人。[①]因为比利时是继英国以后最早进入工业化的国家，科技和文化艺术都比较发达，而且当时比利时和美、苏、英等国家一样，退还了一部分庚子赔款（比利时是1925年与中国订立退还庚款协定的），用于招收和培养中国留学生。

为了节省费用，童第周先乘轮船从上海到大连，然后从大连坐火车经西伯利亚到莫斯科，再从莫斯科转道比利时。考虑到火车餐车的饭菜太贵，上车前叶毓芬为他准备了一大包面包、香肠，用于旅途充饥。

在火车上，童第周结识了与比利时资本家合作经营矿产贸易的一个中国实业家。火车到达比利时首都布鲁塞尔后，那个比利时资本家就到车站把他俩一起接进了一个高级旅馆。童第周一看房价就想走，同行的中国实业家知道他经济困难，不让童第周出钱，留他一起住下。

第二天一早童第周就赶紧出来找房子，但不是太贵租不起，就是房东不愿租给中国人。因为当时大多数欧洲民众都不太了解中国，误认为中国人野蛮、好斗，男人留长辫子、长指甲；女人缠小脚，残忍地吃燕窝（误认为把巢和巢中的雏燕一起吃了），牙齿厉害得像野兽，能啃食竹子（却不知笋和竹是两样东西，中国人吃的是笋）。一日寻租无果，晚上童第周只好住进一家廉价的旅馆过夜。

几天后，经朋友介绍，童第周才租到了一个三层楼的阁楼，仅能放下一床一桌，但童第周已经非常满意了。房东是个中年寡妇，人挺好，因为是第二国际的左派成员，所以对中国人很客气。她帮童第周找了补习法语的地方，自己也利用一切机会帮助童第周练习法语口语。

初露锋芒

转眼一个多月过去了，见童第周已能用法语表达基本的意思，房东就写了

① 丁刚：《华人妇女闯欧洲》，《环球时报》1999年10月8日第13版。

一封推荐信把他介绍给比京大学（即布鲁塞尔大学）的布拉舍（A.Brachet）教授。布拉舍教授也是第二国际成员，属进步的社会党人。布拉舍教授曾任比京大学校长，是欧洲著名的生物学家，同时也是一个医术相当不错的医生。10月，童第周拿着房东的推荐信找到了布拉舍教授，诚恳地请求做他的学生。布拉舍教授当即答应，留他在自己的实验室工作。

布拉舍教授这么爽快地收他为徒，除童第周持有房东的推荐信外，还有一个重要的原因。原来，此前留学法国的一个中国学生朱洗，[①]以其勤奋和聪慧，已取得了很大成就，赢得了欧洲科学界的广泛赞赏。朱洗出生于浙江临海店前村，比童第周大两岁，于1920年到法国打工。5年后，朱洗靠打工积下的钱，考入法国蒙不利埃大学，师从著名的生物学家巴德荣（J.F.Batallon）教授。巴德荣是法国科学院院士，长期从事卵细胞生理研究，因以涂过蛙血的针刺蛙之卵球而引起人工单性生殖，培育出世界上第一只“没有父亲”的青蛙而闻名于世。朱洗勤奋好学，又善于观察思考，深得导师欣赏，巴德荣教授曾感慨地说：“朱洗挖掘了我的全部知识。”[②]他俩师生8年，共合作发表了14篇论文。因此，当时在法国凡是知道巴德荣教授的人，也都知道朱洗。布拉舍教授和巴德荣教授很熟，常听巴德荣说起朱洗，所以对中国学生颇有好感，童第周来找他，他当即就答应了。

布拉舍实验室有七八个人，除童第周外，另有两个美国人，其他几位则都是欧洲学者。由于童第周个头又瘦又小，而且只是个刚来的留学生，法语又不太好，因此那些人高马大、趾高气扬的同事们根本没把他放在眼里。好在童第周从来就不是个好表现、争风头的人，没人注意，他正好乐得清静，默默地在一旁做着自己该做和能做的实验工作。

从20世纪初到30年代，生物学中的胚胎学在德国汉斯·施培曼（Hans Spemann）和美国罗斯·G.哈里逊（Ross G.Harrison）等学者的努力下，出现了勃勃生机，胚胎学的研究开始从纯粹的形态描述转为重视这些形态变化背后的

---

① 朱洗（1900—1962），中国细胞生物学和实验生物学的奠基者之一，培育出了“没有外祖父的蟾蜍”，人称“蛤蟆博士”。

② 谈家桢：《中国现代生物学家传》（第一卷），湖南科学技术出版社1985年版，第179页。

原因探索。

布拉舍教授的学术特点是从整体、全局和大处着眼，研究个体发育与整个卵子物质分布的关系，而不局限于某一器官或某一过程。这种研究特色对童第周产生了极大的影响，综观童第周一生的科研，可清楚地看到这一点——他的科研选题总处在学科前沿，起点高，课题设计系统全面，科研风格非常大气。

1931年在比利时比京大学实验室工作的童第周

布拉舍教授逐渐发现学习非常勤奋的童第周，在生活方面极其节俭，经询问后才得知童第周是自费留学生，妻子还在上大学，家中无任何收入，除三哥的接济外，主要靠妻子变卖首饰和自己寄回国内发表的几篇论文稿酬来维生。布拉舍教授马上写信给中国文化基金会为童第周申请公费，信件却如石沉大海，没收到任何回音。

1931年，布拉舍教授患了重病（第二年就去世了），达克升任教授，实验室工作转由达克负责。春天的时候，实验室开始用蛙卵做实验。达克教授和实验室的其他几个人用小镊子夹住直径大约1毫米的蛙卵，想把蛙卵的卵膜撕开，但蛙卵又圆又滑，力气用得稍大些就夹碎了，力气用小了，卵子就从镊子里滑出去。一次又一次失败的试验，让他们几乎失去了再继续做下去的信心。这个实验达克他们已做了多年，重复了几十次，但没一次成功。这天，达克教授心血来潮，让从不瞎掺和他们的事、总是在一旁闷头做实验的童第周也来试试。童第周巧妙地先在饱满鼓胀的圆球状蛙卵上扎个微孔泄压，再用两支尖利的镊子夹住坍成扁圆形的蛙卵膜中央，向两边一撕，卵膜就脱落下来了。手术做得干净、利索，困扰了人们几年的难题，一下子迎刃而解。

达克教授惊奇不已，马上叫来同事们，让童第周再给大家表演一下。看着青蛙卵的卵膜在童第周手里这样轻易地被剥下，其中一个美国人就问他："你是怎么做到的?"童第周告诉他们："卵内有压力，先刺一个洞，压力降低了，就好剥了。”大家都向他祝贺，更是佩服中国人的心灵手巧。达克教授更是激动不已：“我们搞了多年都没有成功，童来后成功了。”并关照大家“这项技术要保密”。[①]从此，童第周成了实验室的“重要人物”，染色、实验画图等，什么工作达克教授都叫他做。这种全方位的训练，让童第周成了实验多面手，为他以后的科研工作打下了坚实的技术基础。[②]

这年暑假，达克教授带实验室的工作人员到法国海洋生物研究所，对一种名叫海鞘的海洋脊索动物进行实验研究。法国海洋生物研究所是当时很有名的一个海洋生物研究所，每年都有世界各地的许多科学家来到这里做研究工作。

人们以动物身体的基本构造、胚胎发育过程及进化上的亲缘关系为据，把动物按界、门、纲、目、科、属、种的分类等级分门别类。脊索动物门是动物界中最高级最复杂的一个门，有尾索动物、头索动物（此两者合称原索动物）和脊椎动物三个亚门，4万多个种。海鞘是尾索动物亚门中的一种动物，生活在海洋中，脊索和神经管只在幼体中存在，成体后则外披被囊。这种动物因为容易采集，而且容易在实验室培养，所以成为当时胚胎学家们主要的实验材料之一。

但海鞘的卵子特别小，只有蛙卵的1/10，直径还不到0.1毫米，因此它的卵膜比青蛙的卵膜更难剥，但童第周也成功地把它剥了下来。达克教授更欣赏他了，但云集此地的国际同行对此很是怀疑，因为海鞘卵子本身与其围膜之间的空隙仅有1/100毫米左右，他们想象不出童第周是怎样将卵膜剥除的。为此，童第周为他们当场做了演示，在显微镜下轻轻动手就剥下卵膜，大家眼见为实，终于心悦诚服。

这一年，童第周凭优异的学习成绩和出色的工作能力，经达克教授推荐，取得了比利时的公费奖学金，生活的窘迫多少缓解了一点。

1932年，童第周他们又去了法国海洋生物研究所，继续海鞘的实验工作。

---

①《童第周：追求生命真相》，第15页。

② 童第周成功剥除蛙卵外膜的故事连同其青少年时期勤奋刻苦的学习精神，于1995年被人民教育出版社编写成小学语文课文《一定要争气》。

受精作用对卵子来说，是一个很大的“激发”，在有的卵子中会引起细胞质很大的流动。一些海鞘卵子就是这样，这些卵子的表面原有一层黄的色素，精子在植物性极[①]穿入后，黄色素即由卵子的表面流向植物性极，围绕在精子的四周，当精子向上移动的时候，黄色素也跟了上去，最后固定在卵子后端，形成一个黄色的新月形区。整个卵子经过细胞质这样的流动后，因颜色的不同，可以区别出几个区，如神经区、脊索区、外胚层区、中胚层区、内胚层区。在正常的发育生长中，各区的细胞质就会相应地发育为神经、脊索、外胚层、中胚层、内胚层等区域的细胞，并进一步发育为相应的器官和组织。美国科学家康克林（E.G.Conklin）对此有深入的研究，他把这些不同颜色的区域称为“胚因定位”，把这些区域内的物质称为“器官形成物质”。但是有些海鞘，例如*Ascidiella aspersa*，其卵子的颜色较浅，各区域显示的颜色很接近，几乎分辨不出来。

为了搞清这些浅色海鞘卵受精后的物质流动情况，这一次童第周采用了活体染色的方法，把这些浅色海鞘受精卵的一部分分裂球染上颜色，这样一来就可清楚方便地追踪染色部分在发育过程中的去向了。用此方法得出的实验结果表明：这些浅色的海鞘卵子，其器官形成物质的分布，总的来说和那些有色卵子的情况基本一致。[②]这个实验方法非常直观有效，被选入当年举办的成果展览会。

不久，英国的李约瑟博士也来到法国海洋生物研究所做研究工作，并在展览会中看到了童第周的成果，他很感兴趣，想要结识童第周。但别人告诉他，

---

① 卵子内的不同物质在两端有规律地聚合后，形成所谓的植物性极和动物性极。动物性极细胞质所占比例较高，因此比较轻，并在浓度上向植物性极逐渐递减，植物性极卵黄所占比例较高，因此比较重，并在浓度上向动物性极递减。性极和胚胎的发育有很大的关系，卵子受精后，因地心吸力的关系，较重的植物性极会转向下方，较轻的动物性极则转向上方，卵子在这样的情形下，发育生长均为正常。如果人为地将它倒转过来，使它在倒置的情形下发育生长，会导致怪胎或孪胎。原因是卵子倒置后，内部轻重不同的物质，经地心吸力作用发生流动与变更，导致形态发育上遭受重大的影响。

② 庄孝僡：《学习、纪念童第周教授》，载中国科学院发育生物研究所童第周文集编辑委员会（编）：《童第周文集》，学术期刊出版社1989年版，第3页。（童第周有关此实验的论文用法文写成，中译题目为“*Ascidiella aspersa*卵活体染色试验”，发表于1932年，收录于《童第周文集》第32页。）

童第周和导师达克教授已经回国了。虽然没有见上面，但童第周这个名字已深深地印在了李约瑟博士的脑海里。

热血青年

如果说我们前面看到的是一个在学习和科研上勤奋、理性、谨慎而且坐得住冷板凳的清静如冰的童第周，那么在我们后面的叙述中，你将看到一个在爱国和民主运动中热情如火、智勇双全的童第周。童第周这种冰火相容的个性，在他的中青年时代表现得尤为明显。

1931年从法国海洋生物研究所回来后，童第周痔疮发作，达克教授派人把他送到医院住院治疗。但从报上看到九一八事变的报道后，他又急巴巴地出了院。童第周觉得在海外的中国学子对此应该有所表示，悲愤的留学生们都同意他的想法。为此童第周连夜起草了一封倡议信，第二天下午又召集大家在一个咖啡馆的地下室里讨论行动方案，最后大家一致同意组织抗议游行，并连夜将倡议信分送到中国侨民的信箱内。童第周作为行动的总负责人，还与其他几个骨干一起印发传单，分赴周边的五大城市，联络中国学生，组织成立了中国学生总会，号召大家行动起来，抗议日本帝国主义的侵略。

但童第周不是一个只会凭着一腔热血蛮干的人，严谨的科学思维训练，使他对事务的考虑全面而细致。作为游行示威的总负责人，他既要达到揭露日本侵华罪行、激起民众抗日意识的目的，又要尽可能地保护游行者的生命安全，把可能出现的伤害减少到最小。为此，游行前他们专门去咨询了法律系的老师。法律系的老师很同情他们，慷慨应允做他们的法律顾问，并告诉他们："你们发传单、喊口号均可，但你们在口号中不能喊打倒之类的口号。"①

当游行队伍经过日本大使馆时，比利时警察迫于日本使馆的压力，冲散了游行队伍，并抓走了几个游行的人。于是，童第周等几个游行组织者回到咖啡馆去讨论对策。就在这时，警察包围了咖啡馆，并以扰乱社会治安的名义，把

①《童第周：追求生命真相》，第16页。

童第周等五名组织者抓了起来。

在拘留所，面对审讯，童第周毫无畏惧："不用问了，我全告诉你吧：学生会是我串联的，传单是我写的，口号是我拟的，是我领着比京大学的中国留学生上街到日本使馆门前举行抗议示威。不过，我认为这根本没有任何错误，根本不是什么扰乱社会治安，而完全是正义的行动！请问，按照你们的治安法则，难道向侵略者下跪，才是维护治安吗？"警察被问得理屈词穷，恼怒道："你就等着起诉吧。"①

在法院审讯时，那个做他们法律顾问的法律系老师又热心地帮他们找了一位重量级的义务律师——比利时的前任司法部部长。这位前任司法部部长带了另一个律师来，这个律师从法律上为他们辩护，前任司法部部长则从人情上为他们辩护，他说："他们国家被日本人侵略，有些东北人，连家乡都没有了，他们游行有什么罪？如果法国人侵略比利时，比利时人在别国游行，难道还不行吗？"②说得旁听席上的许多东北学生都流了泪。

比利时是个欧洲小国，当时其周边的意大利和德国等都是势力强大的法西斯国家，而日本与意、德两国属于同一个政治军事集团，后来三者发展为第二次世界大战的法西斯阵营。为求自保，比利时政府不敢为了几个中国学生得罪日本人，结果还是将童第周等五人判了两周的刑期。但童第周等人的爱国行为和依法办事得到了大多数比利时人的同情和理解，大家都出来为他们说话。政府迫于社会舆论的压力，不久改判为缓期执行。

虽然不用再被关在牢房里了，但警察每周都要到他们的住所查询一次，有时还要把他们叫到警察局去问话，随时面临着因被抓住什么话柄而遭驱逐出境的危险。欲加之罪，何患无辞！与其这样小心翼翼地夹着尾巴做人，还不如早做准备，赶紧给自己留条退路。童第周首先考虑的是法国，因为他跟达克教授在法国的海洋生物研究所工作过，对那里的环境、人员相对熟悉些。

于是他就到法国使馆去办签证。但事情很不顺，法国使馆推三阻四，连门

---

①②《童第周：追求生命真相》，第16页。

卫都不理他，怪他不给钱。达克教授非常关心他，亲自为他打了电话，托了人情，他也“识相”地给了门卫几个辛苦费，这才见到了领事。付了相关的签证费用后，领事给他签了一年的有效期。

童第周拿到法国签证后，总随身带着签证护照和50法郎，以备随时被驱逐出境，因为他的言行并没有因此而“老实”起来，碰到有辱中国国格和人格的事，他仍然忍不住要跳出来。

童第周的房东家里还住着一个名叫皮诺的白俄[①]。皮诺是学经济学的，到比利时已经三年了，却连一篇论文也没写出来过。但就是这样一个不学无术的人，有天也在那里大骂中国人无能。童第周气坏了，当场就和他打赌：“你是苏联人，我是中国人，你学经济学，我学生物科学。从明天起，我也学经济学，你已经学了三年，看看谁先得到博士学位。”房东也在一旁打趣皮诺：“你不能和童先生比，你来了三年，连个便条都写不好，而童先生却能写文章啦。”[②]皮诺自知不是童第周的对手，一声不吭，耷拉着脑袋走开了。

还有一次，童第周到理发馆去理发，几个比利时人正在那儿大骂中国人。童第周当场就和他们吵了起来。他说：“你们又没有到过中国，怎么知道中国不好？”一个说：“报上登的。”童第周说：“报纸像条狗一样，谁喂它东西，它就帮谁讲话，日本人给了他们钱，他们就替日本人讲话……我来比利时前，在中国听说欧洲女人很坏，一个女人有好几个男朋友。你的老婆有几个男朋友？你的妈妈有几个男朋友？没有亲眼看见，就不要相信……我来比利时前有人说比利时连面包都没有，只吃土豆，人家还劝我带点面包去吃。实际看了，也不是如此吗。”[③]旁观者都被他逗乐了，哈哈大笑，那几个人理屈词穷，只好闷声不响了。

---

① 白俄，是指在俄国革命和苏俄国内革命战争爆发后离开俄国的俄裔居民，他们通常对当时的俄国政权（苏维埃政权）持反对态度。

②《童第周：追求生命真相》，第18页。

③ 前引书，第17页。

博士学位

布拉舍患病后，达克接任了他的工作，童第周也转随达克学习。由于当时童第周的法语还不太好，没说清楚在布拉舍名下学习时的一些情况，尤其是学位问题，所以达克一直以为童第周转到他名下时已经是博士了。

1933年，当达克偶然得知童第周还没有获得博士学位时，觉得像他这样优秀的学生应该去拿个博士学位，因此建议道：美国人搞的定位受精法方法不太好，你可以从这里去突破一下。正巧童第周对这个问题也有兴趣，于是就开始了卵子受精面与对称面关系的研究。

童第周以棕蛙（*Rana fusca*）卵子为材料，设计了一个精巧的实验，使精子能从卵子的任何方位的定位处进入卵子，结果证明了卵子的对称面并不是完全决定于受精面，而是决定于卵子内部的两侧对称结构状态，修正了当时被胚胎学界作为定论的“卵子的受精面决定卵子对称面”的观念，得到了当时胚胎学界的高度赞许，并一直被此领域的专家引用至今。有关此实验的论文童第周当时是用法文写成的，中译题目为“棕蛙卵赤道面决定之研究”，发表于1933年，1989年出版的《童第周文集》中也有收录。

在用棕蛙卵子做“定位”实验的同时，童第周仍密切关注着海鞘的研究。

在以前的研究基础上，他通过移位、重组合、分离等手术，研究8细胞时期（即受精卵分裂到8个细胞的时候）分裂球的发育能力。

移位是把小裂球旋转90度、160度或180度；重组合是在8细胞时期使两个卵子的小裂球或大裂球长到一起；分离就是将8细胞时期4个小裂球、或4个大裂球，或沿第一次分割面分开的左半与右半，分离培养。

过去多把海鞘卵子作为嵌合式类型的代表。所谓嵌合式类型，就是说这些动物卵子的细胞质分化很早，在发育生长的初期，部分的细胞质已决定成为个体的某部分或某器官，因此可塑性不大，性质不易改变。这类嵌合式类型，多见于无脊椎动物。

通过实验，童第周观察到，海鞘受精卵分裂到8细胞时期，其脊索、肌肉细胞和间充质等器官形成物质的分化是比较稳定的，但其内胚层和外胚层[①]似乎有相当的等能性，也就是说，如果把外胚层细胞留在体内，它就会发育成构造类似于内胚层的细胞层；反之，如果把内胚层细胞留在表面，此层细胞就能演变成形状较扁、排列整齐的外胚层细胞层，成为体壁。此外，童第周还观察到神经系统（脑和神经管）在8细胞时期已确定，旋转小裂球之后它也会跟着移动自己的位置，但脑往往出现在分离的小裂球中，神经管则往往出现在大裂球中。由此，童第周在1934年得出结论：海鞘的嵌合式发育，远远不像过去认为的那样严格。严格的嵌合式也许只适用于脊索和肌肉、间充质的发育，其他的组织器官都有一定的可塑性，再次修正了以前学者的论点。有关此实验的相关论文当时也是用法文写成的，中译题目分别是"*Ascidiella scabra*卵切割片断在发育开始情况下多卵的形成"及"*Ascidiella scabra*分裂球潜力之研究"，于1934年发表，《童第周文集》中也有收录。

1934年，当童第周把这些相关的研究论文交给达克教授时。达克教授说："你随便拿哪一篇出来均可成为博士论文。"[②]于是，童第周选了那篇用棕蛙卵做的有关定位问题的论文作为博士论文。

但并不是所有的人都像达克教授那样欣赏童第周。由于童第周所在的实验室属于比京大学医学院，若要通过博士论文，必须有另外一位教授的认可。另一位教授脾气很大，当童第周把论文交给他时，他说："我不认识你……你到比京大学也不走访走访各位教授。"童第周正是初生牛犊不怕虎的年龄，平生又最痛恨这类恶习，听了这话很生气，当即就顶了回去："学校没有这个规定，你不接受，我把论文拿走算了。"[③]

第二天论文答辩时，这位教授果然拒绝出席，好在其他教授看在达克教授的面子上对他都还比较客气，导师达克对他更是充满了信心，他安慰童第周说：

---

① 所谓"胚层"，是早期胚胎中的多细胞群，是所有成体组织的前身。其中的内胚层发育成消化道（成体中最里面的组织），中胚层发育成肌肉和骨骼（成体中的中间组织），外胚层发育成神经系统和表皮（成体中最外面的组织）。

②③《童第周：追求生命真相》，第19页。

"他们不会问你什么问题的，这个问题只有你我才了解。"[①]达克教授估计得不错，答辩结束后，教授们经过讨论，给了他一个"甲等"。

童第周在比利时的四年中，发表了好几篇论文，在胚胎学界产生了一定的影响，虽然他名义上是在达克教授的指导下工作，但每一篇论文，都是由他自己独立完成的，达克非常欣赏他，说"在他的实验室中，只有他的助教和童第周两人有独立思考、独立提出问题、独立完成工作的能力"[②]。

20世纪30年代在比利时留学的童第周

出了这样优秀的学生，达克教授自然非常高兴，他劝童第周先不要回国，留下来再做一年研究，写篇论文，争取拿个特别博士。

但自1931年发生九一八事变后，日本不仅吞并了东北三省，而且接连掠夺了热河和察哈尔北部，开始觊觎整个华北，进而进攻上海。想到国内的同胞都在浴血奋战，他却窝在这里读什么特别博士，实在读不下去，他不能坐视祖国的大好河山走向沦亡。何况他心里还有一个不能对达克说的小算盘：要搞研究也要回到祖国去搞！这样作出成绩就算是祖国的荣誉了。还有一个重要的原因是：童第周听说十九路军在上海对日本侵略军进行了积极的反击，打得不错；陈铭枢在福建组织了反蒋抗日政府，正在积极招募留学生参加。童第周的热血又沸腾起来，准备回国去投奔陈铭枢。

对童第周的这个决定，达克教授颇感惋惜，但能理解。虽说科学无国界，但科学家毕竟都有自己的祖国，爱国无罪。因此，1934年春，达克教授向中国教育部发出了公函，为童第周的回国申请经费。

当时教育部部长朱家骅的秘书沙孟海是童第周的同乡兼世交，沙家在塘溪

①《童第周：追求生命真相》，第19页。

②《童第周传》，第57页。

乡沙村，童家在塘溪乡童村，两村相距仅三里地，隔梅溪相望。沙孟海此时还兼任着中英庚子赔款委员会干事，于是在接到达克教授的公函后，马上设法从庚子赔款中批了一笔钱给童第周，作为回国的旅费。

1934年7月，童第周离开比利时，来到英国伦敦，在剑桥大学待了约两星期，学习实验生物技术。然后坐上伦敦开往香港的轮船回国。

第三章　国破人流离

投奔陈铭枢

九一八事变后，日本帝国主义准备侵犯上海，企图将上海作为进攻中国内地的基地，以便在短时间内占领中国。

1932年1月28日，南京的国民政府害怕驻扎于上海、一直有抗日情绪的十九路军兵谏，在下午4点多钟时，让宪兵六团来与十九路军换防。七十八师一五六旅旅长翁照垣说，现在太晚了，明天早上再办理换防手续吧！正在这时，日本军队说有几个日本和尚在闸北失踪，他们要进来寻人。当时，驻守天通庵的是一五六旅的六团三营，营长吴履逊不让日本人过去，日本人就开炮射击。吴履逊打电话请示翁照垣，翁下令反击，一・二八事变由此爆发。十九路军在京沪卫戍司令兼淞沪警备司令陈铭枢的领导下全部参战，甚至连来换防军队和财政部宋子文的税警团也相继加入了战斗，但南京国民政府却一毛不拔，整个战事全靠上海及全国人民的积极声援和支持才坚持下来，四川等地甚至还组织了义勇军来参战。战斗进行了一个多月，日军死伤一万多人，被迫四换主帅。但蒋介石却强迫十九路军撤离上海，并于5月5日与日军签订了卖国的《上海停战协定》。

蒋介石将撤离上海后的十九路军调去福建“剿共”，企图使十九路军与红军两败俱伤。十九路军驻扎福建后，按照蒋介石“攘外必先安内”的政策，与以彭德怀为团长的红军主力三军团打了几仗均败北，士气从此不振。1933年3月，中央苏区红军粉碎了蒋介石的第四次“围剿”后，蒋介石开始筹划第五次“围剿”。陈铭枢、蒋光鼐、蔡廷锴密议反蒋，与红军和谈，共同抗日。陈铭枢是国民党的元老级的人物，1907年加入同盟会，1930年11月升任（南）京沪警备司令。此时，江西瑞金红军总部的领导人是博古、李德和周恩来。周恩来看重十九路军的抗日精神，想与十九路军和谈，一方面减轻红军反“围剿”的压力，另一方面可借机扩大红军势力，争取更多的力量反蒋抗日。但博、李二人认为十九路军是被彭德怀打怕了才来求和，认定他们是墙头草，是机会主义者，不可信任。在周恩来、彭德怀、毛泽东、朱德的积极努力下，双方总算开始谈判，并于1933年10月26日草签了《反日反蒋的初步协定》，其中包括双方的军队不再互犯，调转枪口，一致对外，并相互通商。11月，双方又签订了《闽西边界及交通条约》。

11月22日，十九路军宣布在福建成立中华共和国人民革命政府，公开与蒋介石决裂。蒋介石调其主力进攻十九路军，以解决剿共背后的隐患。彭德怀、毛泽东、朱德都力主援助十九路军，夹击蒋军，但李德认定蒋介石和十九路军只是狗咬狗，电请上海的国际阵线总部后，得到的答复也是不予出击援助。十九路军因此几乎全军覆没。蔡廷锴伤心至极，带着残部退往莆田，陈铭枢则逃往香港。

1934年1月15日，蒋介石攻占福州，消灭了十九路军。没了后顾之忧，蒋介石开始对苏区进行大规模的第五次“围剿”，红军苦战一年，损失惨重，于1934年10月被迫退出中央苏区，开始二万五千里长征。

由于消息不通，在比利时的童第周并不清楚这些变故，还一心想回来投奔陈铭枢参加抗日斗争。当他在1934年8月到达香港时，却在那里遇到了陈铭枢。陈铭枢告诉他：“我们被打垮了。你还是去教书吧！”①

①《童第周：追求生命真相》，第20页。

北上山东大学

不能跟着陈铭枢反蒋抗日了，童第周只得乘船取道上海回南京。叶毓芬见他忽然回来，又喜又忧，喜的是夫妻终于团聚，忧的是此时日本人得寸进尺，蒋介石节节败退，国内局势动荡，北京学生甚至发出了“华北之大，已容不下一张课桌”的呐喊。而中央大学随着各种政治风潮的起伏，内部早已四分五裂，各个政治派系之间明争暗斗，哪里还能搞什么教学和科研?!

说到中央大学的内部纷争，“易长风潮”的历史不得不提。1930年10月，中央大学校长张乃燕（国民党元老张静江之侄）辞职。该年年底，中山大学校长朱家骅调任中央大学校长。身为国民党中央执委，朱家骅秉承当局旨意行事，压制学生抗日爱国运动。1931年九一八事变后，中央大学学生要求出兵抗日而怒殴外交部部长王正廷，并砸坏诋毁学生运动的中央日报馆等，朱家骅为此被迫引咎辞职。接着任命的几任校长，或坚辞不就，或遭学生抵制。1932年6月底，行政院委派教育部政务次长段锡朋来中央大学代理校长，学生因反对“政客式人物来当校长”，将段锡朋殴辱了一番。当局震怒，下令解散中央大学，解聘教员，学生听候甄别。7月上旬，行政院决定由蔡元培、李四光、钱天鹤、顾孟余、竺可桢、张道藩、罗家伦、周鲠生、谭伯羽、俞大维组成中央大学整理委员会，由李四光代行校长职务，竺可桢为教务长，钱天鹤为总务长。8月26日，国民政府正式任命曾任清华大学首任校长的罗家伦为中大校长。

罗家伦是“五四”运动中的领袖人物，是最早提出“五四运动”一词的人。后赴美、英、德、法等国深造。1925年回国后，任中南大学教授。翌年参加北伐，历任国民革命军总司令部少将参议、编辑委员会委员长。1928年济南发生“五三”惨案，蔡公时等17位中国外交人员惨遭日军杀害。时任战地政务委员会教育处处长的罗家伦受命与日军的师团长进行严正交涉，其胆识颇为时人称道。三个月后，清华学校改组为清华大学，年仅31岁的罗家伦被任命为首任校长。因此，罗家伦既为学生、教师接受，又为当局信任与器重，成了大家都能接受的一个校长，易长风波才由此得以停息。

罗家伦上任后，提出了“安定、充实、发展”的建校方针，稳定教学秩序，广聘教师，调整院系，改革课程，扩充设备，中央大学由此开始稳步发展。但由于中央大学的教职人员大多政治背景复杂，派系混乱，因此在人事上仍是个有名的“是非窝”。

其间，被这些人、事弄得心烦意乱、焦头烂额的生物系主任蔡堡教授，已下决心离开中央大学，应郭任远之邀调任浙江大学文理学院院长，创办浙江大学生物学系。

童第周本打算重回中央大学教书，经叶毓芬这么一说，他就犹豫不决了。蔡堡先生得知他回国后，也坚决反对他重回中央大学，并极力推荐他去青岛的山东大学。

蔡堡先生希望他去山东大学，可能有四方面的原因：其一是山大历史悠久，学科基础不错；其二是山大地处海边一隅的青岛，战火难及，并且气候宜人、物产丰富；其三是因为青岛地处海滨，有利于童第周学以致用，继续海洋生物方面的研究；其四是杨振声、赵太侔前后两任山大校长为人都不错，而且办学很有一套。

山东大学是我国历史最悠久的高等学府之一，前身是1901年清政府在济南泺源书院创办的官立山东大学堂，其后几经变迁。1926年奉系军阀张宗昌督鲁，下令将山东公立的六所专门学校合并，组建了省立山东大学。1928年，由于国民革命军北伐进抵山东，张宗昌败逃，省立山东大学也因此停办。此后，山东省教育厅厅长何思源报请南京国民政府教育部批准，在省立山东大学的基础上，在济南重新筹建国立山东大学，并组建了筹备委员会。但此时，济南发生了“五三”惨案，日军拒不撤兵。山大的筹备工作因此无法进行。1929年春，中日就济南问题达成协议，日军撤走，山东省政府由泰安迁回济南。其间，南京政府教育部对国立山东大学筹备委员会进行了调整，由何思源、王近信、赵太侔、彭百川、杜光埙、傅斯年、杨振声、袁家普、蔡元培9人组成筹备委员会。几经利弊权衡后，筹备委员会决定将国立山东大学迁往相对安全的青岛，并改名为国立青岛大学。

1930年青岛大学成立后，蔡元培举荐他的高足、时任清华大学教务长兼文学院院长的杨振声出任校长。蔡元培是中国民主革命家、教育家和科学家，是中国知识界的卓越前驱。他出任北大校长期间，主张“思想自由，兼容并包”，实行民主管理与教授治校，革除了中国旧式教育的种种弊端，开创了高等学校的崭新格局，被人们誉为“学界泰斗，人事楷模”。杨振声到任后，效法蔡元培办学方针，打破门户之见，广聘专家学者来校任教。闻一多、梁实秋、黄敬思、黄际遇、谭书麟、王恒守、汤腾汉、沈从文等均被网罗名下，赵太侔任教务长。当时的青岛大学真是人才济济，盛极一时。

1932年，国立青岛大学复称国立山东大学。赵太侔接替杨振声出任山东大学校长，并继续奉行杨振声的办学方针，山大由此继续繁荣。此两任校长的任职时期，被称为山大的第一个黄金时期。

不久，山东大学的聘书果然来了。童第周还在犹豫，但这些年一直在中央大学当助教的叶毓芬，对中央大学内的派系斗争已颇感厌倦，正想换个环境，就替童第周接下了聘书。

于是童第周和叶毓芬一同北上，去了山东大学。童第周任山大生物系教授，叶毓芬在家抚养孩子。但这个自尊自强的女子，并没有安于相夫教子，在山大的三年中几乎每天都坚持去学校看书，并协助童第周做实验，为以后从事实验胚胎学的研究工作打下了良好的基础。

抗日学潮

童第周到山东大学才两三个月，就碰上了学生闹学潮。当时山大已有共产党的地下组织，但最初童第周并不知情。1934年夏天，原山大共产党支部书记李香亭和委员李实谔毕业后离开了山大，山大的地下党组织就由1933年考入山大生物系的原委员王广义（即王路宾）负责。王广义后来发展了进步学生陈延熙及另一名党员，组成了山大新的共产党支部。山大闹学潮的学生提出要驱逐生物系主任，校长赵太侔本来对生物系主任就有看法，于是暗中支持学生的行动。童第周认为学生不上课，还管起老师来，多少有些胡闹，而校长竟还支持他们，借学生之手排除异己，心里极不舒服，于是也想辞职。但赵太侔对童第周是很赏识的，而且学生也很敬佩这位学识渊博、教学认真、为人正直的老师。于是，赵太侔赶紧跑到童第周家来解释："不要紧，并不是针对你的，系主任也还要继续干下去。"[①]于是，校长出面挽留了系主任，并处理了带头闹事的那几个学生。

叶毓芬生大儿子童孚中那天，天已近晚，童第周还在实验室里忙。得到报信后，童第周赶紧关了实验室往家里赶，经过一栋教学楼时，看见一群学生正围着墙上一张抵制日货的倡议书在议论纷纷，驻足看时，发现写倡议书的正是自己的几个学生，也就是带头闹学潮的那几个人。

就着昏暗的路灯，童第周看完了倡议书。学生们热爱祖国、反对日寇侵略的民族气节在童第周心里激起了强烈的共鸣。他理解了自己的学生，知道了他们"闹事"是为了救国。何况他和叶毓芬两人向来是日货的坚决抵制者，家里只吃中国菜，从来不买当时在青岛卖得又好又便宜的日本菜，这一点给他家送菜的菜店老板最清楚了，日货送了也白送，都被退了回来。于是，童第周马上从衣兜里掏出钢笔，在倡议书上郑重地签下了自己的名字。

但这事被一个胖教授看到了，他阴阳怪气地说："没想到童先生还会支持这帮闹学潮的学生呀！"童第周义正词严地回答："我不是支持闹什么学潮，而是支持他们抵制日货的正义主张！"教授说："作为顾客，物美价廉是第一选择，日货又好又便宜，干吗不买呢?！"童第周气得与他吵了起来："在你看来，中国人的尊严是最便宜的，你们已经把它出卖给日本人了。"胖教授心虚，认为童第周在骂他是汉奸，拉着童第周要去校长那里评理，学生们一拥而上，拉开了他们，并开始七嘴八舌地挖苦胖教授，话说得非常刺耳、难听，但又一针见血，噎得胖教授半天回不上话来，气得直喘粗气。

1935年，华北危局日趋严重。是年5月，日本帝国主义向国民政府强行索要对华北的统治权。受蒋介石的指派，亲日派头子何应钦为此与日本的华北驻屯军司令官梅津美治郎举行谈判，并于6月签订了丧权辱国的"何梅协定"。日本帝国主义利用这个协定，加强了在华北的侵略进程。11月，日本侵略者策动

---

①《童第周：追求生命真相》，第20页。

汉奸制造“华北五省自治运动”，企图将河北、山东、山西、察哈尔、绥远五省变成日本的殖民地。华北和整个中华民族到了生死存亡的危急关头。在中国共产党的领导下，北平爱国学生不顾国民党反动军警的阻挠和镇压，发动了抗日救国的一二·九运动。

北平一二·九运动及其后的“一二·一六”大游行的消息传来后，山大学生群情激奋。在王广义等中共地下党员的倡导下，山东大学学生抗日救国会于12月18日成立，陈延熙、李声簧、王广义等21人被推选为执行委员。他们通过决议，向全国发出通电，对北平学生的爱国行动表示慰问与支持。在山大学生抗日救国会的组织下，山大学生走上街头游行示威，宣传抗日，并联络礼贤中学、铁中、女中的学生，组成了领导全市学生抗日救亡运动的青岛市学生抗日救国会。

1936年的2月7日正好是农历元宵节，又恰逢青岛市举行三号码头的落成典礼，海边自是人山人海。李声簧、陈延熙、王广义、熊德邵、韩福珍等人利用这一时机组织学生在人群中发表演说，散发传单，进行抗日爱国宣传，不料竟遭当局镇压。李声簧、陈延熙、王广义等五人被捕。虽然，在他们的据理力争和广大师生、爱国市民的声援下，当局被迫释放了他们，但时过不久，校方又以“行动越轨，破坏校纪”为借口，决定开除王广义等六名山大学生抗日救国会的执行委员的学籍，并令其即日离校。山大学生抗日救国会召开了全校学生大会，推选出代表与校方交涉，向校方提出了强烈的抗议，并要求校方立即收回成命。但学生们的要求被拒绝了，大家义愤填膺，宣布罢课。他们成立了纠察队维持校内秩序，对被开除的同学采取了保护措施，并在他们居住的学生第四宿舍周围布置了警卫。3月8日，在南京政府的授意下，青岛市警察局派出500多军警将学生第四宿舍团团包围，并手持盾牌和棍棒冲进楼内，对学生大打出手，拘捕关押了王广义等30余名学生。校方旋即贴出布告，以“结合被革学生，鼓动风潮，破坏校纪”为名，开除了程恒诗等13名学生。在公安局，青岛特别市市长沈鸿烈、教育部督学孙国封多次召集在押学生训话，要他们同意复课。但学生们义正词严地对他们镇压学生爱国运动和校方开除爱国学生的举动提出抗议，要他们收回成命。在学生们的坚决斗争和童第周等进步教授的竭力保护下，校方不得不同意撤消第二次开除13名学生的决定，只给周瑛等一批学生作记过处分以应付一下当局。此时，学生已罢课半个多月，为了保存校内的革命力量，学生们决定复课。

3月下旬，由于政见不同以及学校的省助经费受到地方实力派克扣等原因，赵太侔愤而辞职，由林济青代理校长。校务委员会贴出布告，宣布开除王广义等六名学生的学籍，并押送出青岛，其中的几名学生是地下党员，则在组织的安排下撤往重庆，以开书店为名，继续从事革命斗争。

这些学生离校前，没有忘记来看望一下一直支持他们的童先生。大家心里都不好受，气氛相当压抑，童第周拿出一个小本子，请大家留下通信地址，希望今后彼此还能有见面的机会。

这时，一个常给童第周家送货的商人，拿着一辆小童车来他家推销。知道童家不买日货，他事先偷换了商标，骗童第周是国货。但他的阴谋没有得逞，被童第周一眼识破，因为童第周在另一个教授家中见过这种日产小童车。当着这个商人的面，童第周马上托在场的一个要回北京的同学在北京帮他买一辆中国制造的小童车。不到一个月，一辆中国制造的小童车终于从北京发送到了青岛，虽然童第周不仅为此多付了价钱，还贴进了运费，但他不后悔，反而觉得心里踏实。

战火纷飞西迁路

1937年7月7日夜间，日军突然向北平南郊卢沟桥的中国驻军发动了进攻。当地驻军不顾国民政府的不抵抗政策，奋起抗战，史称“七七事变”。

七七事变爆发时，正好是学校放暑假的时候，再加叶毓芬快要临产了，于是童第周决定带着家人先回老家住段时间。7月，三子童时中在这里安然降生。9月，童第周返回青岛上课，但随着大片国土沦丧，不到一月，山大就被迫停课了，童第周又返回老家待命。10月，山东大学决定内迁安徽安庆，通知童第周直接去安庆报到。

童第周带着全家起程去安庆，当时局势已非常混乱，杭州也已战事吃紧，看着情形实在不行，童第周只好让叶毓芬带着四个孩子折回童村，自己只身从杭州出发去安庆。一路上大多靠步行，难得有一段能有车坐，也难得有个旅馆可住一宿，大多数时候，只能借宿民家甚至露宿街头。其间的艰辛和危险，只有他自己知道。幸好童第周命大福大，一路上得到了不少好心人的帮助。例如，有一次很晚了等不到汽车，只好临时找了个地方歇下来，但里面很乱，给他挑行李的人就主动和他住在一起保护他。有次想借宿汽车站旁边的一个小房间，站长以为他很有钱，要价十几元，童第周告诉他自己只是个穷教书的，兵荒马乱还跑出来，只是要赶到西迁的山大去，站长就只收了他7元钱，第二天还亲自把他送上了车。有一天黄昏，忽遇倾盆大雨，童第周只得躲进路边唯一一家小酒店避雨，没想到老板见他只避雨不喝酒，就板着脸下了逐客令。一边喝酒的几个客人给他打圆场，说："先生，这雨一时半会儿停不了，你还是先喝壶酒暖暖身吧，或许老板还能让你过夜呢!"童第周领会了他们的好心提醒，于是赔笑让老板上酒，并提出想在店里过夜。老板看他的行头，以为是个有钱人，想狠狠敲他一笔，住宿费要价7元。童第周说了赶路的原委后，老板心一软，只收了他3元钱。其实酒店里并没有床铺，入夜了，在此歇脚的客人们只能趴在桌上打瞌睡。忽然，一阵枪声把大家都吵醒了。大家不知道是日本人打来了，还是遇上土匪了，顿时乱作一团。这时，老板一把把他拉进了里间，塞给他一身粗布衣服，让他快脱下西装换上，并把童第周的皮箱和剩余的钱藏进床下的破布堆里。土匪很快撞开了门，举着枪大声叫着："谁是老板?"老板连忙出来认了，又指着换了衣服的童第周说："这是我伙计。"土匪把老板和童第周捆在了一起，就去搜其他客人的身，搜走了他们身上所有值钱的东西，回过头来，又拿走了老板钱柜里所有的钱，这才扬长而去。童第周很感谢这位酒店老板，因为他的仗义保护，童第周保住了行李和剩下的一点盘缠。

到安庆的那天，天已经黑了。此时，童第周身上只剩2块大洋和几个铜板了。他想出了车站先去吃顿晚饭，再去山大报到。没想到出站时，又遇到了麻烦。站口例行检查的警察在他的皮箱里发现了一块用信封装着的马蹄铁，如临大敌。童第周跟他们解释，自己曾去欧洲留学，西方人认为马蹄铁是战神马尔斯（Mars）的徽饰，山鬼或小妖都害怕它，因此被视为避邪的吉祥之物。这是他出门时，夫人放进去的，希望他一路平安。但警察们并不相信他的话，总觉得这是一个和军事有关的东西，就把他带到了警察局，说要搞清他携带马蹄铁的真正意图后才能放他走。被关在牢里的童第周又饿又气又急，看到看守他的警察，突然计上心来，他掏出仅有的2块大洋，塞进这个警察手中，求他帮忙给山大捎个信。第二天清晨，山大得到那个警察传来的消息后，立刻派人到警察局把他保了出来。就这样，历经种种波折，童第周总算到了山大。

而此时，由于蒋介石的不抵抗政策，日军开始了更大规模的侵略行动，部队前锋已打进安徽省界，安庆岌岌可危，童第周还没来得及喘口气，就和学校一起退往湖北武汉。

在武汉还没站稳脚跟，校长林济青就想着解散学校了，理由是学校没钱了，养不了这么多的师生员工。童第周平时为人正直、仗义，业务又好，所以生物系的员工们都很敬重他，听到这个消息后，都不由自主地来找童第周商量。童第周和大家一起到武汉一家银行，准备先查一下山大的账户余额，但银行经理已得了林济青的话，死活不让他们查，除非他们能拿出林济青的签字。童第周与之据理力争，说明他们只是想查看一下账户余额，并不是要查账，更不用取款。但说什么都没用，经理就是不让他们看。童第周是个很有策略的人，他觉得再这么耗下去已没意义，就悄悄地派了一个人回校发动学生。不久，各系学生代表浩浩荡荡地往银行涌来，把银行所在的街道堵了个水泄不通，并大声喊口号：“不准解散山东大学！”“我们要查账！”童第周一看形势已成熟，就丢下一句话：“你不让我们查账，那就让学生来查吧！”说完起身要走，看着与警察对抗着的马上要冲进来的学生，经理慌了，说：“我同意你们查账，请你们叫学生回去吧！”经过查账，童第周等人发现山东大学还有9万元存款，这说明校方说没钱只是一个借口。于是他们连夜上书，对校方质疑，并与校长展开了尖锐的辩论。校长担心学潮继续闹下去，对自己不利，被迫通知各系撤销解散山大的决定。在这场拯救山大的斗争中，童第周表现出来的胆识和非凡的组织才能，获得了大家由衷的敬佩。

但此时，日军已开始大规模进攻，国民党军队节节败退，武汉也不安全了，山大只能紧急西迁湖北沙市。他们刚到沙市，武汉就被日机轰炸了，接着沙市也被轰炸。于是，只能再往西迁，一直到四川万县才在山上找了点房子安定下来，学校开始上课。

在中大的日子

1938年春，山东大学在万县落脚后，童第周就通知叶毓芬带孩子们到四川团聚。但不久，在蒋介石召集的大学校长会议上，林济青又提出要解散山大，而且蒋介石竟然批准了，于是教育部根据行政院2月18日的训令，下令“国立山东大学暂行停办”，学生大多转入中央大学，个别转入其他大学。图书、仪器、机械等校产暂交中央图书馆、中央大学和中央工业职业学校分别保管和使用。

山大解散后，童第周于5月被分配到迁在重庆的国立编译馆担任翻译工作，并申请了文化基金，每月有200元的科研经费。

因战乱不便，叶毓芬把宜中、时中托付给了童第周的大哥和二姐照顾，自己带着长女夙明、长子孚中几经周折，终于在5月来到重庆，与童第周团聚。

9月，中央大学想聘童第周去生物系任教。当时，中央大学是最早内迁的大学之一，七七事变后不到一个月，校长罗家伦就毅然决定把中央大学从南京径直迁到重庆，并于1937年11月开始西迁，由于他的当机立断，搬迁时局势还比较好，时间也比较充裕，因此中央大学在搬迁过程中不仅图书仪器很少受损，甚至连农学院的荷兰牛、良种鸡也由人驱赶着，溯江而上，到达了重庆。当年的十一二月，各院系就已陆续在临时搭建的简易教室里开学上课了，文、理、工、农、教育等学院建在重庆沙坪坝的松林坡，医学院和农学院的畜牧兽医系则寄设在成都华西坝的华西大学内。

罗家伦校长非常器重童第周，马上就签发了童第周的聘书，并把它发到了生物系所在的理学院，但理学院不知出于何因，把聘书扣下了，不让童第周去生物系任教，而把他排挤到了医学院。为此，童第周心里很不舒服，但考虑到恩师蔡翘此时就在中央大学的医学院任教，于是就接了医学院的聘书。

远离重庆的学校本部，独自寄设在成都华西坝华西大学内的中央大学医学院，实验条件非常简陋。据童第周的学生、当时正在医学院学习的吴尚勤[①]回忆，童第周的“实验室十分简陋，四五个人挤在一间不到20平方米的过道里，还经常有人进进出出。实验室里唯一的现代化仪器是一架双筒解剖显微镜，我们轮流使用。显微操作是相当精细的工作，最忌震动，当有人出入时，工作就得暂停。为此，他经常把实验工作安排在凌晨或晚上，争取在里面办公的人休息的时候干完。晚上做完实验还得把这架解剖显微镜提到他的宿舍里‘看管’起来。深怕丢失了这唯一的不可缺少的仪器”[②]。

童第周在实验室的院子里放了几只缸，精心饲养了几十条快产卵的实验用金鱼，童第周和叶毓芬忙于实验准备，虚岁才四岁的大儿子孚中没人管，又请不起保姆，只好把他独自留在家里。有一天，孚中走出家门，来到江边，爬上了江边一只无人看守的小船。童第周夫妇找到他时，船已在江中的激流中漂转，把两人吓出了一身冷汗。没办法，他们只好把孚中带到实验室，边工作边看着他。有一次，孚中和一个小朋友在实验室的院子里玩耍，看见鱼缸里的金鱼都向他们瞪着大眼睛，就好奇地把两大缸金鱼的眼睛全部挖了出来。童第周平日从不轻易打骂孩子，但这次，看着两缸血水中一条条肚皮朝天的金鱼，他实在是气坏了，把孚中拎起来扎扎实实地打了一顿，连叶毓芬也气得拿起鸡毛掸子一块儿打。最后，两人实在没办法了，只好忍痛让正在上学的大女儿夙明临时休学，在家照看弟弟。

童第周是个能吃苦的人，艰苦的生活和工作条件他不会计较，何况当时大家的境况都好不到哪里去。但让童第周无法忍受的是医学院院长对他的轻视。当时的中大医学院院长是内科专家戚寿南，也许因为童第周不是学医出身，也

---

① 吴尚勤1938年秋考入中央大学医学院，二年级下半年上了童第周的胚胎学课后产生兴趣，从1940年起便每晚到童第周的胚胎实验室去学习；1945年从医学院毕业，留校当解剖科助教；1949年7月经童第周介绍到山东大学动物系当助教，跟随童第周从事实验胚胎学的研究；1950年7月又跟随童第周调任中国科学院水生生物研究所青岛海洋生物研究室当助理研究员，此后一直在此从事实验胚胎学研究。

② 吴尚勤：《怀念童第周老师》，载严绍颐（编著）：《童第周》，河北教育出版社2001年版，第92页。

许因为一些童第周自己也不清楚的人事上的原因（因为中大一直是个派系林立的是非之地），戚寿南一点都没有把童第周放在眼里。童第周来时，戚寿南收走了他从国立编译馆带来的每月200元的文化基金，又以童第周科研的名义再次申请了研究费，却没有补助给童第周。戚寿南给聘用的教授都加了工资，但就是不给童第周和另一位教生物化学的教授加钱。童第周忍无可忍，提出辞职，戚寿南这才迫不得已加了他50元，同时聘任已来四川多时的叶毓芬做讲师。但此时的童第周对此已心灰意冷，他对戚寿南说："我们不是做生意，不想同你这样的人在一起搞工作。"①为此，童第周于1941年10月离开了中央大学。

"同济"难同心

实际上那时也没有什么工作可找，童第周本想去中山大学，但他哥哥来信告诉他，中山大学已迁至湖南，听说很快又要搬迁到别处去了，童第周只好作罢。

这时落脚在四川宜宾李庄镇的同济大学来聘童第周，于是他于1941年11月从成都起身去了李庄镇，任同济大学生物系教授，同时在也迁到这里的中央研究院心理学研究所兼职。

同济大学所在的李庄镇，是长江南岸上的一个古老小镇，距宜宾市东郊约19千米，因交通闭塞而相对安全，成了众多高等学府和研究院所的云集之地，中央研究院、中央博物院、中国营造学社、金陵大学、同济大学等10多家高等学府和科研机构，都先后迁驻李庄镇，一些全国知名的专家、学者如李济、傅斯年、陶孟和、吴定良、梁思成、林徽因、童第周、梁思永、劳于等也因此云集于此。李庄本来就是一个偏僻的贫困小镇，一下涌入了这么多"外乡人"，社会秩序变得混乱，物价成百倍地翻涨，但教员的工资却没怎么涨。其实，当时迁在西南各地的大专院校情况都差不多，例如，西南联大教授们的薪水只比战

---

①《童第周：追求生命真相》，第22页。

前增加了7倍，而此时西南联大所在的云南，生活费用已增加了103倍。[①]复旦（迁在重庆北碚）的洪深教授曾在上课时对学生说："我女儿患上严重的肺结核病，看来很难治好了。孩子想吃苹果，我昨天跑遍山城，花了十元钱买了一只苹果，也算是父亲与女儿诀别前的赠送吧！"[②]言毕老泪纵横，许多同学闻之伤情，联想到自己，不由得哭泣起来，因为当时学生的生活比教师还要艰难，战乱使许多学生与家人失去了联系，断了经济来源，而学校每月最多只能提供24元的生活补贴。和大家一样，童第周家的生活也非常困难。童时中回忆：当时家里困难，母亲没有工作，主要是种菜、干家务。有一次她耳朵发炎，由于没钱治病引发了中耳炎，后来影响了听力，我们在家里说话要声音很大她才能听见。童孚中回忆：我们吃得很简单，房子后面有个大棚储藏室，地瓜堆在一角，天天吃地瓜。

李庄有个庙叫南华宫，同济大学理学院当时就设在此庙里，庙后有个和尚院，生物系就在和尚院旁边的一个院子里。院子里的房间破破烂烂，不到20个平方米，五六个人办公、做实验都在里头，条件似乎比中央大学还要差，实验室里连一架最起码的显微镜也没有。

一天，童第周在一个旧货摊上看到一台德国制造的双筒解剖显微镜，如获至宝，但摊主却狮子大开口，要价6万，这个数字相当于童第周夫妇两年的工资。当时一家人连生活都是勉强维持，怎么拿得出这么一大笔钱呢？童第周深知家中的困境，开不了口，但心中又实在割舍不下这台显微镜。不料第二天去看时，竟涨价到6.5万元，更买不起了。童第周老是偷偷地跑到摊前去看那架显微镜，饱饱眼福后，又只能无奈地回家。这一切叶毓芬看在眼里，急在心里，她决定举债为丈夫买下这架显微镜。妻子主动开口，丈夫感激在心。于是，童第周赶紧跑到一个亲戚家里去借钱。但这个亲戚认为，在这种兵荒马乱的年代，花这么多钱去买显微镜做科研，简直是发神经，不仅不借钱，还以长辈的口吻

---

① 余廷明：《李约瑟在陪都》，载王钱国忠（主编）：《东西方科学文化之桥：李约瑟研究》，科学出版社2003年版，第39页。

② 沈裕福：《校园往事追忆——记一九三八年重庆时期的复旦大学》，载《台湾复旦校友忆母校》，第255页。

教训起童第周，认为童第周现在应该赶紧去做些买卖，填饱一家人的肚子，而不是去做什么科研。听到别人竟如此蔑视自己所热爱的科学事业，童第周忍无可忍，当场与他争论起来。钱没借到，还受了一顿羞辱，童第周只能回家生闷气。在人际关系的处理上，叶毓芬要比他能干得多，她一边好言安慰丈夫，一边开始自己去借钱。她赔着笑脸，忍受着难堪，终于说通了几位比较理解科学研究工作的亲友，为丈夫借齐了买显微镜的6.5万元钱。

童第周利用这架从旧货摊上买来的显微镜，在这里做出了许多一流的科研成果，为此，李约瑟还专程来看望过他。李约瑟当时是作为英国政府的代表来考察和资助中国科研、教育事业的，他的来访引起了国民党政府对童第周的关注，他们开始不时地来“过问”童第周的工作，想借此拉拢他，作为自己的一块招牌。他们派了三青团的负责人来做说客，又是利诱又是威胁，想让他参加国民党。三青团是三民主义青年团的简称，成立于1938年3月，同年7月组成了中央团部，蒋介石亲任团长，陈诚任书记长。三青团是国民党在抗日战争初期控制全国青年的一个反动组织，并逐渐成为其实行一党专政和发动反共内战、镇压爱国民主运动的爪牙。童第周看这些人如小丑似的，就有意戏弄了他们一番，最后还反过来教训了他们一顿，撕了他们带来的国民党入党申请表。童第周说：“我是科学家，我不知道这个党那个党的。要说加入什么党，我可以告诉你，早在学生时代，我就加入过国民党。我早就看透这是一个什么样的党——腐败无能！我早就脱离它了。现在就是砍下我的头，这辈子也休想叫我重新加入国民党！”

童第周到同济大学一年后，生物系主任、植物学家吴印禅要到西康[①]去考察，叫童第周代理半年系主任，童第周答应了。在这半年中，童第周把生物系搞得井井有条，实验也做得很漂亮，校长特别表扬了生物系，当时甚至有谣传说校方有心提拔童第周当理学院院长。有人写信把这些事告诉了在外考察的吴印禅，吴或许由此心生芥蒂，对童第周有了看法。童第周感到非常委屈：“等他从西康回来，我和爱人带着孩子去接他，他反而不怎么理我，只寒暄了几句话，

① 民国28年（1939），为了控制川滇藏边境地区，建西康省，省会康定，1955年撤销。

我当时弄不清是什么原因。系主任到后第二天，我把系印章交给他，还把每月办公费（20元）也都交给他，他接交后，也不理睬我，我发现在这里恐怕待不下去了。”[①]1943年底，童第周离开了同济。

来自李约瑟的敬意

英国的著名学者李约瑟（Joseph Needham，约瑟夫·尼达姆）是研究中国古代科技史的著名学者，也是最早探索中国近代科学之所以落后于世界的国际学人，但很少有人知道他早期其实是个生物化学家、胚胎学家，而且成绩显著，曾被让·布拉舍（Jean Brachet）[②]誉为“化学胚胎学之父”，因为自1922年从事研究工作起，李约瑟就一直想把生物化学应用于胚胎发育的研究。在1931年出版的三卷本《化学胚胎学》中，他就试图概括性地论述胚胎发育期所发生的全部化学变化，在1942年出版的《生物化学与形态发生学》中，他又试图把胚胎的发育与“形态发生激素”或“组织者物质”联系起来。他的这两本书，奠定了生化胚胎学这门分支学科的基础。1937年，英国剑桥大学的李约瑟实验室陆续来了三位中国留学生，在与这些中国学生的交往中，他对中国的古代科技史发生了兴趣，才因此改变了研究方向。

1942年元旦，中、苏、美、英四国在美国华盛顿签署条约，组成反法西斯同盟，随后又有22个国家在条约上签字。这一年，是第二次世界大战国际反法西斯战场非常关键的一年。当时希特勒已侵占欧洲的大部分地区，斯大林格勒战役正在激烈地进行，日本偷袭珍珠港后，又把战火烧到了东南亚。在这严峻的国际形势下，英国政府决定派科学家和学者去访问、援助中国学术界。当时英国科学家中懂中文者寥寥无几，通晓中文并对东方文明怀有强烈兴趣和好感的李约瑟由此成了当然的人选。于是，李约瑟就和牛津大学的希腊文教授E.R.多兹，组成“英国文化科学赴中国使团”，冒着日机的狂轰滥炸，借道印度、缅

---

①《童第周：追求生命真相》，第22页。

② 让·布拉舍（Jean Brachet）是童第周在比利时比京大学留学时的导师A. Brachet的儿子，著名的化学胚胎学家，著有《发育的生物化学》（*Biochemistry in Development*）。

甸，于1943年的2月24日到达了昆明。在昆明停留约四周后，于3月21日飞抵当时国民政府的陪都[①]重庆。

李约瑟在重庆的身份是英国驻华大使馆（设在重庆）战时科学参赞，后又被任命为英国文化委员会驻华代表。到达重庆后，李约瑟就开始与国民政府和云集四川的各学术科研单位进行广泛接触和交往，不仅为大家带来了世界科学界对中国同行的问候和支持，还带来了最新的世界科学发展信息，为中国科学界架起了与世界联系的桥梁。他不辞辛劳，奔波于中国大西南的山沟河谷，深入了解隐蔽于这些穷乡僻壤的各大专院校和科研院所的科研困难，并为他们争取到了大量急需的科研设备和材料。鉴于李约瑟对援华工作的热情和作出的杰出贡献，1943年3月和4月，北平研究院和中央研究院先后授予李约瑟“通讯研究员”的称号。在李约瑟的努力下，1943年6月，英国政府在重庆建立了一个科技援华的官方机构——中英科学合作馆，1944年7月正式挂牌工作。从此，英国对中国的科研援助更加正规和全面，两国间的科研交流也更加广泛、深入。

中国政府和科学界感激李约瑟为中国所做的一切，中国科学家在如此严酷的条件下，甚至在食不果腹的情况下仍坚持科研的精神，也深深地感动了李约瑟，童第周就是其中的一个。早在1932年，在法国海洋生物研究所的实验成果展览上，童第周的成果就引起了李约瑟的注意，只可惜当时童第周与导师达克教授已完成实验返回了比利时，因而无缘相见。李约瑟在重庆工作时，听说童第周正在宜宾李庄镇的同济大学教书，就打算去看望他。

1943年5月下旬，李约瑟开始考察、访问避难于四川中西部的这些大专院校和科研机构，于是打电话给童第周，说要去看他。30多年后，当童第周回忆起接到李约瑟电话，仍掩饰不住内心的兴奋和感动，这位热爱中国的同行学者当年竟亲自到那么偏僻的穷乡小镇来看他，他回忆道：“有一天，我和叶毓芬正在日光下做试验，突然接到重庆的长途电话，是李约瑟先生打来的，他正在中

---

① 1937年七七事变后，日本对中国发动全面进攻，华北沦陷，上海失守，国民政府的首都南京告急。1937年11月20日，国民政府主席林森发布《国民政府移驻重庆宣言》，1940年9月6日，重庆被正式定为国民政府陪都，大批政府机关、学校、工厂及科研、学术单位等内迁重庆。

国进行科学考察，要到李庄这个小镇上来看我。我当时非常高兴。”①

李约瑟一行于6月4日参观了同济大学，当别人领着李约瑟到被童第周当作“实验室”的院子时，童第周正埋头在太阳光下用那架显微镜做试验。因为显微镜要反光设备，必须要有光源。李庄没有电，童第周只能利用太阳光做光源，因此只好在露天做实验。李约瑟惊讶之余，要童第周带他参观他的“实验室”。童第周领着李约瑟到房间里转了一圈，里面只有几张破旧的桌椅和一点简单、粗陋的设备，出了房间，童第周带他在院子里的几个鱼缸边转了一圈，就又把他带回到显微镜前，说：“这一切就是我实验室里的所有家当!”看着这台整个实验室里唯一一件称得上现代实验器材的老式双筒解剖显微镜，李约瑟纳闷了：“难道你就是在这片空地上完成那种难度的试验吗？真是奇迹！在这样艰苦的条件下，写出那样高水平的科学论文，简直不可思议。”②当童第周送李约瑟回去的时候，李约瑟忍不住对他说：“在布鲁塞尔有那样好的实验室，你为什么一定要到这样的荒地里进行试验?”童第周回答：“我是中国人嘛。”李约瑟万分感慨地说：“对！对！中国人，有志气。”③

在此后同济大学为李约瑟召开的欢迎大会上，李约瑟对童第周的科研成果和在如此艰苦的条件下坚持科研的精神表示十分的敬佩，并在其回国途经印度时，专门买了一台旧的双目显微镜托人转送给童第周。

李约瑟对童第周的敬佩是发自内心的。据曾呈奎回忆：大约是1945年，李约瑟到美国的斯格里普斯海洋研究所访问，那时曾呈奎也正在这个研究所工作。研究所请李约瑟作了关于访问中国的报告。李约瑟在报告中着重强调了中国科学家在抗日战争期间的表现，“特别提到了童第周和汤佩松二位教授的研究工作并没有因为战争而停顿。他们在研究工作中，为了降温的需要，派人上山去取冰，因为重庆没有冰厂。”④汤佩松是我国植物生理学的奠基人之一，抗日战争期间在西南联大任清华植物生理研究室主任。

---

①②③《童第周：追求生命真相》，第23页。

④ 曾呈奎：《怀念童第周教授》，载《童第周》，第52页。

受聘复旦

离开同济大学后，经友人介绍，童第周于1944年初去了迁在重庆北碚夏坝的复旦大学。

李约瑟当时也正在重庆。得知童第周来重庆后，便在一家饭店里请他吃饭。其间，童第周告诉他此次来重庆是因为接聘了复旦大学的工作。李约瑟试探着问："你知道郭任远是什么样人吗?"当时郭任远已回复旦任教。童第周说："我知道，但他是我的老师，我答应在复旦大学心理生理研究所帮他三年。"[①]既然童第周这么说，李约瑟当时就不再说什么了。其实郭任远是比较独断专行的，他1926年离开复旦后，先后在中央大学和浙江大学任教。1935年出任浙江大学校长后，他不仅专横跋扈，而且勾结军警，镇压学生的爱国抗日运动，激起了"驱郭学潮"，蒋介石亲自出面都没能保住他，行政院被迫于1936年1月免去了他的校长职务，由众望所归的竺可桢任浙大校长。李约瑟当时的工作性质，决定了他与中国科学界人士有着广泛、深入的联系，对于这些人的个性和人品他还是相当了解的，只是作为一个"老外"，他不便多说什么，但对童第周这样为人诚挚的学者，他还是忍不住提醒了他一句。事实证明，不是李约瑟的担心多余，而是童第周想得太简单了。

心理生理研究所是抗日战争末期，复旦新添设的一个研究所，注重实验发生学的研究，所长为郭任远。童第周夫妻到这个研究所上班后，才发现真正做研究的只有他们夫妻俩和童第周的学生张致一三个人，而郭任远自己从来不来研究所。张致一是童第周的第一代学生，他作为山东大学的学生随校内迁后，因山大解散而转学，并于1940年从武汉大学毕业，之后曾跟随童第周在内迁的中央大学医学院和同济大学生物系工作，现在又随童第周一起到了这里。

这个研究所不大，但名气不小，李约瑟和孙中山之子孙科都来参观过。所里有个秘书，是郭任远的一个亲戚，平时什么事都不干，只管拿薪。闲得无聊

① 《童第周：追求生命真相》，第23页。

时，他就在自己办公室的周围种花草解闷，但只要上面一有领导来，便忙不迭跟在后面拍马屁。时任立法院院长的孙科是由校长章益陪着来的。孙科来参观实验室那天，实验室柜子上有个酱油碗还没来得及拿掉，这个秘书借此小题大做，当场把碗摔掉，说“真不像话，饭也到实验室来吃”①，故意让童第周他们难堪。童第周气坏了，他们忙得没时间回家吃饭，胡乱在实验室解决一下了事，现在这些不干活的人却来说三道四。孙科走后，童第周冲到这个秘书的办公室，把他种的盆花全都砸了个稀巴烂。于是，这个秘书就跑到郭任远那里去告状，郭任远让他夫人来威胁童第周：“实在不行，把研究所解散算了。”童第周才不吃这一套呢，马上回敬了过去：“那正好。”②校长章益很信任童第周，极力挽留他，在两边做了不少调解工作，并请童第周兼任复旦生物系教授，还拨给他7万元经费，希望他出面筹建理学院，童第周考虑到自己精力有限，婉拒了筹建理学院之事。这件事表面上算是平息了，但郭任远已记恨在心。

那时，中央研究院院长、教育部部长、浙江湖州人朱家骅很想把他的浙江老乡童第周拉去做高教部视察员。朱家骅1893年出生于浙江湖州，毕业于同济德文医学院，1914年得两浙盐务公司张静江的资助留学德国，后又获蔡元培帮助，再次赴德，并于1922年获柏林大学博士学位。1924年回国，他在北大教授地质学，后因参加北京学生声援“五卅”运动等爱国活动而被北洋政府通缉，逃回原籍隐匿。此后，因周觉、戴季陶的关系，朱家骅转入政界，历任浙江省民政厅厅长、国民政府教育部部长和交通部部长、浙江省政府主席等要职。但童第周不想去。郭任远此时就说话了：“你不去不好，我们学校经费不好办，你去了，我们经费好办些。”③这是赶童第周走呢！童第周没办法，只好答应去，和中央研究院化学研究所所长章长功及湖南大学校长一起坐飞机飞往昆明“履行”职责。

抗日战争初期，北京大学、清华大学、南开大学历经千里，内迁昆明，并于1938年至1946年在昆明合并为西南联合大学，即西南联大，原三校校长组成

①《童第周传》，第86页。

②《童第周：追求生命真相》，第24页。

③ 前引书，第25页。

常务委员会，领导联大的工作，但由于北京大学校长张伯苓和南开大学校长蒋梦麟常住重庆，且另有委任，因此实际在昆明主持西南联大校务的只有原清华校长梅贻琦一人。童第周他们下飞机后，就先去西南联大“视察”，梅贻琦出面招待了他们，但因一些复杂的原因，没做什么事，童第周一行就“无功而返”了。

与三青团的较量

在复旦任职期间，童第周还有一次与三青团斗争的壮举。当时，他住在复旦新村教授宿舍，那是一排排的平房，与他为邻的有洪深、靳以、周谷城等教授。洪深1922年从美国哈佛大学留学回来后任教复旦，是童第周在复旦求学时的老师之一，他是左翼戏剧家联盟成员和中国新兴话剧的奠基人，组建和领导了复旦剧社。抗日战争时，在重庆等地导演了《法西斯细菌》《祖国在呼唤》等话剧，是一位很有正义感的进步知识分子，童第周很敬重他。

有一天，洪深去嘉陵江边散步，遇见一个因不愿参加学校的三青团而被三青团的人罚跪的学生，洪深救了他，但因此得罪了三青团。三青团的人打算晚上揍洪深一顿，看他以后还敢不敢管他们的闲事。他们赶来时，洪深正在食堂吃晚饭，事务员把门关上，里面有不少吃饭的人，那些人没敢动手，但威胁说吃了晚饭要来揍洪深。童第周得知消息后，立即联络了几个青年教授，到洪深家中守夜，保护他的安全，三青团的人知道后，当晚没敢来。童第周想，这不是长久之计，因此，次日凌晨童第周又和这些教授一起，起草了一个联名罢教的通知，抗议三青团学生对进步教授的迫害。通知是童第周起草的，但因为他当时的正式身份是心理生理研究所的研究员，在生物系只是兼课老师，不能带头签名，后来就由外文系主任全增祜教授带头签了名。然后他们就到每个教授家里去争取签名，并将罢教通知贴了出去，同时发电报给正在重庆开会的校长章益。章益第二天就从重庆赶到北碚，找了学校三青团的负责人——教务长林一民，并召集大家开会，童第周说：“三民主义是民死主义；民权主义是民穷主义，五权宪法即蒋政权，孔财权，何军权，陈党权，朱教权！”林一民听后连声

“嘘！嘘！”不止，但也不敢对他怎么样。经过激烈的辩论，章益当场宣布给那几个三青团学生记两次大过、两次小过的处分，再闹就开除。会后，章益还亲自出面向洪深教授道歉。在这场与三青团的斗争中，童第周他们终于取得了胜利。

章益虽为国民党党员，但为人思想开明，心胸开阔，对各种政治言行多能宽厚待之。“夏坝”时期的复旦大学，政治思想多元，教师中思想亲共的非常多，如经济系主任樊弘是马克思主义信仰者，教经济思想史的林一新是有名的托派（托洛斯基派）大将，新闻系主任陈望道曾是中共的创始人之一，与中共高层一直保持着密切的联系，曹禺、洪深两位剧作家更是有名的进步人士，但章益抱着“思想自由”的办学方针，多能包容，有时甚至不惜刻意保护。例如，梁宗岱对日本侵略者的罪恶非常痛恨，在各种集会上，他都慷慨激昂地宣传抗日，同时直言不讳地斥责国民党消极抗日却内战不息，一些教授和学生听了都拍手称快，章益为此非常担忧他的安全，总是埋怨梁宗岱：“你太大胆了，太大胆了！”[①]当时的政治形势非常险恶，一不小心被国民党特务抓去，那可不是他章益能保得了的，他真的很为这些进步学者们感到担心。

艰难岁月里的科研成果

四川是个内陆省份，远离海洋，童第周被迫放弃了对海洋动物的研究，而改用各地都可以捕捉到的青蛙、蟾蜍等两栖类动物和随处都可饲养的金鱼做实验材料。两栖类动物是20世纪20—40年代胚胎学研究中的主要实验材料，有关两栖类动物胚胎的研究成果，曾把胚胎学的研究推向一个新的高潮，那段时期留洋的中国生物学学生几乎都接受过这方面的科研训练，20世纪30年代初留学比利时的童第周也不例外。留学期间和回国在山东大学任教期间，除有关海鞘研究及初步的文昌鱼探索外，童第周做的基本都是有关两栖类胚胎发育的研究，并取得了很大的成果，发表了《两性间蛙类之臀神经面积大小之比较》（1930）、

① 洪铁：《怀念复旦“夏坝时代”的几位老师》，载《台湾复旦校友忆母校》，第389页。

《实验胚胎学和四肢发育的研究》（1933）、《*Rana fusca* 卵赤道面决定之研究》、《论 *Discoglossus*（两栖类）前肾背、腹轴索之决定时间》（1935）、《黑斑蛙双头胚胎之发育》（1936）、《Some experiments on the extirpation and transplantation of the mesonephros in *Rana nigromaculata*》（1939）、《青蛙肾脏之割除及移殖[①]之研究》（1939）等一系列论文。因此，童第周在四川开展两栖类动物的胚胎发育研究，是具有扎实科研功底的，并不是白手起家的探索，而且在当时的国际生物学界仍属前沿性的课题。

战时的四川物资奇缺，像李庄这种小镇甚至连电都没有。晴天，童第周他们就把显微镜搬到阳光下操作，以日光为光源。蛙类和金鱼都在冬末春初产卵，这时候，即使万里晴空、阳光灿烂，但气温还是非常低的，长时间在露天的显微镜下操作，手指经常冻得发僵。遇到阴天或下雨，则无法在室外工作，而此时室内又阴暗无光，几个人就围着个煤油气灯做实验。由于煤油气灯的光源比较散而且不稳定，因此要和气灯靠得很近，才能看清显微镜下的东西，他们的眼睛因此被近距离的强光刺得发痛，头脑则被高温烤得发涨。难得有电池卖时，童第周就买来存放起来，以备急需时使用。没有培养胚胎的玻璃器皿，就用粗瓷陶酒杯代替。所用的解剖器只是一根自己抽拉的极细的玻璃丝。组织切片没有载玻片，就去照相馆买一些旧底板，洗去胶膜，割成长条充当载玻片。没有消毒设备，就用煤油炉为玻璃仪器消毒，用酒精和酒精灯处理解剖器等物品。实验用的蛙卵都是自己从野外采集的。就是在这样的艰苦环境下，童第周完成了一个又一个实验，发表了一篇又一篇高质量的论文，引起了国内外生物学界的强烈反响。

这时期，童第周主要完成了两方面的研究工作：其一是无尾两栖类——青蛙、蟾蜍胚胎的纤毛运动和极性的形成；其二是金鱼卵子器官形成物质的定位。

两栖类动物的胚胎在神经褶闭合后，其表皮细胞上会发生一种纤毛运动，

① 童第周的论著中，“移植”均写作“移殖”，本书引用其原文或原书名时，均保留“移殖”的写法。

方向是从头至尾，这种纤毛运动能使胚胎在膜内，头端向前，不定地旋转。Woerdeman（1925）和Twitty（1928）先后研究过纤毛运动的决定时刻。童第周发现胚胎表皮上的纤毛运动方向的决定时间是在原肠期与神经板初期，并证明外胚层纤毛运动的方向决定于中胚层和内胚层，而且这种感应能力在个体发育中是沿着胚胎的前后轴自头而尾，逐渐减弱，形成梯度。这清楚地表明了胚胎发育的“极性”现象，并证明这种感应现象是由一种暂时未知的化学物质，通过细胞间的渗透作用，诱导和决定胚胎纤毛运动的方向。他又用“极性”尚未决定的原肠胚胚孔期的表皮移植的方法证明，此类化学物质的浓度表现出自头而尾递减的现象，形成“梯度”，它可能就是胚胎发育中“极性”表现的物质基础。[①]

童第周的研究不仅进一步明确了纤毛运动发生的时间，而且从纤毛运动进而探讨了胚胎极性这样一个胚胎发育中的重大问题。有关两栖类动物胚胎纤毛运动的探索，是童第周20世纪40年代用力最勤的研究课题之一，先后发表了《无尾目动物纤毛活动极性决定之实验研究》（1940）、《两栖类动物纤毛诱导之研究》（1948）、《蝾螈与青蛙胚胎上纤毛运动的研究》（1950）等一系列研究论文。

与纤毛运动研究同时进行的，还有金鱼卵子发育的研究。童第周用切除、分离和结扎分裂球的技术，研究了金鱼分裂球的发育和分化。童第周把受精后4—13分钟或10—43分钟的金鱼卵切成两半或者破坏其中的一部分。结果发现：手术距离受精时间越近，胚胎发育就越正常。在2、4、8细胞时期沿第一次或第二次分裂而把分裂球分割成两半，发育很不一致，有的能够各自形成胚胎，有的一半形成正常胚胎，一半形成囊状胚胎，有的则两半都形成囊状胚胎。将2—32细胞时期的两个卵子愈合在一起，如果愈合得好，可以产生一个胚胎。这些实验证明：在金鱼卵质中也存在着一个器官形成的组织中心，它在受精后不久便建立起来。它有一定的位置，在卵裂早期，存在于卵球赤道线以下植物性半球的一边。之后，由于卵质的流动，到4细胞时期才进入到分裂球中去。

① 童第周：《无尾目动物纤毛活动极性决定之实验研究》，载《童第周文集》，第114—123页。

研究证明：第1次卵裂面和这个组织中心没有固定的关系。[①]此实验前后，童第周还先后完成了《金鱼卵子经离心作用后之发长》（约1940）、《硬骨鱼类纵向分割卵胚膜及断片发育能力之实验》（1945）、《Fxperimental studies on the location of organizing substance in the *Carassius* egg》（1951）、《鱼类卵子中"组织物质"地位的研究》（1951）、《鱼类早期发生的研究》（1951）、《The development of constricted egg of *Carassius*》（1951）等一系列相关的实验研究。

但这些实验中，他使用的多是切割技术，切割虽然可使卵子的两部分彻底分离，从而使研究者可清楚、方便地观察它们各自的发育情况，但分割的机械作用，有时会粘走或外流掉部分细胞质，使分割的两部分都无法得到完整或充足的细胞质，而这些损失的细胞质中很可能正好就包含了一些重要的发育物质。因此，为了不损害或少损害卵子细胞质中的发育物质，使各半都能按原有的发育能力发育，1955年，童第周又用头发结扎的办法进行了类似的实验，因为结扎不像切割那样会导致细胞质外流。[②]

童第周此前所用的实验材料多为金鱼，为了论证这些实验结果的可靠性，后来童第周又用*Fundulus heteroclitus*的鱼卵重新作了一些这方面的研究。*Fundulus heteroclitus*是美洲的一种小鱼，可在水族箱内饲养，六七月间产卵，人工授精很方便，将精子与卵子挤入同一杯水中，就可以得到正常的受精卵，是当时国际上最常用的胚胎学实验材料之一。它的卵子比金鱼的大，操作比金鱼方便，但卵膜硬，去膜较困难，好在童第周在去膜方面一直是举世公认的高手，所以这点困难根本难不住他。这次的实验研究结果表明，和金鱼一样，在*Fundulus heteroclitus*的卵子中，也存在一种形成胚胎的主要物质，所不同的是这种物质在卵裂早期定位于赤道线以上的卵质中，但和金鱼一样，到卵子发育的4细胞时期便进入分裂球中去了。[③]

这一系列的研究表明：（1）卵质在胚胎发育的器官形成和细胞分化上具有主导作用；（2）和两栖类、鸟类一样，在鱼类卵子的卵质中也存在一个器官形

---

① 童第周：《金鱼之卵片断，分割之分裂球及融合卵之发育》，载《童第周文集》，第141—160页。

② 童第周：《金鱼卵子经头发缚扎后发长的情形》，载《童第周文集》，第257页。

③ 童第周：《*Fundulus heteroclitus*卵子的发育能力的研究》，载《童第周文集》，第276—292页。

成的组织中心。

在四川的这个时期，童第周还在一次科研成果展示会上，展览了由他嫁接、能在水中漫游的双头金鱼和多尾金鱼，[①]引起了不小的轰动，童第周高超的实验手术能力再次让人啧啧称奇。

反内战、反迫害、反饥饿

1945年，在苏、英、美等国相继助战下，经过中国人民十四年的浴血奋战，日本终于宣布无条件投降。9月2日，在停泊在东京湾（今为北部湾）美舰“密苏里”号上，日本重光外相和梅津总参谋长代表天皇在美、英、中、苏等同盟国代表面前，正式签订了投降协定，抗日战争胜利了。

散于各地的山东大学校友和教育界知名人士联名通电，要求恢复山东大学的建制。经国民政府教育部批准，1946年春，山东大学在青岛复校。赵太侔再次出任山东大学校长，并希望童第周能重回山大任教。由于之前两人合作愉快，童第周爽快地接了聘书，于8月出任山大动物系的教授和系主任。赴任前，他回老家接了寄养在大哥、二姐家的宜中和时中，一家人一起北上青岛。童第周是热爱山大的，当年西迁途中林济青想解散山大时，他曾带头抗争过；1938年山大被迫在四川万县解散时，他是最后离校的教授之一。此次复校他则是最早到校的教授之一。

但抗日战争胜利后的中国人民并没有真正得到和平和民主，国民党很快就发动了全面内战，国内由此形成了共产党领导的解放区和国民党统治的国统区。解放区实行土地改革和大生产运动，极大地调动了军民的生产积极性，有力地促进了解放区经济的恢复和发展，不仅增强了军队的物资保障，而且提高了人民的生活水平，得到了人民的拥护和支持。但国统区上上下下的官员却抱着在战争中大捞一把的心态，横征暴敛，肆意掠夺，大发国难财。由于共产党在军事上发展迅猛，蒋介石为争取喘息的机会，于1945年10月10日与共产党签订

① 童时中：《童第周的治学为人之道》。

了《政府与中共代表会谈纪要》，即“双十协定”，双方停战。但不久，稍得喘息的蒋介石即公然撕毁停战协定，对内更加残酷地迫害和镇压进步团体和人士，对外则加紧了对共产党的反扑。

1947年5月4日，是“五四”爱国运动28周年纪念日。纪念日前后，山大学生纪念“五四”的文章贴满了壁报栏。月底，以此为契机，处于国统区的山大爆发了声势浩大的“反内战、反迫害、反饥饿”的学生运动。学生们自动罢课，上街游行，抗议国民党反动派撕毁“双十协定”，悍然发动全面内战的罪行。5月31日，校方把教师、学生集中到鱼山路校本部礼堂召开“辩论大会”，训导长刘某某出言恫吓，让学生安分守己，不要“胡闹”，学生自治会代表则与其展开了针锋相对的辩论。王统照等进步教师也不顾生命危险，旗帜鲜明地支持学生的爱国运动。

山大学生在地下党的领导下，响应华北学联关于全国各地学校于6月2日罢课、举行游行示威的号召，决定在6月2日举行大规模游行示威，以期掀起“反内战、反迫害、反饥饿”的运动高潮。为此，他们先期开展了声势浩大的签名运动，发表了《告全国同胞书》。童第周对国民党政府发动内战、滥发钞票十分不满，第一个在抗议书上签了名，坚决地站在了学生一边。

身为资深的国民党人和国民政府委任的山大校长，赵太侔被形势逼到了历史的十字路口。作为校长，按照他一贯的主张，要竭力把学生关在教室、实验室里，力求维护学校的“平静”局面，不愿学生卷入政治斗争，更不愿学生进行罢课和游行示威。但他同时又是一个比较有爱国之心和正义感的知识分子，对专制腐败的国民党渐失了信心，因此在一定程度上也同情学生的正义斗争，不满当局对学生的镇压和摧残。学生要游行示威，赵太侔劝学生不要游行，并私下告诉学生，警备司令部已做好了镇压的准备，但学生表示他们不害怕，并不会因此而放弃示威游行。

6月2日清晨，鱼山路山大本部已被国民党军警包围，通向校外的各主要道路上都有武装军警把守，校园围墙上架起了机枪，电话线被剪断，校车被破坏。集中在校门口准备游行的学生向军警开展说理宣传，但正在此时，在校门外不远处拍照的学生却被无理逮捕，学生们被激怒了。对峙到下午一两点钟时，学生们手挽手、肩并肩，唱着“团结就是力量”的战歌，不顾一切地冲出了校门。童第周跟着学生一道走。在大学路和鱼山路的交叉路口，队伍被绕有铁刺的“拒马”挡住。“拒马”后面站满了手持钢丝鞭、木棍和皮带的军警。学生在路口坐下，开始与军警交涉。赵太侔赶紧去司令部说情，但还没等赵太侔回来，军警就已越过封锁线冲进学生队伍。军警同一个个赤手空拳的学生扭打着，学生们有的被打得头破血流，有的被打昏在地，一些女学生的头发被一缕缕地揪了下来，还有的同学被连拖带拉地摔上卡车拉走，现场惨不忍睹。这一天，共有300多名山大学生惨遭毒打，140多名学生被捕。当时童第周就住在鱼山路第一教授宿舍二楼，[①]三个孩子的卧室正好临街，于是童第周、叶毓芬跑回家中，和孩子们一起配合和掩护住在隔壁的植物系主任兼水产系主任曾呈奎教授，让他用自己的相机偷偷拍下了军警打人的场面。

曾呈奎（1909—2005）出生于福建厦门，毕业于厦门大学植物系，是我国著名的海洋生物学家、中国海藻学的奠基人，也是我国最早从事海洋植物研究的学者。曾呈奎和童第周相识于1935年夏天，虽然当时一个搞实验胚胎学，一个研究海洋植物，但两人志趣相投，因此很说得来。和童第周一样，曾呈奎也是个非常正义和爱国的人，1926年底国民革命军赶走北洋军阀进入福州市时，曾呈奎就参加了其中关于收回教育权的爱国运动。次年3月，他因此被校方开除。抗日战争期间，在广州岭南大学生物系任职的曾呈奎在随校南迁香港后，曾于1939年受生物系主任陈心陶教授委托致函童第周，邀请童第周到岭南大学生物系任教。但童第周回信说：“我同你不一样，我哪里都可以找到合适的材料进行工作，所以不去了，请代向陈主任解释。”[②]曾呈奎后到美国留学，1942年获美国密歇根大学研究生院理学博士学位并继续博士后研究，1943年在美国加州大学斯格里普斯海洋研究所任副研究员，负责海藻研究工作。1946年初，曾

---

① 即鱼山路36号教授大院，童第周故居位于1号楼东首，是一座两层日式小楼。童时中回忆：“当时每一家都是楼下楼上，下面一个客厅一个房间，楼上两个房间，我们弟兄三个睡一间，房间不大，三张床一摆，勉强能走得动路。”（张文艳：《鱼山路36号的名人轶事（1）：童第周小院里的种植和收获》，半岛网，2020年5月6日。）

② 曾呈奎：《怀念童第周教授》，载《童第周》，第52页。

呈奎接到童第周的来信，告知山东大学就要复校了，邀请曾呈奎回山大支持赵太侔校长的复校计划。1946年底，曾呈奎离开美国，于1947年1月初回到青岛，组建了植物系和水产系，并任两系主任。两人终于得以共事，并成挚友。

童第周和曾呈奎等进步教师连夜将照片洗印出来，第二天就送往青岛的几家非官方报馆，但这些报馆都怕招惹麻烦，不敢接受和发表。他们想起山大外语系有位老师兼任青岛《民言报》（英文版）的记者，于是立即与这位老师联系，这位老师很快就把照片送到了民言报社。第二天，《民言报》就在显著位置登出了他们的照片。国民党市党部本以为严密封锁消息后，他们的暴行就不会被外界知道。因此，看到《民言报》刊出的照片和报道后，在惊恐和震怒中，他们下令全面禁售该报该日的报纸。童第周利用关系，托人设法从内部买了100份出来，和曾呈奎、叶毓芬、郑伯林等人一起连夜把报上刊登的当局镇压学生的照片和报道剪下来，装入信封，寄往北平、上海、南京等地甚至国外，以扩大学生运动的影响。青岛山东大学学生的“六二”壮举由此传遍四面八方，国民党反动派的恶行被揭露出来。为了避免麻烦，他们做得非常谨慎，信封用不同的字体书写，信则从不同的信箱投寄，有胆有识，就像经过专业培训的谍报人员似的。

事情发生后，校长赵太侔应学生的要求，出面向反动当局交涉，设法营救被捕学生。第二天，童第周又和总务长周钟岐一起去保被抓的学生。他们与青岛绥靖公署主任刘安祺几次交涉，才救出了学生，并把受伤的学生送到医院治疗。几名地下党组织学生运动负责人和教师，也在校长赵太侔和童第周等老师的保护下，保住了学籍，或被送往异地避难，没有落入当局之手。

童第周不仅热情地支持学生运动，还积极组织教师起来斗争。1947年解放战争进入第二个年头，社会上谣言四起，物价飞涨，货币贬值，教师们有时几个月都拿不到工资，生活非常艰苦。当时，童第周是山大教员会[①]的主席，他提出以罢教来争取自己的合法利益，得到了许多人的支持，但教育部不理他们。

① 原称“教授会”，童第周提出改称“教员会”。

其间斗争很激烈，有人曾嘲笑他们：“看你们怎么下台！”①但童第周他们不为所动，坚持斗争，整整罢教了一个月。最后，教育部没法子了，只得按标准给教师发放了工资。童第周由此和丁西林、杨兆廉、曾呈奎等一起被国民党划归为亲共的、难缠的山大五虎将。

从1946年到1949年间，国统区物价飞涨，家口稍多的教师都感受到了维持生计之艰难。那时，童第周已有五个子女，衣食费用的开销非常大。童时中回忆，他们当时所住的鱼山路36号1号楼楼下还是一片土地，他们每年春天都会把地刨一刨，种上冬瓜、茄子、番茄、向日葵，“那时候得点煤烧炉子。父亲和母亲每个星期天上午，先是大扫除，然后弄煤和泥做煤球，培养我们爱好劳动的习惯”②，有时母亲叶毓芬也会去挖点野菜补充食物。有一次，童第周留校任教的学生李嘉泳对童第周说：“我的所有收入都顾到吃上去了，我想吃好饭总比吃药强。”童第周听后很感慨：“也对，咳！看着我那几个孩子能吃饭，既高兴又害怕！”③当时校内有不少知名教授受生活所迫，都到驻青岛的美国海军训练机关去兼职，赚些外快补贴家用，但生活同样艰难甚至比他们更加窘迫的童第周却不为所动，始终不愿去美军基地兼职。陶渊明不为五斗米折腰、朱自清宁愿饿死也不领美军的救济粮，中国知识分子中自有有脊梁的人。

---

①《童第周：追求生命真相》，第27页。

② 张文艳：《鱼山路36号的名人轶事（1）：童第周小院里的种植和收获》，半岛网，2020年5月6日。

③ 李嘉泳：《童第周先生在青岛》，载《童第周》，第84页。

第四章　建设新中国

冒险回国迎解放

1948年2月，应美国洛克菲勒基金会的邀请，童第周前往美国考察。当时是曾呈奎送童第周去上海乘轮船的，回来后，才听一位国民党官员说起，由于童第周的言论一直比较亲共，在出国前他已上了国民党的黑名单。但上船验票时他用的是Wilson Tung的英文名字，没有引起军警们的注意，逃过一劫。

赴美后，童第周先在耶鲁大学动物系的奥斯本实验室任客座研究员。8个月后，又先后去麻省林穴海洋生物研究所和马萨诸塞州的伍茨霍尔研究所任研究员，同时还被英国剑桥大学聘为客座研究员。

1948年3月，在美的童第周得知，他被评选为中央研究院院士，成为中国第一批院士之一。早在1946年，中央研究院就修改组织法，决定建立院士制。据说当时学术评议组在“院士”名称的确立上颇费了一番周折，有人提“院员”，有人提“学侣”“院侣”，最后经中央大学校长吴有训等人的据理力争，才决定用“院士”。入选院士的资格有两条：一是在专业上有特殊著作、发现或贡献；二是主持学术机关工作五年以上而且成绩卓著。1947年3月，中央研究院通告全国各大学、专门学会和研究机关，请他们分别按数理组、生物组和人文组提出院士人选。第一轮提名后由筹备委员会初筛，拟出402人名单，提交评议会分组审定后，确定105人为候选人。1948年3月，评议会进行院士选举，最后有81人当选为首批院士，童第周入选生物组院士。

1949年，听说国内快解放了，童第周决定马上回国，他要亲眼看到祖国解放的那一天，去体会祖国新生的幸福。当时有人以优厚的条件挽留他在美国工作，他谢绝了："我是中国人，我的最大愿望就是中国快些富强起来！我在国外学到的科学知识，必须为中国服务，现在中国有希望了，我得赶快回去。"[①]3月，他终于冒着生命危险回到了山东。

为什么说是冒着生命危险呢？因为童第周曾多次带头"闹事"，不仅积极支持学生运动，还以山大教员会主席的身份组织山大教师罢教，被国民党划归为亲共的五虎将之一。在美期间，他更是口无遮拦地说了国民党不少"坏话"。因此，那里的很多人都以为他是共产党，不敢再与他多交往，一些进步学者则很为他担心，叫他说话小心些。一次耶鲁大学开教员会，童第周忍不住又在会上批评了国民党。会后，有两个讲师就赶紧来找他，说："你现在讲不太好，这儿特务很多，你讲什么马上都会传到国内，对你很不利，今后说话要小心。"[②]童第周的学生吴尚勤特意从国内写信来提醒他："国内谣言很多，你回到上海可能会被捕，要想办法。"[③]另一位朋友也写信告诉他："因兄在美发表反蒋言论，已为特务汇报国内。兄如在解放前回国，抵上海可能被捕。盼三思。"[④]朋友劝他解放后再回来，但童第周等不及了，还是决定马上回国。1949年3月，他化名"威尔逊"订到了船票，由上海地下党的一位同志接站，然后从上海乘船回青岛。到青岛的那天，得知码头上有国民党特务，山大的不少教师都自发地去接站，把童第周安全地接回了家。童第周回山大后，继续担任山大动物系教授兼系主任。

大好的科研和生活条件放在那里不要，却要冒着生命危险回到一穷二白的祖国，不图名不图利，只因看好共产党的领导，只想为有了主权的祖国做点实事，让祖国快点强大起来，少受点列强的气。1950年2月准备从美国动身回国的华罗庚，曾给留美中国学生写了一封公开信："梁园虽好，非久居之乡……为

---

① 童时中：《童第周的治学为人之道》。

②③《童第周：追求生命真相》，第28页。

④《探索生命奥秘的人——生物学家童第周》，第89页。

了国家民族，我们应当回去；为了为人民服务，我们也应当回去；就是为了个人出路，我们也应当回去，建立我们工作的基础，为了我们伟大的祖国的建设和发展而奋斗！”[①]这封信真诚地表达了那代爱国知识分子的赤子之心。新中国成立前后，这样的回国潮就没有停止过，童第周是这股回国潮中的先行者。截至1957年底，已有3000多名侨居海外的科学家陆续回到了祖国。[②]由于帝国主义对新中国实行封锁、压制的政策，企图把这个“新生儿”扼杀在摇篮中，因此，海外学子的归国路可谓千难万阻。童第周是冒着生命危险回国的，1950年，准备回国的111名留美学生启程前遭受美国的多方阻挠，原子物理学家赵忠尧回国途中被驻日美军非法拘留，著名力学专家钱学森因专业与军事高科技中的氢弹、原子弹有关，更是未出美国国门就被扣留，并因此被无理羁押长达五年之久，当时的美国海军次长丹尼尔·金布尔甚至扬言：“我宁可把这家伙枪毙了，也不让他离开美国！”[③]在美国斯格里普斯海洋研究所任职的海洋物理学家毛汉礼等学者也被美国阻拦无法归国，一直到1954年，周恩来总理用朝鲜战争的美军战俘作为交换，才将他们接回国。这些人冲破重重险阻回国后，大都成为新中国各学科领域的带头人，为发展新中国的科学技术事业作出了不可磨灭的功绩，在中国科学院（简称“中科院”）最早的学部委员中，约有三分之二是这些归国的海外学人。

童第周回山大时，解放战争进入决胜阶段，国民党节节败退，国民党政府动员大批文化名人、科研人员撤往台湾，当时中央研究院的81位院士围绕着是否撤往台湾的问题展开了激烈的斗争，童第周与59位院士一起联合反对迁台。山大校园内，以刘次箫为首的国民党军统分子，开始不断迫害进步师生，并图谋把一些重要的图书和设备南运，运不走的就加以破坏。童第周与王统照、冯沅君、陆侃如、曾呈奎、吴富恒、赵纪彬、杨向奎等教授，积极参加由中共党员张育进和进步学生组织拓荒社领导的护校斗争，并争取到校长赵太侔的支持，发动进步师生，成功地阻止了山大水产系的南迁，使山大

① 郑国柱：《百年中国社会图谱：从古老发明到高新科技》，四川人民出版社2003年版，第130页。
② 前引书，第133页。
③ 廖盖隆、庄浦明：《中华人民共和国编年史》，河南人民出版社2000年版，第22页。

校产最后得以完整地交到了共产党的手里。青岛解放的第二天，接管山大的军代表罗竹风对此给予了充分的肯定："由于地下党和学生护校队的共同努力，经过与敌顽势力的斗争，解放时学校基本上未受到破坏，而且很快就能恢复上课。"①

肝胆相照

新中国成立后，童第周以进步爱国人士的身份，不辞辛劳身兼十余种社会工作。童第周是热爱祖国、拥护共产党领导的，但这种热爱和拥护不是"宗教信徒"式的盲从，而是一种认真负责的肝胆相照。

当时，山东大学的情况非常复杂，旧派的、新派的、亲共的、反共的本已乱成一团，再加上青岛军管会主任向明在接收山东大学后推行极左路线，弄得情势更加纷乱和严峻。童第周觉得向明的做法非常不妥。1949年10月前后，向明和罗竹风召集山大各系主任开会，说是要推选一个代表去济南参加山东省人民代表会议，但大家还没进行推选，向明等人就直接宣布中共党员、山大教授兼注册组主任郭宣霖为代表。于是72名教授联名写了一张大字报，说明他们并没有选过郭宣霖。这件事的牵涉面很广，如不能妥善解决，就会造成教师队伍的分裂。最后在华岗的协调下，校方决定重新讨论代表的人选问题，并在会上做了充分的解释工作。童第周的学问和人品在山大是有目共睹的，他在教授们的心中有很高的声望，于是在领导确定的候选人郭宣霖之外，他们一致推选童第周作为另一个候选人，童第周充分传达了这些教授们的意见，但他自己无心参政，推辞了提名，所以最后由郭宣霖当选。这次会议，双方开诚布公，互相承认了对方的合理诉求，各自作了自我批评，在一定程度上消解了教师中的对峙情绪，为山大后来更为和谐的发展局面打下了良好的基础。向明后来被认定为高岗、饶漱石反党集团的核心成员之一，被

① 台旭：《多么好的教学环境——20世纪50年代的山东大学》，载刘培平（编）：《战士·学者·校长：华岗同志百年诞辰纪念文集》，山东大学出版社2003年版，第146页。

撤销职务并开除党籍。

对领导工作上的不妥之处，童第周也直言不讳。有一次开会，郭宣霖他们讲完后，童第周就站起来对罗竹风说："你们应该听听两边的话，了解两方面的情况后，才能作出决断。你们来到山东大学后，没有来访问过我们，你们应该了解了解情况。"罗竹风当场表态："好！我们应该听听两边的意见。"①

罗竹风（1911—1996）出生于山东平度，1935年毕业于北京大学中文系，并长期在解放区从事文教工作。他性格温和，平易近人，从不摆架子。当时的山大学生陈福伍曾这样回忆罗竹风："当时，他大概还未进入不惑之年，穿着一身灰色但已洗得发白的旧军装，出现在大家的面前。他虽是戎装，但看上去丝毫没有军人的威武气概，谈吐举止温文尔雅，完全是一位学者的风度。"吕家香则回忆了在校园初遇罗竹风的印象："有一天，在校园里遇见一个穿黄军装的中年人。他慢腾腾地走着，没有一般军人的英武矫健。脚上没穿袜子，一双支前布鞋的鞋口把脚面勒得很紧。我抬起眼来，看到了一张沉思的脸和一双疲劳的眼睛。'这个军官跟别的军官不一样'，我想。几天以后上课了，我才知道他就是军代表罗竹风。"②

对公事，童第周就是如此地认真负责，并不惜为此直言不讳地冒犯"顶头上司"们，唯一的目的，就是为了把工作做得更好些。

对私事，他扛下所有的艰难，从来不向组织叹一声苦。最初几年，童第周的经济状况一直非常不好，抗日战争时期在四川背巨债买了那架显微镜后，由于家底薄、吃口重，家中的经济始终缓不过劲来。童第周的学生和助手吴尚勤结婚较晚，单身时经济比较宽裕，童第周月底钱接不上时都向她借钱救急，月初发工资时再还给她。但就是在这样的情况下，他念念不忘的仍是国家百废待兴。

1955年6月1日，中科院建立学部，下设物理学数学化学部、生物学地

---

①《童第周：追求生命真相》，第30页。

② 孙长俊：《山大逸事》，辽海出版社1999年版，第192—193页。

学部、技术科学部和哲学社会科学部四个部。学部集中了全国最优秀的科学家和学者，是国家经济和科学发展最重要的政策咨询和决策力量之一，同时也是国家各学科最重要的引领力量。这批入选学部的人，其实就是新中国的第一批院士，共233名，童第周入选并任生物学地学部常务委员、副主任。但入选者没有沿用国民党时期中央研究院的“院士”称谓，而称“学部委员”，原因是“中国的条件还不成熟”[①]（1994年初，学部委员才改称院士）。童第周当选为学部委员后，每月有100元的办公费，但他给退了回去。他觉得虽然家里经济还很困难，但国家已给了他稳定的工作和收入，平日节省点，债慢慢总能还清的，日子总会好过起来的，而国家此时却正是百废待兴、急需用钱的时候，因此这些钱他不该拿，应该将钱用到祖国建设的刀刃上去。开始中科院不同意退，童第周却坚持着要退，最后院里拗不过他，只好让他退了。

1956年童第周夫妻调北京工作后，开始几年人事关系仍属中科院青岛海洋生物研究室（所），每年要回青岛几个月从事文昌鱼的研究，因此海洋室（所）每年给他300元的车马费，但童第周把这些钱也都如数退了回去。

对这样的好同志，党和国家也没有忘记他。有一次，中科院给他寄来了300多元，拿到汇款单后，童第周又像往常一样要去退款。但这次却没退成，因为中科院说这钱是中央给童第周还债的，一定得收。童第周一核算，确实正好是他的负债数，共365块钱。童第周很激动：“中央对我如此了解和关心，我一定要加倍努力工作。”[②]

第一副校长

1949年6月2日，青岛解放。当晚，青岛市军管会文教部大学处处长和军代表罗竹风率接管人员进驻山东大学，文教部部长王哲代表军管会接受了学生

①《南大逸事》，第43页。

②《童第周：追求生命真相》，第31页。

代表的献花，原校长赵太侔去职，由王哲（不久即调走）、罗竹风、高剑秋组成军管小组接管山大。

8月，军管小组组建由各方代表参加的校务委员会，代行校长职权。丁西林任主任，杨肇嫌、赵纪彬任副主任，罗竹风任秘书长。为方便工作，10月8日校务委员会扩充为21人。

那时，中央规定高校要开设“社会发展史”和“新民主主义论”两门政治课，留青岛养病的华岗答应为山大讲授“社会发展史”。

华岗（1903—1972）是中国共产党高级领导干部，出生于浙江龙游，先后担任过团中央宣传部部长，中共湖北省委宣传部部长、中央组织局宣传部部长和华北巡视员、满洲特委书记等职务，主办过团中央的机关刊物《列宁青年》和《新华日报》等报刊，并撰写有《1925—1927年中国大革命史》《中国民族解放运动史》《社会发展史纲》《苏联外交史》《中国历史的翻案》《太平天国战争史》和《五四运动史》等著作，是党内少见的学者型高层领导人之一。1948年的一天，华岗和何其芳从延安骑马前往西柏坡中央工委，途中不慎摔下马，伤势严重，被送往香港疗养。1949年9月，华岗按照党的通知，乘上香港开往内地的最后一班客轮“科隆号”返回内地。他计划先到上海，再北上北京，但因上海吴淞口此时正遭敌机轰炸而无法靠岸，轮船只能驶往已解放的青岛。在海上颠簸十几天，华岗的肠出血和呼吸系统等疾病又复发了。9月2日，轮船一进青岛港口，华岗就被紧急送医。时任山东分局副书记、青岛市军管会主任的向明听说华岗来了，马上热情地招呼他在青岛治疗养病。1932年9月，华岗曾在赴任满洲特委书记途中被捕，而后被关押五年多，向明是其关押在济南反省院时的狱友。向明以山东缺干部为由极力挽留华岗在青岛工作。上报中央后，政务院总理周恩来亲自征求华岗的意见，华岗同意留青岛养病和工作。

此后，华岗就以教授的身份开始在山大讲授“社会发展史”，并定期为山大师生作有关学习共同纲领的报告。第一次是在1950年1月7日，华岗在山大校园中心广场上为全校师生作了长达四小时的精彩报告——怎样用理论与实际结合的方法来学习《共同纲领》。他的报告既有理论深度，又紧密联系学校情况和师生员工的思想实际，将理论寓于社会进步、科学发展、事业成败、工作得失等寻常直观的事例，亲切中肯，生动具体，有很强的说服力，大受师生欢迎，也颇受资深专家、学者的好评，有位老教授听讲后，说了八个字："如沐春风，如饮甘霖。"[①]华岗在山大的威信由此迅速提高。不久，校务委员会主任丁西林调任中央文化部副部长。1950年4月23日，山大师生代表会议采取民主选举的形式隆重选举新的校务委员会，华岗当选校委会主任，陆侃如、赵纪彬、杨肇嫌任副主任。

但不久，华岗因病情加重，不得不辞职，由杨肇嫌接任校务委员会主任。不久，杨肇嫌也调京工作，转由罗竹风暂代校务委员会主任一职。

正值山大人事浮动之时，华东军政委员会又于1950年9月27日致电政务院转中央教育部，请示有关华东大学与山东大学的合校问题。11月15日，经中央教育部批准，华东大学迁青岛与山东大学合并办理，仍用山东大学名称；以彭康、陆侃如、张勃川、童第周、余修、罗竹风、刘椽、刘宿贤为迁并办理委员会委员，以彭康为主任委员，陆侃如、张勃川为副主任委员，负责办理迁并事宜[②]。

华东大学接到通知后，1000余师生于12月8日开始从济南迁往青岛。1951年1月，中央决定由华岗担任合并后的山东大学校长兼党委书记。华岗由此成为全国第一个由党内同志担任的大学校长。

山东大学和华东大学是两所性质完全不同的大学：山东大学在新中国成立前就是一所历史悠久且在全国都名列前茅的著名高校，新中国成立初期校内更是人才荟萃，教师大多是名牌大学的毕业生或留学归国人员，其中不少还是国内外的知名学者；而华东大学则是一所在老解放区（新四军占领区）济南建立的政治短训班性质的大学，主要目的是快速培训大批随军南下的军政干部，以应对新中国对革命干部的庞大需求。

由于两校之间的巨大差异，因此山大很早就出现过不同意合并的大字报、

①《山大逸事》，第367页。

②《从炼狱中升华——我的父亲童书业》，第171页。

签名和请愿团。

华岗本着“事理兼顾，舍异求同”的精神，妥善稳重地解决各种问题。从1950年10月28日决定合并，至1951年3月15日合并完成，仅仅用了不到5个月的时间。3月16日，合并后的新山大发表了新秘字第五号公告：经中央人民政府政务院批准，将山东大学与华东大学合并办理，仍用山东大学名义。新山大设文、理、工、农、医五院，华岗任校长，童第周、陆侃如任副校长。[①]3月19日，两校2500多师生在校园广场集合，举行了隆重的合校大会。山东省和青岛市党、政、军等各方面的负责人到会祝贺，毛泽东主席发来了致敬电，华岗校长在会上作了《合校方案和山大前途》的报告，并确定3月15日为校庆日。不久，济南的教会学校齐鲁大学的文、史两系也并入了山大，山大由此成为当时全国高校中屈指可数的综合性大学。

关于童第周担任副校长之事，其间还有一段小插曲。1950年华岗来到山东大学时，童第周虽是山大教授，但已兼任中科院实验生物研究所副所长和中科院水生生物研究所青岛海洋生物研究室主任。1951年，华岗被中央指定为山东大学校长后，他恳请童第周辞去海洋生物研究室主任的职务，出任山东大学的副校长。据曾呈奎教授回忆，当时华岗是“一定要他（指童第周）回去”[②]，并指明要童第周当第一副校长。但童第周无心仕途，坚决推辞。于是，受高教部部长杨秀峰委派，专门来协助处理合校事宜的张宗麟司长就出面做童第周的工作。

张宗麟（1899—1976）出生于浙江绍兴，是中国第一位做幼稚园教师的男性大学毕业生，与陶行知、陈鹤琴、张雪门一起被称为中国幼教的先驱，而且是位资深的共产党人，早在1927年就加入了共产党。新中国成立后，张宗麟一直在教育部和高教部工作。他做事很认真，工作能力也很强。趁华岗请大家吃饭，张宗麟说：“你们学校办得很好，应该继续搞下去。”童第周推辞说：“我没有行政能力。”这时候，华岗的学者脾气也上来了，他说：“你不干，我也不干，

---

① 贾乐耀：《华岗：新中国大学学报的奠基人》，载《战士 · 学者 · 校长：华岗同志百年诞辰纪念文集》，第315页。

② 楼蔚文：《华岗与童第周》，载《战士 · 学者 · 校长：华岗同志百年诞辰纪念文集》，第161页。

请高教部另派人吧！”张宗麟连忙说；“先不谈此事。”第二天他又找了个理由到童第周家去吃饭，并从另一个角度劝导他：“让你当副校长是党的决定。”这么一说，事情的性质就有点不一样了，不再是个人意愿和兴趣的问题了，而成了组织的任命。党信任童第周，委以重任，再这么推三阻四的显然不太合情理。果真，这么一说，童第周就不好意思了，只好松口答应了。张宗麟乐了，马上打长途电话到北京。北京马上回了电：“即日到职视事。”[①]中国的“士”都信奉“士为知己者死”，现在，共产党和华岗校长都视其为知己，他还有什么好说的呢！干，只有拼命地干了。

其实华岗和童第周之间并没有私交，华岗来山大之前，两人并不认识更谈不上有什么交情，因此华岗如此看重他，并没有任何私心的因素，只因两人的性格与品质相近，所谓志同道合可共谋事尔。他们各自走到现在这个位置都只是出于对事业的一份责任。童第周是这样一个人，华岗其实也是这样一个人。1946年初，潘梓年[②]在谈到中国革命胜利后个人的工作志愿时曾问华岗：“你准备为建设新中国做点什么？”华岗说：“我还是教书好。培养和教育劳动者是发展生产力的重要问题，教育是根本。”[③]另一个原因可能和华岗的办学思想有关。华岗曾说过，他是搞社会科学，特别是历史科学的，对自然科学也涉猎不少，但并不深入。一所综合性大学，最适宜人文科学和自然科学融会贯通，相互影响，相互渗透。[④]而且华岗本人是个资深的马列主义哲学家，他深知科学与哲学的关系，要研究哲学、深化哲学，没有自然科学知识是不行的。因此在副校长的配置上有心做一文一理的选择，他想凭借山大这样一个良好的科学园地，使文理两科互相渗透，你中有我，我中有你，这样一来起主导作用的唯物辩证法和历史辩证法就能够更加深入人心地贯彻下去。而童第周的学术地位，以及他新中国成立前后在“政治”上的作为和在师生中的威望，使他成了华岗心目中

---

①《童第周：追求生命真相》，第30页。

② 潘梓年，潘汉年的堂兄，华岗妻子的表舅，资深共产党人，抗日战争时期曾任新华日报社社长。

③ 廖盖隆：《华岗述评：向阳著〈华岗传〉序言》，载《战士·学者·校长：华岗同志百年诞辰纪念文集》，第183页。

④ 罗竹风：《华校长永远活在我们心中》，载《战士·学者·校长：华岗同志百年诞辰纪念文集》，第97—98页。

“一理”的最合适人选。

华岗对童第周的影响是非常大的。童第周是个地道的科学家，本质上没有什么政治意图和目的，他以往的一切“政治行为”只是出于内心朴素的爱国之心和知识分子“国家兴亡，匹夫有责”的正义感，完全不同于那些以权力斗争为目的的政治投机者。因此，在他认为国家和民族并没有什么危难需要他“匹夫有责”地站出来斗争的时候，他更喜欢默默地在一个安静的角落里埋头做学问。针对这一点，华岗曾多次登门与其促膝谈心，鼓励童第周积极参加政治活动。华岗的人格魅力和高超的政治思想工作水平，终于使童第周走出了书斋。童第周不仅做到了在其位谋其政，为山大的建设呕心沥血，且于1952年8月30日加入民盟，服务于祖国统一战线的工作，先后当选为民盟青岛市委主委，民盟中央常委，第一、第二、第三、第四届全国人大代表，第三、第四届全国人大常委会委员和第五届全国政协副主席。

对于自己之所以加入民盟，童第周在《加入民盟的感想》（1952年9月13日发表于山大校刊《新山大》）一文中有过说明：“1950年有人和我讨论加入民盟的问题，我很干脆地回答：‘我们应当争取加入共产党，何必再走弯路入盟呢？’”后来经过华岗等同志不断地做思想工作，童第周才认识到“现在国家即将开展大规模的经济建设事业，如果没有革命知识分子参加，我们的事业也不容易完成的。但要将旧社会的知识分子，转变为新知识分子，使他们在建设事业中，发挥他们的作用，担负起他们的重任，团结与改造是最重要的工作。因为不团结，不能发挥最大的力量；不改造，不能了解革命的意义，就不会积极参加革命工作。但是谁来团结知识分子呢？靠党，但还要知识分子自觉地来团结自己；否则，被动的话，是达不到真正团结的目的”，“现在大规模的经济建设即将开始，要求我们知识分子进一步团结在共产党的周围，参加各种重要工作。这是国家的需要，人民的要求，也是我们知识分子每个人应尽的政治任务”，而民盟就是“在共产党领导下，以团结、教育知识分子为目标的”的一个组织，所以他才服从组织需要加入了民盟。当时的山大，校长兼党委书记华岗是中共党员，两位副校长童第周是民盟盟员，陆侃如是九三学社社员，从而有效地调动了一大批专家、学者的工作积极性和创造性。[①]

华岗“理论联系实践，科研服务于社会”的办学理念也深刻地影响了童第周，激发了他积极参加社会主义建设的热情。本来，童第周是搞基础科学的，比较注重科学实验的新发现和基础理论的阐述，追求的是一种学术价值和学术地位，与工农业生产基本无关。在华岗的影响下，童第周的观念有了改变。1951年，童第周在《新山大》发表了《适应国家需要，开展学术研究》一文，提出“学校的研究工作应尽量与生产部门联系，替他们解决各种具体问题”；1952年在《经过三反运动队的教育，检讨我的思想与工作》一文中，童第周又发自内心地批评了自己“学术至上”的思想；在《积极学习苏联先进科学技术，迎接1953年》一文中，童第周真诚地写道：“在苏联研究科学的方向是为人民谋福利，它的基本任务是在增加生产，减轻人民的劳动……因此科学的利用与发展都达到了惊人的成绩。”[②]童第周不仅将这种思想贯彻到全校的科研工作中去，还以身作则，不断调整自己的研究方向，注重理论与实践的结合，注重为当时的社会和生产服务。20世纪五六十年代，他主持的许多课题，如对虾、海带、紫菜、贻贝、扇贝的人工养殖，[③]船蛆、藤壶等船舶害虫的防治等，都与社会生产密切结合，并为国家创造了巨大的经济价值。

华岗深知教师是学校的命脉，“著名的大学关键是靠有一批学识深厚的著名教授”[④]，因此在上任后的首次校委会上就决定：立即组建学术委员会，由副校长童第周任主任委员，副校长陆侃如、教务长何作霖任副主任委员。

但1952年夏，在全面学习苏联经验的运动中，教育部制定了“以培养工业建设人才和师资为重点，发展专门学院，整顿和加强综合大学的方针，以华北、东北、华东为重点，进行全国高等院校的院系调整工作”的计划，经政务院批准后，于8月初通知各大行政区教育部贯彻执行。华东军政委员会教

---

① 田广渠：《童第周加入民盟的经过》，《春秋》2014年第4期。

② 楼蔚文：《华岗与童第周》，载《战士·学者·校长：华岗同志百年诞辰纪念文集》，第163页。

③ 从20世纪50年代初到21世纪初的半个世纪里，我国海洋水产养殖业经历了紫菜海带、对虾、海湾扇贝三次人工养殖浪潮。正是这三次浪潮，使中国水产品的年总产量和人均消费量均居世界前列，这是一个了不起的奇迹。

④ 王玉平：《华岗与吕荧》，载《战士·学者·校长：华岗同志百年诞辰纪念文集》，第156页。

育部于8月中旬设立院系调整委员会并召开本区大专院校校长会议，山东大学确定为综合性大学。华岗返校后，于8月19日召开校务委员会常委会会议，传达了会议精神，研究制定本校调整方案和计划，9月初开始行动，月底全面结束。

在这次院系调整中，山大的一些院、系独立建校或并入国内其他院校，院级建制被取消。调整后的山大，无论从规模，办学实力，还是从学科设置，师资力量上来说，都大不如前了。

校领导们面对现实，开始重新考虑山大的未来。经过讨论，他们一致认为：一个学校的实力和规模固然重要，但更重要的应是它的风格和特色。因此，扬长避短、发挥特色才是山大今后的出路。山大的中文、历史两系师资阵容齐整、水平较高，教学和科研均已打开局面；动物胚胎学的教学与研究在国内为数不多，而山大因为童第周的缘故，不仅起步早且已取得一定的成绩；生物系的师资力量也较强，而且学校地处黄海之滨的青岛，研究和开发海洋生物有天时地利之便；民国时期，童第周、曾呈奎就在山大创建了海洋研究所，此次院校合并时，历史悠久、实力雄厚的厦门大学海洋学系被调整到了山大，因此对组建海洋学系非常有利。

经过大家的充分讨论，山大的优势和特色渐渐清晰起来，终于形成了“文史见长，加强理科，发展生物，开拓海洋”的办学新思路，并由此设置了中文、历史、外文、数学、物理、化学、生物、水产、海洋9个系，其中海洋学系是新设之系，而且是当时中国高校中唯一的一个。另建立文学历史和海洋物理两个研究所，并确定汉语言文学、历史、海洋生物、动物胚胎、植物、海洋物理6个专业为重点发展学科。动物胚胎专业的重点发展，使山大在这方面具有了优势，发育生物学成了山大在“文化大革命”后最早获得博士点资格的学科。山大此次创建海洋学系，并确定海洋生物、海洋物理为重点发展学科，对后来中国海洋事业的发展具有重大的意义。1958年，山东大学迁往济南，其中与海洋研究的部分院系留在了青岛，独立组建成山东海洋学院，这是中国第一所专门培养海洋科学技术人才的多学科性质的理工大学。

作为科学家出身的副校长，科研工作责无旁贷地成了童第周最重要的分管内容。1951年5月，当华岗筹办《文史哲》时，童第周感到有必要创办一份除文、史、哲内容以外的涵盖自然科学和其他社会科学内容的综合性学报，于是在校务会上提出创办《山东大学学报》的想法。这一提议立即得到了华岗的支持，同年8月，《山东大学学报》第一期出版，华岗亲自撰写发刊词，并刊登了自己的文章《论中国自然科学的历史使命》，以示庆贺和鼓励。在童第周等人的努力下，《山东大学学报》很快成为全国有影响的综合性学术刊物，并引起了毛泽东主席的重视。1955年11月23日，中共中央办公厅秘书室函告山东大学："你校出版的《山东大学学报》，我们准备给毛主席订阅两份。但是其中的一至三期北京的书店没有发行；这三期如果你校出版，还有存余，可否售给我们两份。盼复。"学校接到此函后，迅即寄去学报一至四期合订本2册及第五期2册。1955年12月15日，中共中央办公厅秘书室又函告山东大学："你们赠送毛主席的《山东大学学报》一至四期合订本和第五期单行本两份，已经收到。谢谢你们。以后赠送的《山东大学学报》，请寄北京中南海，主席办公厅。"①

自1952年起，学校规定每年校庆要举行学术报告会，以鼓励教师积极进行学术研究。1952年学术报告会收到了62篇论文，1953年有94篇，1954年120余篇，1955年则达150余篇。②1953年全国综合大学会议后，校长们认真贯彻落实会议精神，围绕"培养科学研究工作和教学的专门人才"的任务和目标，更是把科学研究列为了学校工作的重点，并于同年12月25日成立了山东大学科学研究委员会，童第周任主任，郭贻诚、徐佐夏、杨向奎为副主任。科学研究委员会制订出工作计划，加强全校科研工作的组织和领导，使科研工作建立在经常的广泛的基础之上，有计划有组织地进行，全校上下形成了一种浓厚的科学研究氛围和环境。1954年，山大的科研工作已取得很大成就，在校庆日的学术报告会上，三位正副校长各抒己见，其中童第周作了《关于胚胎学发展学说的探讨》的报告。除报告会外，还举办了一次教学与研究工作展览会，展出几年

① 贾乐耀：《华岗：新中国大学学报的奠基人》，载《战士·学者·校长：华岗同志百年诞辰纪念文集》，第320页。

② 楼蔚文：《华岗与童第周》，载《战士·学者·校长：华岗同志百年诞辰纪念文集》，第162页。

来教学改革和科学研究的成果，勉励全校教师开展教学改革和科学研究。历次校庆科学讨论会将山东大学学术研究气氛不断推向新高潮，许多教师纷纷订立自己的科研目标。据统计，1955年，全校79%的教授、71%的副教授、60%的讲师、50%的助教制订了自己的科研计划，[①]一大批科研人才就在这种学术环境中成长起来，成为以后山东大学的科研栋梁。

任职副校长期间，童第周还以自己极高的学术水平与广泛的社会联系，为山大招聘、培养了一批国内外知名的专家学者，特别是利用自己兼职中科院海洋所的机会，扩大了两单位之间的人员与学术交流，并利用一些专家夏天到青岛度假之机，积极进行学术交流活动，取得事半功倍的效果，提高了原山大海洋生物专业的学术水平，为形成山大的海洋特色作出了巨大贡献。

童第周除担任山大副校长外，还兼任动物系主任，工作非常繁忙，但他带头培养良好学风，不但自己天天坚持进实验室工作，而且带动大家自觉进实验室工作，造就了浓厚的科研学术气氛。

这些年他干得很累，但累得舒心。三位正副校长彼此尊重，公心办学，铸就了山大历史上继30年代初杨振声、赵太侔之后的“第二个黄金时代”。

童第周与华岗更是彼此欣赏、敬重，工作中同心协力，取长补短，相得益彰，两人结下了深厚的友谊。为此，他曾一度婉拒中科院要他去北京工作的邀请，虽然他内心是非常希望能专心从事科研工作的。这事一直拖到1955年，华岗因“胡风反革命集团”事件的牵连含冤被捕不再担任山大校长后，童第周才于1956年正式离开山大，调往北京工作。虽然童第周不清楚华岗事件的内幕，但他凭直觉认为华岗不会是那种反党反人民的反革命分子，其中一定有什么冤情，因此在20世纪70年代得知华岗的子女仍在为关在监狱里的华岗递交平反请愿书时，童第周不顾政治风险，积极从中帮助，多次向中央递送申诉材料。他曾动情地对华岗的子女说：他将一直盼望着有一天能与华岗共饮胜利酒，庆祝祖国春天的到来。可惜的是，后来两人还没等到平反昭雪的那天便先后去世了。

---

① 楼蔚文：《华岗与童第周》，载《战士·学者·校长：华岗同志百年诞辰纪念文集》，第162页。

组建海洋研究所

青岛地处黄海之滨，研究和开发海洋资源有着得天独厚的自然优势。青岛早在1898年就设立了观测站观测潮位；1904年修建了验潮井、海军气象台；1922年进行了山东近岸若干海域的调查；1928年设立了海洋科，并于1929年1月起每月在胶州湾进行一次测水温、采水样、取海底沉积物和采集海洋生物标本的调查工作，编印青岛潮汐表，主办出版《海洋半年刊》。1929年青岛大学建校时，蔡元培先生就曾多次称赞“青岛背山面海实在是适于研究学问的地方”[①]。1930年，时任青岛观象台台长的气象学家蒋丙然和文学家宋春舫两位先生倡议建立青岛水族馆和中国海洋研究所，得到了蔡元培、杨杏佛、李石曾等人的支持，经多方呼吁捐款集资，历时一年多，于1932年建成青岛水族馆，旨在普及海洋知识，促进海洋科学研究。这座水族馆，从某种意义上来说，是我国现代海洋科学的摇篮。1936年，这座水族馆里成立了国立海洋研究所，虽然因为七七事变，这个海洋研究所的工作并没能深入开展。但后来青岛能成为海洋科学城，却与这段历史有着密切关系。

童第周自1934年从比利时回国赴任山大教授后，就开始了海洋生物的研究。因为他留学比利时时积累了丰富的海鞘研究经验，而且青岛有着得天独厚的海洋生物研究环境，但更重要的是，童第周当时已认识到海洋动物研究对整个动物学研究和生物进化研究的特殊意义。鉴于动物的系统发育始于海洋并盛产于海洋，其生命规律千差万别，要了解整个动物界的来龙去脉，最好加强对海洋中一些典型动物种类的研究，这样才能事半功倍。[②]

1946年，山东大学在青岛复校，童第周夫妇受校长赵太侔之邀重返山大任教。赵太侔非常信任童第周，童第周提出的不少针对学校未来发展的重要建议大多被他采纳，如将原来的生物系分成动物系和植物系，另外新建水产

---

①② 李嘉泳：《童第周先生在青岛》，载《童第周》，第81页。

系以及成立海洋生物标本厂等，而建议成立海洋研究所则是其中最有意义的一条。

为此，童第周还协助校长赵太侔广聘英才。1946年，童第周聘请美国加州大学斯格里普斯海洋研究所的海洋生物学家曾呈奎来山东大学任教。同年，他还聘请在英国阿伯丁大学和牛津大学任教的海洋生物学家郑重来山东大学任教，后因战争影响，郑重教授去了厦门大学。1947年，童第周聘请在美的海洋生态学家朱树屏①回国出任山大水产系主任。1948年，又聘请在美的物理海洋学家赫崇本②回国担任山东大学海洋学教授。1947年，童第周和曾呈奎一起创办了山东大学海洋研究所，童为所长，曾为副所长。这是继1946年厦门大学创设海洋学系、复旦大学生物系创设海洋组之后，中国又一家有关海洋的研究机构。因此，山大的海洋研究所成了青岛市乃至全国海洋研究机构的先驱之一，童第周则成了我国最早提出并成功组建了海洋研究机构的学者之一。但因资金困难，这个山大海洋研究所的运作举步维艰。

1949年6月2日青岛解放。同年七八月间，童第周和曾呈奎应中华全国科学工作者联合会筹备会的邀请到北京参加筹委会会议，会议决定将国民党的中央研究所改组成中国科学院。童第周和曾呈奎利用这个机会，找到竺可桢教授一起讨论了中国海洋事业的现状以及成立国家海洋研究机构的必要性，并建议在青岛成立海洋研究所。他们的想法得到了竺可桢的认可和支持。

在中华人民共和国成立前夕的全国政协会议上，有委员提出：应该在即将成立的中国科学院建立海洋研究机构。为此，竺可桢又专门请童第周和曾呈奎到他那里进一步商谈成立海洋研究机构的问题。

10月1日，中华人民共和国成立。中央人民政府委员会第三次会议任命郭

① 朱树屏（1907—1976），世界著名海洋生态学家，水产学家，教育家，世界浮游植物实验生态学领域的先驱。他配制成功的17种“朱氏人工海水（藻类）培养液”，是人工海水研究史上的里程碑，其中的“朱氏10号”至今仍是世界上广泛使用的标准经典配方。

② 赫崇本（1908—1985），著名物理海洋学家和教育家，中国物理海洋学科的主要奠基人，人称“海之子”，他把一生都奉献给了海洋事业。

沫若为中科院院长，陈伯达、李四光、陶孟和、竺可桢为副院长。26日，童第周与曾呈奎联名给中科院副院长陶孟和和竺可桢写了一封信，正式向中科院提出了在青岛建立海洋生物研究所的建议：

> 海洋之发展，亦为中国目前要务之一。盖不但渔业、水产之研究，在经济上有莫大之价值，即国防、航海、气象等问题有待于海洋之研究者甚多。中国海岸线长达1万8千余公里，迄今尚无一较有规模可作研究之所。战前厦门、烟台、定海等处曾有小规模海洋生物研究所之设立，然仅限于生物之调查。青岛地点适合，气候宜人，为太平洋西岸最适于研究海洋之处。1936年冬，中央研究院、北平研究所、中国科学社、山东大学及青岛市政府等9团体曾筹集银币1万3千余元，在青岛建一海洋生物研究所，房屋甫成，战争旋起。抗战结束后，山东大学当局觉得有重创海洋研究所之必要，曾多次倡议，虽得各方赞助，嘱为筹备，卒以限于房屋和经费，未能合理发展。现科学院业已成立，对于海洋科学，谅必有详细之计划，甚希望能在青岛设一国立海洋研究所。①

11月1日，中科院正式挂牌办公。11月21日，陶孟和、竺可桢复函："和等职责所在，对于各种科学研究，应求次第发展以应建设之需。承示各节，当在专门委员会中提出讨论也。"②不久，讨论得以通过，此事就算定下来了。

由于当时我国海洋科研力量较为薄弱，1949年留在大陆从事海洋研究工作的只有20多人，而且其中除一人研究海洋物理、另一人半路出家研究潮汐外，其他都是研究海洋生物学的。因此决定先成立一个海洋生物研究室，同时注意吸收物理、化学及地质方面的人才，待条件成熟时再成立海洋研究所。

根据国家的统一规划，原中央研究院动物研究所与植物研究所的藻类专业人员，联合组成了中科院水生生物研究所，下设太湖淡水生物研究室和青岛、厦门两个海洋生物研究室。

---

①②《童第周传》，第96页。

对领导班子的人选，当时各级领导和有关专家都非常看好童第周、曾呈奎、张玺[①]这三个年龄四五十岁，既有专业水平又有领导才能的后起之秀。

1950年春，中科院派出以吴征镒为首的联系组到青岛与当时主持政府工作的军管会商讨，准备从山东大学调童第周和曾呈奎两人出来筹备青岛中科院海洋生物研究室。军管会原则上表示同意，条件是童第周和曾呈奎必须兼任山大的系主任职务和教学工作，童、曾同意。

筹备工作从1950年3月开始，原山大海洋研究所的一部分工作人员成了中科院青岛海洋生物研究室最早的一批成员，除童第周、曾呈奎外，另有三位讲师、五位新分配来的大学毕业生、四位行政人员和两位工人，共16人。按照研究室的发展规划，他们在接收新人时，特别注意吸收非生物学的人员参加工作。同年夏天，北平研究院动物学研究所所长张玺也带领原班人马和图书、仪器来到青岛。张玺与童第周关系很好，1947年秋天，张玺就曾安排他的手下齐钟彦和马绣同来青岛采集海洋动物标本。当时童第周在山东大学生物系任职，当齐钟彦带着张玺写给童第周的信找到童第周时，童第周很高兴地迎接他们的到来，给他们提供了许多生活上的便利，并派学生协助他们开展野外生物标本采集工作。[②]8月1日，中国科学院水生生物研究所青岛海洋生物研究室正式成立，童第周任室主任，曾呈奎、张玺任副主任，这是新中国第一个海洋研究机构，标志着中国现代海洋科学全面、系统、规模化发展的开端。到1950年底，青岛海洋生物研究室已有科技人员21人，设有生理、动物、植物、浮游生物、物理、化学6个研究组，1953年又增设了一个鱼类组。[③]

筹备工作之所以如此顺利，据当时主持协调筹备工作的中科院军代表、我国著名植物学家吴征镒院士回忆："这是解放初期科学院贯彻党的政策得力，与高级知识分子认识到自己的主人翁地位后的团结协作、振兴科学的热情相结合

① 张玺（1897—1967），留学法国里昂大学，获法国国家博士学位。中国海洋动物学家，原北平研究院动物学研究所所长。他与弟子齐钟彦合著的《贝类学纲要》，是我国第一部系统论述贝类动物学的专著，也是我国贝类学的奠基之作。

② 薛原：《南海路7号：海洋科学界的陈年旧事》，山东画报出版社2016年版，第31页。

③ 山东省地方史志编纂委员会：《山东省志·海洋志》，海洋出版社1993年版，第523页。

1963年，童第周在青岛中国科学院海洋研究所做文昌鱼的实验（中：吴尚勤，右：叶毓芬）

的结果。在这一过程中童第周所表现出来的直爽、民主、宽厚、不计得失是促进这一过程顺利进行的重要因素，给人们留下了极深的印象。”①

海洋生物研究室设在青岛市莱阳路28号，大楼里那间10平方米的办公室兼实验室是童第周最喜欢待的地方。1951年，他兼任山东大学副校长后，每周必定抽出两天时间回到这里做实验。即便是到北京中科院工作后，每年春末夏初，他还是要回到这里做文昌鱼和金鱼试验。

头几年，童第周只有吴尚勤一个助手。每当有人提出要为童第周添加助手时，童第周总是极其负责地回答说他太忙，没有时间照顾新人，而且根据他的工作，他必须手把手地培养，否则会误人子弟，令新人成长不起来。因此，一直拖到第四年，才增加了一个严绍颐。

1954年1月1日，水生生物研究所从上海迁往武汉，中科院就把青岛海洋生物研究室独立出来，改制为直属中科院的独立研究室——中国科学院海洋生物研究室，童第周仍任室主任。

1956年2月，国家在讨论《1956—1967年科学技术发展远景规划》时，中科院海洋生物研究室的童第周、曾呈奎和毛汉礼②都应邀参加了讨论。他们在谈到中科院海洋生物研究室时提出了两条意见：一条是非生物学的人员必须大量增加，另一条是必须有一艘自己的海洋调查船。他们的意见得到了周恩来总理的赞同，他们的《中国海洋的综合调查及其开发方案》，也成功进入了国家重点

①《童第周传》，第97页。

② 毛汉礼（1919—1988），中国物理海洋学的奠基人之一，20世纪50年代末到60年代初“全国海洋普查”的主要领导者之一。

科学技术任务的规划之中。当年夏天，国家就给他们分配了几十位大学毕业生，其中有12位山东大学海洋系的毕业生，4位北京来的地质系毕业生和3位上海来的化学系毕业生。中国第一艘海洋调查船“金星号”，也于1957年改建成功并投入了渤海湾及北黄海西部海洋的综合考察工作。①毛汉礼1984年写的入党申请书就提到过这段历史：

（1956年）我以半年左右的时间参加了我国的“十二年科学规划”的草拟工作。规划决定我国的海洋科学研究应有一个较大的发展，并应从单一的海洋生物调查研究转入包括海洋科学为主要领域的综合调查研究，并从综合调查着手。在1956年，我所（当时的海洋生物研究室）接收了相当大量的水文、地质、化学等专业的大学毕业生，并着手改装调查船“金星号”，于1957年下半年从“金星号”出海调查，我开始参与领导该项工作。从1958年下半年开始了我国对黄海、渤海、东海、南海的普查工作，我担任技术指导。②

1956年8月，童第周夫妇调往北京中科院工作，但附设在中科院动物所的童第周实验室，在行政关系上仍归属于青岛的中科院海洋生物研究室，实验经费也仍由海洋生物研究室拨给，党政事务则委托设在同一大楼内的真菌研究所管理。吴尚勤和另一位女技术员因家庭关系不能同调北京，所以童第周到京后，又招聘了一位中学毕业的技术员李光三，叶毓芬则招收了两位山东大学的毕业生为研究生，此外还雇了一名当地的工人，童第周夫妇和这四个人一起组建起童第周实验室。后来，他们又陆续接收了山东大学的毕业生杜森和来自青岛的高中生李增福、初中生蒋光泰，这样实验室就有9个人了。他们每年6月至10月回青岛做实验，其他时间则在北京工作。

1957年8月1日，青岛海洋生物研究室改为中国科学院海洋生物研究所，

①《我国第一艘综合海洋调查船“金星号”将出海调查》，《光明日报》1957年6月24日第3版。
②《南海路7号：海洋科学界的陈年旧事》，第203页。

下设海洋无脊椎动物、海洋实验动物、海洋植物和海洋环境等研究室，童第周任所长。第二年，在以海军司令员为组长的国家科委海洋组的领导下，以海洋生物研究所为主力，中国开始了大规模的海洋普查工作。1958年至1962年的这次全国性海洋普查，从北方的鸭绿江口到最南边的热带海域，是一场摸清我国沿海家底和奠基学科大厦的“战役”，童第周、朱树屏、张孝威、毛汉礼等都是主要的领导者与参与者。

20世纪50年代，童第周（前左一）在青岛中国科学院海洋生物研究所与副所长曾呈奎（前右一）、张玺（后左一）、党委书记孙自平（后左二）合影

1959年1月1日，中科院海洋生物研究所再度扩建为多学科、综合性的“中国科学院海洋研究所”，童第周仍任所长，直至1978年。中科院海洋研究所始设7个研究室，后发展出海洋水文物理、海洋地质、海洋化学、海洋仪器、海洋植物、海洋无脊椎动物、海洋脊椎动物、海洋实验动物等9个研究室，为国家建设和海洋科学的发展作出了突出贡献，享誉国内外。

中国自明末以来，实行海禁，闭关自守，牺牲了几百年的海洋发展时机，现在，以童第周、曾呈奎、张玺、毛汉礼为首的学术领导核心，在上级领导和党委书记孙自平的支持下，终于让中国的海洋事业乘风破浪地前进了。

坚持学术与应用并进

童第周组建和领导的海洋生物研究室以及后来的海洋生物研究所、海洋研究所，为中国的海洋事业作出了巨大贡献。1954年，海洋生物室的3个中心课题为：海洋生物资源调查、海产生物养殖原理和港湾有害生物的防治和研究。1955年又增加两个课题：浅海综合调查（含仪器、方法）和文昌鱼的胚胎发育等形态建成原理的研究。这些课题都受到了中科院院部的好评，因为这些课题内容不仅拓展了海洋生物基础理论研究领域的深度和广度，而且加强了与国计民生密切相关的现实问题的研究，符合当时中科院确定的面向经济建设和科学自身双发展的要求，并脚踏实地地做出了骄人业绩。

例如，1954年童第周与黄海水产研究所所长朱树屏合作，共同组织领导了烟台—威海外海鲐鱼渔场综合调查，经过连续三年的调查，得到了渔场形成及其变动规律的结论，为进一步开展正规的海洋综合调查奠定了基础。在鲐鱼渔场的调查过程中，童第周还注意到了黄河治理对河口渔场的影响，从1956年开始又增加了黄河河口对虾与小黄鱼产卵场的调查，并搜集河口水文资料，进行对比研究。

曾呈奎、张福绥、吴超元在海带、紫菜、贻贝、扇贝等人工育苗与养殖中所作的贡献更是人人皆知，尤其是海带人工大面积种植的成功，极大地缓解了我国“大脖子病”等缺碘性疾病的发生，为全民族的健康作出了巨大的贡献。海带非中国原生物种，原本需从日本、朝鲜进口，曾呈奎创造了夏苗培育法、海面施肥法，于1952年冬季带领助手和大学生，在青岛、烟台、大连等地近海内，用人工培植的方法，建起了一大片一大片的海带生产田，并完成了海带南移闽、浙的实验，我国海带生产产量由此跃居世界首位。此成果获1978年全国科学大会奖，曾呈奎也因此被称为中国的“海带之父”。曾呈奎还是最早阐明紫菜生活史的人，并成功地解决了紫菜丝状体大规模栽培，解决了半人工和全人工的采苗及栽培方法，为我国紫菜人工栽培事业发展奠定了基础，此研究获1956年国家科学三等奖。

1953年，天津塘沽新港的建设者找到张玺的团队，因为海港防波堤上生长的一种叫海笋的贝类动物已成灾害，把防波堤的石头凿出许多很深的洞穴。经过几年的调查研究，他们终于搞清了全国沿海海笋的种类分布特征和生活习性，并提出了解决方案：海笋主要生长在石灰石上，建设码头和防波堤时只要不用这种石头就可避免这种灾害。张玺还在1955年出版了《中国北部海产经济软体动物》一书。娄康后、吴尚勤等科学家则在船蛆和藤壶等有害附着生物的防除方面作出了突出贡献，早在1956年就达到了当时国际领先的水平，形成了防除船蛆的“56防蛆法”，并在1966年获得了国家科技发明一等奖。船蛆是一种无脊椎动物，幼体时吸附在船板以及码头木柱、护木、网檣等海洋中的木质建材上，继而钻入板内，侵蚀木板使之腐烂。藤壶幼体时也附着在船板上，长大后长出坚硬的外壳，固着在船板上使船身重量加大，造成了巨大的航行阻力。这个课题在20世纪五六十年代意义特别重大，因为当时很多运输船、渔船都是木船。

对虾的繁殖研究则缘起于国家主席刘少奇的一次建议。1958年，童第周去参加国宴，刘主席对他说，外宾们说中国的对虾个大肉嫩，色艳味美，非常好吃，是否能进行人工养殖？童第周把这一建议带回了海洋所，立即得到了曾呈奎、张玺两位副所长及大家的支持，于是“对虾人工培苗”列入了童第周直接领导的“有益生物养殖和有害生物防除”的大课题内。吴尚勤和刘瑞玉马上在青岛和塘沽开展了调查、实验，童第周鼓励大家：要克服一切困难，只要在实验室内人工培育出一条仔虾，在科学上就是一种成功。他还亲自参与课题实验，对对虾进行人工授精试验。1960年，经过不懈努力，他们终于培养出了世界上第一条人工养殖的对虾，并由课题主要负责人吴尚勤总结了一套对虾育苗的方法，确认“水质因子和饵料”是培苗成功的关键，而铁的胶体因子在水质中起着关键的有益作用。由于当时国际上还没有对虾人工培苗的先例，这一成就在我国海洋科学发展史上留下了光辉的一页。为此，当时的水产部还在海洋所召开了现场学习会。1955年，童第周派严绍颐去位于北戴河的河北省水产研究所，和那里的同志合作研究海参的人工育苗。经过两年的努力，他们在培育幼参的成功率上已超过了日本同行所报道的水平。童第周很高兴，让严绍颐写成论文，并由贝时璋教授推荐到《中国科学》杂志上发表。不料印好以后，有人提出这是“泄密”，文章被临时抽掉。不久，反右派斗争在人们毫无思想准备的情况下突然降临，人人自危，这项工作也无可避免地胎死腹中了。

中国近代以来长期处于战争和动乱之中，新中国成立后，百废待兴。为此，国家积极倡导科学为生产服务，这当然没错，但也不可否认，在这样的大形势下，基础理论研究被冷落了。童第周响应国家号召，带领科研人员积极投身到应用科学的研究上。但同时，他深知没有基础理论打底，应用科学终究是走不远的。因此，他努力平衡着基础理论和应用科学的共同发展。

但并不是所有人都能理解他的这份苦心的，甚至包括他的一些学生、同事。例如，吴尚勤在1958年10月的《整风思想总结》中讲道：

> 最近一年，也许是受了工农大跃进的影响，我逐渐感觉到我们不仅要做与生产有关的工作，而且不能把它看作简单的工作，随便带着做做就行，必须要有专人负责去做。另外，实验胚胎，不应再坐着等待任务，而必须开阔道路，主动地去和生产结合。这个想法，与领导的意志有些不一致。当然在处理具体问题上就会发生一些困难，我的想法也不一定对。但是不管谁是谁非，我却没有坚持，态度却是波浪式的，有时很坚决，有时思想很乱，心里很复杂，甚至很痛苦，为什么？主要有二个原因：（1）多年来我受着领导的教导和培养，我很感激他，现在我们看法有些不一致，在发生争论的时候，心上很不自在，多多少少还有一点知识私有的观念。（2）1941年我在成都患肺病，领导对我的照顾等于父母，这是我思想上的包袱，它束缚着我，好像我们之间，不应该有争论似的。我这种思想，不仅是资本主义个人主义的，而且还是封建的。这便是考验我如何对待集体利益和个人利益之间的矛盾。我应该听党的话，坚持走科学为生产服务的道路，哪怕暂时有些意见不能统一，只要坚持团结—批评—团结，抱着与人为善的态度，我相信，过些时间，在彼此提高的基础上，意见还是会一致的。①

①《南海路7号：海洋科学界的陈年旧事》，第113页。

吴尚勤是童第周早期的学生和最得力的助手，也是长期的科研合作者。文中提到的“领导”就是童第周。这段文字表明在当时的政治环境下，连吴尚勤都对基础理论研究产生了动摇，可见当时童第周坚持基础理论研究的压力有多大。

毛汉礼在“四清”运动中的《自我检查》中也写道：

> 春节后去济南学习，听了领导同志有关二十三条和周总理的《政府工作报告》座谈讨论后，开始认识到“为谁服务”问题是科学战线上两条道路斗争的大是大非问题，亦是资产阶级知识分子当前所亟须解决的首要问题……科学战线上两条道路的斗争，首先反映在“为谁服务”这一问题上。社会主义的科学研究，是为社会主义的生产建设和国防建设服务的，理论必须联系实际，一切研究工作必须按计划进行，一切研究工作人员，必须全心全意地为人民服务，这是社会主义的科学道路。反之，为少数人的兴趣、名利服务，亦即自由化和私有化的道路，则是资本主义的科学道路。①

基础理论和应用科学研究被人为地上升到了“为谁服务”的斗争。对不重视应用科学的现象，大家也展开了批评和自我批评。例如，张玺在1965年5月12日的《自我检查稿》中检讨说：

> 在所内工作计划没有贯彻科学研究为社会主义建设、为生产服务、为工农兵服务，而是严重地脱离生产、脱离实际、脱离群众，三脱离的。脱离国家的需要，为科学而科学。完全把旧社会那一套“北平研究院动物所”的研究方向搬到新社会里来了。1958年，养殖组搞了不久又下马了；牡蛎扇贝也未真正结合生产……形态试验室完全自由化，没按形态方向去搞而是搞分类工作（柱头虫等）。拿个人的兴趣替代党的方针，也就是挂羊头卖

①《南海路7号：海洋科学界的陈年旧事》，第225—232页。

狗肉，表面内部不一致的。[①]

从科研人员个人来说，要基础研究和应用科学一起做，确实非常辛苦。

例如，1958年由别人抄写的记录吴尚勤《向党交心》的104条言论里，吴尚勤就“抱怨”了理论和应用兼顾的辛苦：“附着物生活史我认为要专人做，童却不同意，他认为要个人分担做，生态方面又嫌太慢，不解决问题。我夹在中间实在困难，童先生自己不参加实际工作，哪能体会到工作中的困难……几年来对组的工作面太广，量太大，有些意见，曾向童师提过，没有改善。反而童师觉得是我要这样搞的，我觉得很冤枉。”[②]吴尚勤当时参加了船蛆、对虾、附着物防除等大量应用科学的研究，而童第周夫妇1956年调任北京，青岛实验胚胎学的日常工作大部分由吴尚勤在承担，因此非常辛苦。

透过这些特殊时期的“汇报”“检讨”“检查”，我们更深刻地体会到了在当时的大背景下，基础理论研究者的不易，基础理论学科领导者的不易。如果童第周当时坚持让他的手下只做基础理论，不做应用研究，那么基础理论学科很可能会因“无用”而遭淘汰，所以他只能让他们兼顾应用，表现出“有用”，才能保住一点基础理论的研究力量。事实证明，童第周的策略是成功的，实验胚胎学在历次政治运动的夹缝中生存了下来。这从吴尚勤的各种“汇报”和“检讨”中同样能发现一些线索。

例如，吴尚勤《向党交心》的104条言论中称：

“三反”时，批判实验胚胎工作不联系实际，我当时并没有想通，只认为要联系实际那我就归队当大夫去好了。后来艾提同志又同我谈，说童先生的工作还是需要继续，要我安心工作。我心里有些纳闷，我实在还不体会理论结合实际的真正意义。[③]

---

①《南海路7号：海洋科学界的陈年旧事》，第175—176页。

② 前引书，第121页。

③ 前引书，第115页。

1965年夏天，吴尚勤在“四清”运动后填写的一份“自我检查”中提道：

（“四清”运动）工作队来所后不久，讨论了1965年工作计划，对胚胎组的方向进行了辩论。党委也作了决定，我对领导上的决定，思想上是不同意的，认为这样做对工作不利。因而心情很不舒畅，尤其对于由于照顾我本人和童所长而把海洋所不需要的实验胚胎组保留下来的决定更是想不通。对党委向从事这项工作的人员提出的既要安心又要做出成绩来的要求我认为很难办到。①

从海洋研究机构从小到大的发展轨迹，尤其是特殊时期对基础理论和应用科学的艰难平衡，我们可以清楚地看到新中国海洋事业的发展脉络，同时也领略了童第周作为科学家和科学领域管理专家的智慧。

海鞘的后继研究

由于回国前童第周对海鞘已有相当的研究，因此出于专业兴趣的延续和青岛地理环境的允许，到山大后他对海鞘的研究仍给予了极大的关注。在初步摸清青岛附近一些海滨动物的产卵习性后，1936年，童第周又开始了对海鞘的研究。

在比利时时，童第周研究的是海鞘卵在受精后卵质中的成分在卵内的定位及与早期器官发育的关系，而这次的研究目的则是弄清卵质中的成分在受精前的定位。

当卵子成熟排出体外时，卵子内的细胞质并不是静止不动的，而是遵循着某种规律开始定向流动，有些动物的卵子，我们肉眼就能看到这种卵子内的流动状况，如鱼卵排到水中几分钟后，细胞质就开始向动物性极流动，集中成帽状物。细胞质受精前的这种流动和集中（即定位），与胚胎的发生是有很大关系的，如果在细胞质还没有完全集中以前，把卵子的植物性半球切去，胚胎就不

①《南海路7号：海洋科学界的陈年旧事》，第142页。

能发生了。这表明某部分细胞质是个体发生中不可或缺的因素，不经过这样的流动和集中，胚胎将无法形成。

这次童第周采用离心技术处理玻璃海鞘（*Ciona intestinalis*）受精前的卵子，发现离心力越强，离心时间越长的，以后的发育就越不正常。虽然肌肉和间质细胞、脊索细胞、神经细胞和感觉色素还都可形成，但会发生移位，这证明了在未受精卵子中已经存在着器官形成物质，而且有了一定的分布，精子的进入对此没有决定性影响。同时再次证实内胚层和外胚层似乎有相当的等能性，而且吸附乳头和感觉细胞的形成依赖于外来因素。①这些都说明卵质对个体发育具有非常重要的作用。

海鞘是童第周一生钟爱的实验材料之一。1977年他还用海鞘做了核移植的试验，把受精后20分钟的卵子分为两半，一半含核，一半不含核。把取自原肠胚外胚层、中胚层、内胚层的细胞核或尾芽期的细胞核移进不含核的一半，以含核的一半作为对照。结果发现，经过移核的那半卵细胞，大多能正常或比较正常地进行卵裂，并能进一步产生出各种胚层和组织器官。虽然因为原卵子所含的器官形成物质在分割时，不可能在两半中均匀分配，所以卵块中所含预定物质的多少会有区别，但从这些移核卵的发育已能看出，它们最终的发育程度，主要取决于分割时它们得到的细胞质的多少及其中所含的物质成分，而不是移入的那个核。而且那个移入的核的活性，在一定程度上还受着周围细胞质的控制。②

文昌鱼研究

1935年，童第周在青岛海滨寻找、研究海鞘的过程中，在青岛太平角和沙子口意外地发现了文昌鱼。

鱼、蛙、鸟、兽甚至我们人类，身体背部都有一条纵贯的脊梁骨，即脊柱。脊柱是由一节节的脊椎骨相连而成。我们把有脊柱的动物称作脊椎动物，把没

① 童第周：《受精前海鞘卵在离心作用下的发育》，载《童第周文集》，第128页。
② 童第周：《通过核移殖研究海鞘类动物细胞分化》，载《童第周文集》，第651—661页。

有脊柱的动物如虾、贝类、蚯蚓、蝴蝶等，称作无脊椎动物。从生物进化的角度看，脊椎动物是由无脊椎动物逐渐发展演化而来的，但脊椎动物的脊椎骨并不是一下子就变出来的，而是先由无脊椎动物进化出脊索，再由脊索慢慢演化发展而成脊椎。脊索就是一条有一定强度和韧度的筋状支撑组织，像一条棍棒一样支撑着全身，能弯曲且很有弹性。凡有脊索的动物我们称之为脊索动物。

文昌鱼和海鞘均属于脊索动物，但文昌鱼在进化序列上略高于海鞘，海鞘的脊索只在幼体时有，成体时就没有了，我们称之为尾索动物，而文昌鱼的脊索不仅终生保留，而且纵贯全身，甚至向前延伸到最前端，达到相当于脊椎动物头部的地方，我们称之为头索动物。头索动物亚门中的动物与脊椎动物亚门的动物已非常接近。但和脊椎动物相比，它们还没有分化出明显的头部，因此我们也把这个亚门的动物称为无头类，把脊椎动物称为有头类。

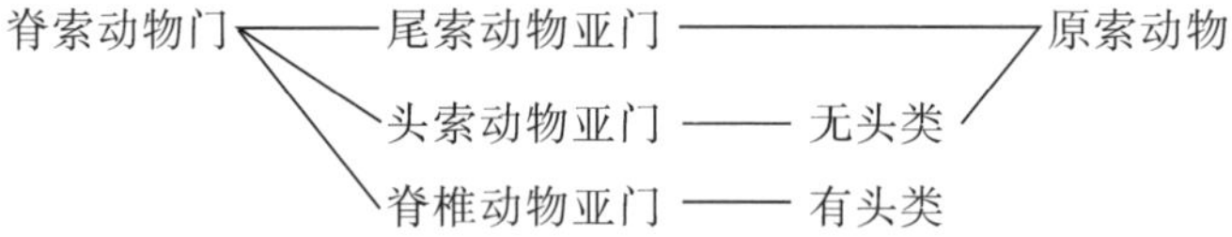

文昌鱼代表着无脊椎动物到脊椎动物的过渡类型，起着承上启下的作用。因此，文昌鱼对研究生物进化有着极其重要的意义，是动物进化史上的一个活化石，是揭示脊椎动物起源的一把钥匙。

胚胎发育过程在很大程度上其实就是一部浓缩的该生物的进化史，该生物曾经经历过的进化过程，在胚胎发育过程中都要被快速地重过一遍。最早的生命产生于海洋，由单细胞生物演化出多细胞生物，由无脊椎动物演化出鱼等脊椎动物，再由鱼等脊椎动物先后演化出两栖类、爬行类、鸟类、哺乳类，直至最后发展出人类。例如，水中动物是用鳃呼吸的，登陆后的动物改用肺呼吸，但陆生动物在胚胎发育过程中，都要经过鳃裂这一阶段，说明陆生动物是从有鳃的水生动物进化而来；鱼、鸟、兽等脊椎动物均有尾，人无尾，但人类胚胎在发育过程中也要经历有尾的过程，随着发育进程才逐渐缩短，直至最后消失，说明人类是由有尾动物进化而来的，无尾是人类最后的进化成果之一。因由可见，胚胎发育过程可真实地再现生物的进化过程。

文昌鱼是处于脊索动物和脊椎动物进化过程中的典型动物，了解它的发育过程，就能更好地确定它在生物进化过程中的位置和作用，而且从科学家实验选材的角度看，文昌鱼的组织器官分化比较简单，卵子透明，作为研究器官形成物质的实验材料，也相当完美。

头索动物亚门仅有文昌鱼科一个科，此科在全世界约发现了30个种，中国发现有3个种，即厦门文昌鱼、青岛文昌鱼和短刀偏文昌鱼。从严格的科学定义上来说，文昌鱼并不是真正的鱼，而是一种比鱼类低等的动物，它和一般的鱼不同，没有头，也没有脊椎骨、鳞片和眼睛，没有胸鳍和腹鳍，只有背鳍、尾鳍和臀鳍，身躯柔软且半透明，身体前端的腹面有口，口周围生有几十条触须。因为文昌鱼的身体呈纺锤形，两头尖尖，但左右侧扁，略似扁担形，所以俗称“扁担鱼”。也有称其为“银枪鱼”的，因为它的形状和颜色很像银色的标枪头。“文昌”一名的由来，一说是因为文昌鱼最早是在福建的郡城文昌阁前方的海域里发现的，一说是因为文昌鱼是在文昌帝君诞辰日前后才有的。文昌鱼一般长50~60毫米，生活在浅海沙地里，不善游泳，白天躲在海底泥沙中，晚上出来活动。它们露出半个身子，摇摇摆摆，用触须帮助摄取水流带来的微小的浮游生物，尤喜爱硅藻之类的单细胞藻类。有时会钻出沙来，借助身体的左右摆动，游到另一个地方，然后又迅速钻进沙里。

文昌鱼的生活情况

文昌鱼对生活环境的要求很高，其生活的沙砾地要松软，最好混有少量贝壳碎片和棘皮动物的碎骨片，以便它钻动和呼吸，海水要有一定的咸度，水温也要冷暖适当，水流不宜太急，风浪也不能太大。因此文昌鱼在世界上的分布地非常稀少，局限于北纬48度到南纬40度之间。当时，中国出于教学和科研的需要，曾以很高的代价花费了大量的外汇到国外购买文昌鱼标本。其实，文昌鱼在中国沿海，不但分布广，而且在某些海区产量甚大，如福建厦门附近的刘五店，只是当时的学界不知道而已。一直到1923年，来厦门大学任教的美籍教授赖特（S.F.Light）发现刘五店附近大约20里长、2里宽的沿海地带是世界上文昌鱼最密集的生长之地，而且这里的渔民世代以捕捞文昌鱼为业，经过调查研究，赖特向世界公布了这个重大发现。[①]从此，厦门成为各国海洋生物学家们的重要研究基地，厦门大学动物系则成了中国最早开展文昌鱼研究的学术单位。

童第周是继赖特之后第二位在中国沿海发现文昌鱼的学者。赖特是在中国南部沿海的厦门，童第周则是在中国北部沿海的青岛。当然，随着研究的深入，现在中国的山东烟台、广东茂名、海南、台湾等地，国外的马来西亚、日本和北美洲、地中海等国家和地区也都陆续报道有文昌鱼发现。

童第周在青岛发现文昌鱼后，敏锐地意识到了它无可替代的研究价值，立马与夫人一起投入了文昌鱼的研究，他们对文昌鱼的产卵季节与产卵条件进行了观察。1937年，在实验室的培养条件下，文昌鱼初次产卵，虽然数量很少，但他们还是借此做了点分裂球分离的实验。

但不久，抗日战争爆发，学校被迫内迁四川，四川远离大海，童第周只能改用青蛙、蟾蜍等两栖类动物和随处可以饲养的金鱼做材料，文昌鱼的研究由此中断。

但童第周心中并没有忘记海洋和文昌鱼，据他在四川中央大学医学院执教时的学生吴尚勤回忆："早在抗战时，他就经常说，海洋是个宝库，海洋里生物种类繁多，有些种类是独有的，是开展实验生物的好场所。他特别向我介绍了文昌鱼，认为它是研究细胞分化的好材料。"[②]

1946年山东大学在青岛复校，回校后的童第周曾花费很多的时间和精力重新寻找文昌鱼，但由于当时青岛沿海被美国飞机撒了大量的DDT，海滨生物几

---

① S.F.Light, "On Amphioxus and the discovery of Amphioxus fisheries in China", in *The China Journal of Science & Arts*. 1923, Vol.1 No.4, pp.346–359.

② 吴尚勤：《怀念童第周老师》，载《童第周》，第95页。

乎绝迹，后来好不容易才在前海沙滩底下找到了少量的文昌鱼，但紧接而来的战争又让这项研究举步维艰。因此，真正的系统的文昌鱼研究其实是从新中国成立后才开始的。

早在19世纪晚期，俄国科学家柯瓦列夫斯基（A. Kowalevsky）就开始了文昌鱼胚胎学的研究。此后，德国科学家哈晓克（B. Hatschek）和法国科学家宋方登（P. Cerfortaine）基本弄清了文昌鱼的发育过程。

1905年，美国科学家康克林（E. G. Conklin）完成了有关海鞘发育的经典著作，认为文昌鱼的发育可能与海鞘的发育为同一类型。因此从1905年至1932年，他一直致力于文昌鱼早期发育的研究，结果发现文昌鱼卵子的构造与海鞘卵子相同，也有5种器官形成物质，即外胚层、中胚层、内胚层、神经和脊索形成物质，而且这5种物质的分布地区亦与海鞘卵子一样。但以上这些工作，都只是对文昌鱼正常发育的描述。

最早用实验胚胎学的方法来研究文昌鱼发育的人是美国科学家威尔逊（E. B. Wilson）。早在1892年和1893年，他将2、4、8和16细胞时期的文昌鱼卵子，放在盛了一半海水的玻璃管中，用力摇动，使卵子的分裂球彼此完全分离或部分分离，再观察它们的发育。他发现在2和4细胞时期分开来的分裂球能产生正常的但身体较小的胚胎，所以他认为2和4细胞时期的分裂球的发育能力是等能的。2、4细胞时期之后，分裂球的发育能力，随着细胞分裂次数的增加而逐渐减小，并逐渐失去调节能力，卵子因此逐渐成为一个由各种不能再变化的物质所组成的嵌合体了。后来，康克林也曾用摇动的方法研究了2、4和8细胞时期卵子分裂球的发育情况，但发现除2细胞时期的分裂球确有发育为完整胚胎的能力外，4细胞时期以后的分裂球仅能产生在正常发育时所形成的部分，但并不能产生一个完整的胚胎。这个结论与威尔逊的有差异，康克林怀疑威尔逊在实验时可能观察有误，把2细胞时期的分裂球错当成4细胞时期的分裂球了。[①]

童第周走的是威尔逊和康克林的实验胚胎学的路子，他不仅要验证他们的

① 童第周、吴尚勤、叶毓芬：《文昌鱼卵子分裂球的发育能力的研究》，载《童第周文集》，第309页。

实验，而且要用其他的实验胚胎学手段更深入更全面地了解文昌鱼的早期发育情况。

青岛海区产文昌鱼的地点主要有太平角、沙子口和沧口三处，沧口文昌鱼的体积比其他两处略大，童第周领导的文昌鱼实验小组所用的文昌鱼是太平角和沙子口所产的文昌鱼，学名是*Branchiostoma belcheri tsingtauense* Tchang et Koo。由于文昌鱼生活在海底，而且产卵季节短，卵子体积很小，卵子非常难得，以前研究文昌鱼的威尔逊和康克林等人都未能掌握它的产卵习性，只能在产卵季节乘船到海上去捞取，得到成熟的个体，来不及返回实验室，就在船上用受精的卵子做些实验，因此所做的实验较为仓促而粗简，得出的结论自然也就漏洞百出了。卵子难以获得，可能是文昌鱼的实验胚胎学研究工作一直没有较大进展的主要原因。因此童第周想在文昌鱼的研究上有所突破，首先要解决的就是文昌鱼卵子的来源问题。

在研究工作刚开始时，童第周就首先集中精力来解决文昌鱼的实验室饲养和人工采卵问题。为此研究所专门招了两名有经验的工人，每天出海到这两个地点去打捞。他俩一早出海，一般在中午就能捞回一些文昌鱼，并送到实验室。童第周他们试用多种办法，主要是供给充分的氧气、适宜的沙子和饲料，终于解决了在实验室中饲养文昌鱼并促使其性成熟，在人工饲养条件下存活并产卵、孵化的问题。然后又通过控制温度来延长它们的产卵期，从而为实验室的研究提供了取之不尽的材料。1952年，童第周又以人工授精的方法在实验室里获得了人工授精的文昌鱼卵子，它们的发育与正常受精的卵子一样。推翻了哈晓克（Hatschk）和康克林等人认为文昌鱼不能用人工方法授精的结论，童第周成了世界上第一个解决文昌鱼人工饲养和人工授精的人。童第周还注意到可以进行人工授精的卵子必须达到适当成熟的阶段，也就是自性腺取出后能自由分散的卵子，才有可能成功。哈晓克和康克林等人以前没有做成这一工作，可能就是因为他们没有得到完全成熟的卵子的缘故。[①]由于实验原料的丰足、易取，实验人员在工作中有了更大的主动权，为系统研究文昌鱼的胚胎发育奠定了坚实的基础。

---

① 童第周、吴尚勤、叶毓芬：《文昌鱼卵子分裂球的发育能力的研究》，载《童第周文集》，第310页。

他们的实验步骤一般是这样的：首先，实验室工作人员把工人从海里捞回来的文昌鱼放进装了新鲜海水的鱼缸内，用人工通气和投入饵料的办法进行饲养，1—2天后，这些文昌鱼就会在缸内自然产卵和受精。文昌鱼产卵一般都在晚上6—7点钟，有时也有在8—9点钟的，这时实验助手们就得寸步不离地守在缸边，看到有受精卵在水中漂浮时，就要用吸管一个个地把它们吸出来，放进培养皿中，用过滤后煮开消毒过的凉海水冲洗几次，尽可能地洗去粘在卵膜表面的沙粒，再将其吸到解剖杯内，每杯1个，送到童第周的实验室供其解剖试验。解剖杯的杯底上都涂有一层冻粉，以避免卵子去膜后粘在玻璃上。

文昌鱼的产卵期为5月中旬至7月中旬，盛产期为炎热的6月下旬至7月初旬。童第周夫妇和吴尚勤一般在下午6点前进实验室，一直要做到凌晨两三点钟才能结束。第二天一早，又要来观察一次实验结果，并把实验所得的标本放在化学固定液内保存，然后交给技术员做成切片供显微镜观察。为了实验结果的准确性，科学实验一般都要设置几个对照组同时进行。因此，童第周他们每次要做几个组的解剖观察。

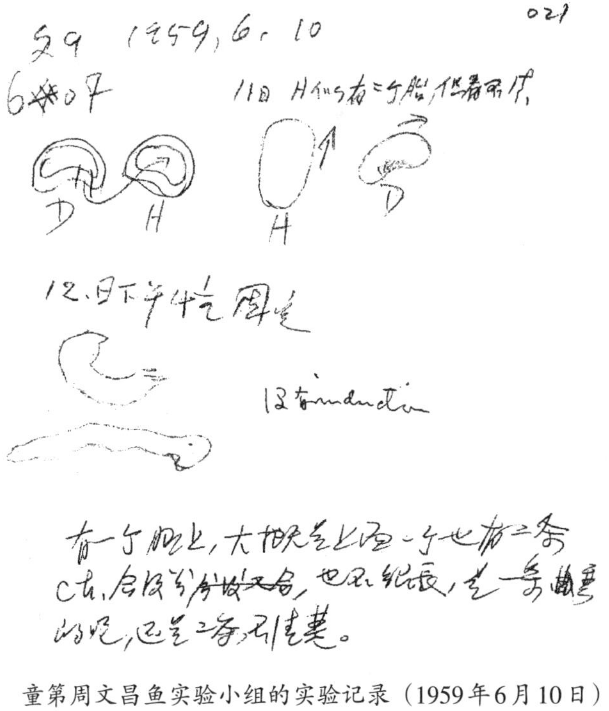

童第周文昌鱼实验小组的实验记录（1959年6月10日）

与此同时，童第周还有一个金鱼的研究课题要做。与文昌鱼在晚上产卵不同，金鱼是在早晨天亮的时候产卵，两头的实验在时间上互相衔接，童第周他们几乎没有什么时间可以休息，往往一进实验室就十几个小时出不来。有一次，童第周累得晕倒在实验室里。这种不分昼夜、连续苦战的实验一般需要坚持一个月左右。

即使是1956年调到北京工作后，童第周夫妇仍没有放弃这个课题。平时主要靠留在青岛的吴尚勤打理，但在每年的文昌鱼产卵季节，童第周夫妇几乎都要回青岛工作一段时间，经常要做到凌晨两三点甚至三四点钟才回招待所休息。

每天，学生们到实验室看到的第一个人永远是童第周，他端坐在显微镜前，似乎和这些仪器一样已成为实验室不可缺少的一部分。每当夜色深沉、一连坐了几个小时的学生们都感到腰酸背痛了，但童第周瘦小的身躯仍神清气定地专注在显微镜前，于是谁也不好意思伸脖子扭腰了，只得打起十二分的精神重新关注眼前的微观世界。童第周在实验室里的专注身影几乎成了学生们对他的第一记忆，永远地定格在了他们的脑海里。

文昌鱼的研究可以说是童第周用力最勤的研究项目之一。历时十多年，他们发表了一系列研究成果，如《文昌鱼卵子分裂球的发育能力的研究》《文昌鱼卵子32细胞时期分裂球层发育能力的研究》《文昌鱼卵子的预定器官形成物质分布区域的研究》《文昌鱼胚胎神经诱导现象的研究》《文昌鱼卵子外胚层细胞与内胚层细胞调整能力的研究》以及《文昌鱼卵子8细胞和16细胞时期动物性半球和植物性半球细胞配合的研究》等，而且几乎所有的论文均同时用英文版发表。

童第周他们取得的这一系列研究成果，进一步确定了文昌鱼在生物进化史上不可替代的地位。同时，也使中国的文昌鱼研究独树一帜，并处于世界的领先地位。牛满江回忆说，童第周有关“文昌鱼的诱导研究，被巴乐穆大学的瑞我白瑞（G.Reveberi）教授称为杰作，当我应邀访问该校时，瑞我白瑞教授多次提到希望有一天能到中国青岛与童合作进行有关文昌鱼的研究”[①]。

① 牛满江：《怀念童第周老师》，载《童第周文集》，第18页。

归纳起来，童第周在文昌鱼的研究上，主要有以下三方面的杰出贡献：

第一，查明了在文昌鱼卵的卵质中，确实存在有神经、脊索、中胚层、内胚层和外胚层等5种结构的形成物质，绘制了8细胞时期上述5种物质的分布图谱，即器官预定区图谱，并进一步指出文昌鱼卵的动物性半球决定个体的极性和器官形成，但这不是绝对的，它也受到来自植物性半球物质的诱导和制约。

第二，发现文昌鱼卵子在发育过程中的调整能力比海鞘卵子大，但发育的类型基本上与海鞘卵子相似。分裂球在发育过程中的调整能力一方面以卵子中预定的器官形成物质为基础，另一方面还要根据各分裂球之间的相互作用，使正常的发育在二者精密配合的情况下完成。如文昌鱼卵子发育到4—8细胞时期，分裂球已出现区域化；到32细胞时期，分裂球分成4层，每层细胞已基本定型，但仍具有相当强的调整能力，说明文昌鱼的发育不是嵌合型的。因此得出的结论是：文昌鱼的卵子发育不是过去学者所认为的嵌合类型，而是具有一定调节能力的。过去的学者威尔逊和康克林等都认为文昌鱼卵子的发育基本上是镶嵌型的，没有调整作用，也没有诱导现象，通俗地说，就是受精卵中的哪些物质将发育成哪些组织都是固定而不可改变的。

第三，为了进一步探讨文昌鱼卵子发育的调节能力，又进行了外胚层细胞与内胚层细胞的移植实验，认为外胚层细胞的可塑性比内胚层细胞大，它容易受内胚层细胞影响转化为内胚层细胞。内胚层细胞也能改变性质转化为类似外胚层的细胞，但需要有更适当的条件。说明细胞的定位和细胞质的分化状态对个体发育有明显的作用。

李、摩之争

20世纪二三十年代曾是苏联生物学和遗传学的鼎盛时期，以尼·瓦维洛夫为首的苏联生物学家取得了举世瞩目的成就。但斯大林出于政治的需要，却极力扶持以李森科为代表的“米丘林生物学”（即李森科学派），而完全否定以孟德尔和摩尔根为代表的染色体—基因理论（即摩尔根学派，亦称经典遗传学），并把学术争论上升到了你死我活的阶级斗争层面，用空前惨烈的政治打击手段，把经典遗传学打成了“资产阶级伪科学”。苏联的经典遗传学由此遭受毁灭性的打击，相应的研究机构或土崩瓦解或被鸠占鹊巢，苏联经典遗传学泰斗、一代科学巨擘瓦维洛夫被判处死刑。1943年1月26日，这个为自己的祖国贡献了几百万吨粮食的科学功臣，饿死于萨拉托夫集中营，年仅54岁。①

摩尔根学派认为，在生物的遗传和变异过程中，生物自身的遗传基础，即基因（DNA），是决定性的因素，正所谓“种瓜得瓜，种豆得豆”，外界环境对生物的遗传和变异有一定的作用，但相对于生物自身的基因，则是次要的，只能改变物种在形状、口味、肥瘦、产量等方面的品质。李森科学派则正好相反，他们认为环境决定着生物的遗传性，通过环境的影响就能改变生物的遗传性状，因此只要通过改变生物的生存环境和生活条件就可以定向地改造生物，获得新物种。现在我们知道，后者的说法完全是偷换概念。

“种”是生物分类学上最基本的单位，同种的动植物有共同的祖先（即共同的基因来源），如现在亚洲种植的各种水稻、陆稻都起源于亚洲多年生普通野生稻，而和非洲野生稻、疣粒稻、药用稻等野生稻没有血缘（即基因）关系。同种的植物有基本相同的形态、结构和细胞遗传学、生态学、生理学、生化学等方面的特征，同种的生物能进行有性繁殖，产生有生育能力的下一代，如现代世界上的黑、白、黄色人种在生物学上都属于“智人”这个“种”，因此彼此能通婚生育。不同种之间一般无法繁育后代，如鸡和狗之间无法生出“下一代”。一些基因比较接近的物种之间偶尔能产生后代，但这些后代不是不育就是早夭，比如，马、驴产下的骡就没有生育能力，你想再有一头骡，只能再让马和驴来杂交获得；狮、虎之间有时也能偶尔杂交出狮虎兽，但这些狮虎兽很快就会因基因的先天缺陷而夭折。“品种”是人们根据一个物种内各群体之间在口感、外形等方面的变异，并通过人为的办法使这些变异在特殊的人为条件下保存下来的一个群体名称。如苹果中的国光、红富士等名称代表的就是苹果的不同品种，同个种下的不同品种通过有性繁殖可繁育出正常后代，这些后代会出现很多性

① 陈敏：《背上十字架的科学：苏联遗传学劫难纪实》，广东人民出版社2003年版，第147—182页。

状上的变化，人类可以按需要进行选育得到新品种，然后通过扦插、嫁接等无性繁殖手段将新品种的性状巩固下来。但“品种”在去掉人为的干涉因素后，即放回野生环境后，不是因为过久的人为干预、失去了野生生长的能力而死亡，就是逐渐退回到“种”的原来状态。金鱼就是这方面的一个经典例子。金鱼是从鲫鱼培养而来的一个品种。根据史书记载，唐朝时有人发现了一种呈金红色的特化变态的鲫鱼。这是个体在外部环境作用下由于某个基因突变或基因缺陷造成的局部偶然变异，这种情况在生物界经常能看到，最常见的是白化变异，如白蛇、白虎以及人类的白化病患者等，如让其与正常个体交配，正常基因一般能强过这个突变基因，表现为显性基因，后代因此大多能恢复正常。但如果让两个携带有同样白化病基因的个体交配，后代在这个基因上无法进行选择，就更容易表现出白化病症状。婚姻法禁止近亲结婚，就是为了减少两个携带有相同致病基因的人碰在一起的几率，以保证后代的健康。“金鲫鱼”比正常的青灰色鲫鱼美观，人们便把它们捞起来养在庭院的缸里或池里观赏。在人工缸养或池养的条件下，这些金鲫鱼与正常鲫鱼群隔离，只能彼此交配，后代在金红鳞色的变态基因上无可选择，而被人为地一代代保留下来。从外观看，现在的金鱼和普通鲫鱼并无共通之处，似乎已经是纯粹人造的一个新物种。事实却并非如此。金鱼的变异积累虽为人们所喜爱，但对金鱼而言，则是被迫的，只能在人为的特殊条件下勉强生活。如果放归自然，金鱼通常会全部死去；倘若自然环境的改变比较缓和，允许部分金鱼继续存活，在其自然繁殖过程中，后代小鱼将表现出不同的性状，其中愈是接近其祖先鲫鱼的小鱼，其生存能力愈强，在自然环境中存活的几率愈大，其余的则逐渐被淘汰，经过若干代的自然反向淘汰以后，最后又变回了鲫鱼。如在其“退化”过程中，有鲫鱼参与交配繁殖，则其被迫积存的突变性基因会丢失得更快，从而使后代更快地返回到正常鲫鱼的性状。李森科学派在这一点上其实是犯了偷换概念的错误，把通过人为条件改善生物品质后获得的新品种说成是创造了新物种。

新中国成立初期，由于以美国为首的资本主义对我国实行全面封锁，而当时我国自身的经济、技术非常落后，更缺乏建设社会主义的经验。因此，出于与苏联特殊的历史关系，我国曾一度不加分析地照搬照抄苏联的做法。

早在1949年的春天，华北大学农学院院长乐天宇[①]等人就发起组织了“中国米丘林学会”，并在《农讯月刊》上公开号召“把米丘林的成果稳步地移植到新中国的大地上来。把魏斯曼、孟德尔、摩尔根的陈旧的反动东西埋葬到历史的坟墓中去。”[②]1949年5月，《农讯月刊》又刊登了李森科的《论生物科学现状》，这是米丘林学说著作传入中国最早的译本之一。此后，关于米丘林学说的译著大量进入中国。1950年，苏联科学院遗传学研究所副所长努日金教授来中国访问时，大肆宣扬米丘林生物学，公然宣称“新旧遗传学理论的一个根本不同点，是站在什么立场上来看问题。”[③]遗传学问题完全被政治化。努日金在中国前后作了76次演讲，开了28次座谈会，参加者达10多万人，在中国产生了广泛、深刻的影响。

1952年6月29日，《人民日报》发表了《为坚持生物学中的米丘林方向而斗争》一文，文章认为，“米丘林生物科学是自觉而彻底地将马克思列宁主义应用于生物科学的伟大成就”，“米丘林生物科学是生物科学上的根本革命”。并严厉指出：“当前我国生物科学的现况已经到了不能容忍的地步……大学中生物科学各部门基本原封未动，旧生物学的观点仍然贯穿在课程的各方面，米丘林生物科学只是一个‘学期课程’……在中学生物学教科书中，米丘林生物科学只占一个章节”。文章还强烈呼吁要“用米丘林生物科学彻底改造生物科学的各部门，为坚持生物科学的米丘林方向而斗争”[④]。在党报上发表这样的文章，对于在全国范围内推行李森科学派和批判摩尔根学派，起到了一锤定音的作用。文

① 乐天宇是我国著名的农林生物学家和教育家。学生时代就参加了革命，1924年加入了中国共产党。抗日战争和解放战争时期，在革命老区举办农业教育，实行教学、生产、科研三结合，培养新型科技人才，创建延安中国农学会，倡议开垦南泥湾，对革命老区经济建设发挥了重要作用。新中国成立后，先后担任华北大学农学院院长、北京农业大学校务委员会主任委员兼党总支书记，后被调去筹建并担任中科院遗传选种馆（即后来的遗传研究所）馆长。1953年，为发展我国的橡胶生产，乐天宇又领命筹建华南热带作物研究所。晚年受林彪、江青反革命集团的迫害，他失去了正式工作的机会；沉冤昭雪后，以全部补发给他的工资和月工资的85%，创办九嶷山学院，为开发贫困山区培养建设人才。

② 蒋世和：《“米丘林学说”在中国（1949—1956）：苏联的影响》，《自然辩证法通讯》1990年第1期。

③ 谈家桢、赵功民：《基因的萦梦》，百花文艺出版社1999年版，第13页。

④《为坚持生物学中的米丘林方向而斗争》，《人民日报》1952年6月29日第3版。

章发表后，各级教育和科研单位为贯彻这篇文章的纲领性精神而开始调整遗传学课程和研究方向。从这年秋天起，科研中有关经典遗传学的课题被停止，学术刊物上只能刊登李森科学派观点的文章，大学停开经典遗传学课程，中学教材则被重新编写。

1955年10月28日，在中国科学院、中华自然科学专门学会联合会联合举办的“伟大的自然改造者伊·弗·米丘林诞生一百周年纪念会”上，时任中科院院长的郭沫若又在开幕词中对“米丘林生物学”所蕴含的社会政治意义作了明确的表述：

> 米丘林是生物学史上划时代的人物。他的不朽格言，“我们不能坐待自然的恩赐，我们的任务是向自然索取”，正表明米丘林学说的实质。米丘林的一生，特别是六十年间的科学实践，也最完美地证明了他的话是永不磨灭的真理……同时也极其生动地告诉我们：人的力量是应该而且能够比自然更好。
>
> …………
>
> 米丘林的有光辉的成就更从而大大地丰富了辩证唯物主义哲学。米丘林从事研究工作，是善于把理论和实际紧密联系在一起的，他实践了改造有机体本性和创造有机体新类型的革命任务，他的学说成了人类积极干预自然而对于生物类型加以定向改变的有力武器，这就进一步给马克思主义的唯物论提供了更丰富的自然科学上的证据。①

从中我们不难看出，在米丘林生物学和经典遗传学之间，国家的立场是非常明确的。但相较于苏联的“铁血政策”，中国政府在新中国成立初期对知识界的态度是比较温和的。乐天宇就因在北京农业大学以粗暴的态度压制持经典遗传学观点的教授而被调离北农大。因此，中国的经典遗传学还不至于像苏联那样全军覆没。但由于官方明显倾向性的态度，经典遗传学在中国还是遭受了一

①《背上十字架的科学：苏联遗传学劫难纪实》，第42—43页。

定程度的压制和打击。

童第周在1956年青岛遗传学座谈会闭幕式上的发言，多少能让我们体会到一点当时的情况：

> 过去对遗传学问题的讨论有顾虑，尤其是关于基因学说，怕说了戴上反动的帽子……在研究工作方面，过去几年内有关摩尔根学说的研究，基本上都停止了……在教学方面，解放以后遗传学的教育大纲，都按照米丘林学说编制，对摩尔根学说不作介绍。[①]

那时的学者，有些是因为对遗传学不甚了解，误听误信，有些则是真的相信李森科学说要比摩尔根的好。因为摩尔根的基因研究是一个非常“玄乎”的理论性研究，不是一般人甚至一般的专业人员能真正弄懂的，而且当时的摩尔根学说本身就像童第周后来所指出的那样，确实还存在着不少有待完善之处，如过分强调细胞核的作用，认为细胞质的分化及各种遗传性状的出现都受细胞核的控制，而细胞核却不受细胞质的影响等，事实上细胞核和细胞质是相互作用的。相反，李森科学派走的是实用主义的群众路线，直接服务于农业和畜牧业，他们的科研成果如培育出的农作物和畜禽新品种马上就能在种植、养殖生产中表现出来。因此，非常具有欺骗性和鼓动性，尤其是对于急于想养活四万万百姓的中国政府、历经百年苦难急于想过上好日子的中国百姓和受尽外国人欺凌急于想让祖国富强起来的科学家来说，都具有难以抗拒的吸引力。例如乐天宇，即使被调离岗位，仍坚持对李森科学派的信仰和实践，有一次和陆定一聊天时，仍激愤地斥责经典遗传学是唯心主义，因为摩尔根学派主张到细胞里去找“基因”，而他认为基因根本就是虚无缥缈的东西，他编写的中学生物教科书就是不写细胞。就他个人来说，这能有什么政治目的？还不是希望通过他所信仰的李森科学派的科研思路，为发展农牧业服务，使祖国尽快地富强起来。

---

①《童第周：追求生命真相》，第214—216页。

童第周是个有思想而且非常理性的人，又是这个领域的专家，因此在这样的政治热潮中仍能保持自己清醒的思考。

童第周认为从本质上看，米丘林学说只能归入应用科学的范畴，而且确实有一定的应用价值：

> 米丘林学派的科研工作是从生产实践出发的，目的是在改良农业，发展农业，他们主张密切联系实际来进行科学研究，所以他们能解决很多农业上的问题。
>
> 他们以改变环境，远缘杂交和无性杂交等方法动摇遗传性，驯化或改良品种，获得了不少成果。由于方法简单，推广容易，群众乐于采用。
>
> 他们根据李森科植物阶段发育的理论，分析各种作物各发育阶段所要求的条件，如春化阶段和光照阶段它们所需要的外界条件，来促进并改善植物的生长发育，他们将春种作物和冬种作物互相转化，把马铃薯由春季栽种改为夏季栽种等等工作得到显著的成绩。[①]

但童第周认为米丘林学说不属于基础理论的研究范畴，与经典遗传学根本不是一个层级上的问题，并多次指出了它在学术上的缺陷和概念上的混乱：

> 李森科重视细胞质的作用，重视环境条件的作用，这些大前提我觉得很对，但是不能说细胞核没有作用，我觉得环境及细胞质的重要性很早就有人提出了，李森科并没有提供什么特别的资料，所以并不突出，但有两点意见我想提出来谈一谈：第一点就是所谓阶段发育的问题，我也曾企图在动物发育过程中找一下阶段发育，可是没有得到满意的结果。也许有人认为个体发育中的分裂期、囊胚期、原肠期等时期，就是阶段发育，如果这样的话，胚胎学家很早以前就了解这些事了，现在用阶段发育的名词来

① 童第周：《对遗传学的几点看法》，载《生物科学与哲学》，中国社会科学出版社1980年版，第120页。

代替过去时期二字，换汤不换药有什么意义呢？①

童第周还认为米丘林学派没有明确遗传的概念，他谈道：

在19世纪中叶以前和细胞学说提出以后的一个阶段里，生物学者对遗传问题也没有一个明确的概念，所以对遗传现象的说明，往往与其他问题或学科，特别是与发生学即个体发育混在一起。米丘林学派对遗传的解释，我觉得或多或少同那个时期一般的概念有相同的地方。米丘林学派强调外界因素对遗传性的作用，认为“遗传性是生物体在以前许多世代中所同化的外界环境条件影响的集中效果”。这是外因的条件论，忽视内因的根据，也不是辩证的。现象的存在总是离不开物质的，米丘林学派对遗传现象的解释没有进到细胞的水平、分子的水平和精密的物理化学的分析，所以在科学的基础来说是不够着实的，远不及摩尔根学派的那样精密。米丘林学派否认染色体、基因对遗传现象的特殊作用，这是不符合实际的。摩尔根学派把染色体或基因作为遗传的唯一物质或主要物质，这是他们的片面性。但大量的实验成果都证明改变染色体的数目，或损坏染色体的某一部分，都会影响遗传性状的出现。在实验胚胎学中，我们也多次证明，去掉一半以上的细胞质，如不损害细胞核，遗传性状的出现也可以得到正常，如损害了细胞核或减少了细胞核的物质，就会使某些性状发育不正常。这些事实，都证明细胞核或染色体或基因对遗传性状的特殊关系，我们不能无视这些具体事实。②

对李森科本人，童第周一直很不以为意，他认为米丘林学说和摩尔根学说之间原本只是学术问题和学派之间的争论，李森科借助政治势力打击对手，以达到自己不可告人的目的，至少在人品上是很低劣的，让他很瞧不起。

---

①《追求生命真相》，第220页。（1956年童第周在青岛遗传学座谈会上的发言。）

② 童第周：《对遗传学的几点看法》，载《生物科学与哲学》，第120—122页。

当然，在当时的那种气氛下，在有些场合童第周也不得不应应景，说些李森科的“好话”。1953年5月童第周发表了《生物科学与哲学的关系》一文，在回顾了有关生物哲学观的发展历程后，认为达尔文之后，生物学界的主导思想又回到了资产阶级的唯心主义泥潭中：

> 魏斯曼等大多数资产阶级生物学家，违反了达尔文关于生物进化论的唯物主义的教训，出现了所谓新达尔文主义的趋向，把生物界发展的现象，歪曲为生殖质永存不变学说。他们不承认机体在生活条件影响下，所获得的性质可以传给下一代，这种唯心的观点，在本世纪的前半期占了生物界的统治地位……直到最近，苏联米丘林主义的生物学者，搜集了大量的资料，以辩证唯物的观点，彻底击溃了新达尔文派的唯心观点。这说明生物体与环境的统一性，建立了创造性的达尔文主义，生物科学从此又开辟了一个新的纪元。①

1959年，童第周在当年的第18期《科学通报》上发表了《十年来的中国生物学》一文，对米丘林学说仍给予了相当的肯定：“遗传学是我国生物学中十年来变更最大的学科，不论在业务思想和工作方法上都起了一个根本性变化。这与米丘林学说在我国的发展分不开的。”②

但就是这些“好话”，童第周也只是从哲学观点出发而不是从学术研究出发说的，因为从哲学的角度讲，摩尔根学派确实忽视了外因的因素，而米丘林学派则恰恰重视了外因的因素，因此米丘林学派当时在哲学上确实有它积极的历史意义。因此，这些“好话”不能说明童第周是支持米丘林学说的，而是说明童第周已清楚地看到了两派各自的不足和优点：“它们都有成就和缺点，在思想观念上似乎都不大合乎辩证法。因此我觉得没有对这一派，或那一派持偏见的必要。我们应当吸收各派理论学说中的正确部分，以辩证唯物的观点、方法，

---

①《生物科学与哲学》，第4页。

②《童第周：追求生命真相》，第143页。

来发展和推动遗传学的研究。”[1]唯物辩证法是童第周最信服的一种哲学思想观：“唯物辩证法是一种普遍真理，一个人不应只把自己的思维局限在某一学科或专业之内，辩证思维方法对揭示事物的内在规律和本质是一种很有效的方法……科技工作者懂得辩证法，可以减少研究工作中的片面性，少走弯路。”[2]童第周不指望米丘林学派能承认基因，但他希望摩尔根学派在注重基因的同时，也能注意到米丘林学派关注外因的长处，从而使摩尔根学说进一步完善起来，因为辩证法认为事物的发展都是内因和外因相互作用的结果。童第周是这样想的，也是这样做的，他在20世纪50年代末开始思考并付诸实践的细胞核质关系的研究，最主要的目的就是为了弄清细胞核和细胞质的关系，也即内因和外因的关系。他把自己的后半生都贡献给了核质关系的研究，如细胞质与细胞核的关系、细胞质在遗传中的作用、细胞质中mRNA等有遗传作用的物质的确定等，为丰富和完善摩尔根学说作出了巨大的贡献。

首届遗传学座谈会

全部照搬照抄苏联，和苏联一样在生物学界推行米丘林生物学，排斥打击经典遗传学，是否正确？

第一个认识到问题的严重性，并顶着巨大压力提出这个问题的人，是陆定一。陆定一是资深共产党人，1945年至1966年期间担任中共中央宣传部部长。当时中宣部主管的范围相当广泛，包括科学、教育、文化、艺术等各个领域，如何促进这些领域的发展和繁荣，是陆定一经常思考的问题。陆定一曾在苏联工作过，对苏联有较切实的体会，对其中的内幕也比较了解，因此陆定一对中国是否应该完全照抄照搬苏联产生了怀疑，也由此进行了比别人更深入的思考：

---

① 童第周：《对遗传学的几点看法》，载《生物科学与哲学》，第126页。

② 童时中：《童第周的治学为人之道》。

1928年底到1930年夏天，我作为中共驻共产国际代表驻在莫斯科，开始还是感到苏联是相当民主的，许多问题一直传达到党的支部，让党员们讨论。后来就发生了一些变化。比如，在哲学界就进行了一次大的竞争，被批判的是德波林。德波林是苏联老一代哲学家，是哲学界在革命胜利后唯一没有逃往国外的。斯大林当时为了批判他，派了几个人专跟他学习，学了以后就回过头来批判德波林，并用苏共中央决议的形式说他是孟什维克的唯心主义。唯心主义还是世界观的范畴，戴上“孟什维克”的帽子，就是政治问题了。在别的学科也有这种情况，比如在生物学界，树立李森科，就打倒摩尔根学派……这使我想起了“罢黜百家，独尊儒术”。当时我怀疑这样的办法难道是社会主义的办法吗？我不相信社会主义对待科学和文化问题应当是这个样子。我们国家进入社会主义建设时期，我又主管这方面的工作，因此就要多想一想这方面的问题。①

陆定一提得恰是时候。因为从国际上看，20世纪50年代中期苏联和东欧发生了一系列重大政治事件，特别是1956年2月，苏共召开了第二十次代表大会，赫鲁晓夫发表的反对斯大林的秘密报告在世界范围内引起了巨大的震动，而随之而来的在匈牙利、波兰等社会主义国家发生的群众性事件，也从正反两个方面强烈刺激了中共领导层的神经，促使他们深刻地反省苏联模式，在反省中加快了寻找中国式道路的探索，并由此逐渐形成了一种思路：反对教条主义的思想束缚，以自由讨论和独立思考来繁荣科学和文化事业，用批评和自我批评的办法来处理人民内部矛盾，以避免这种矛盾因处理不当而发展到对抗性地步。在内外政治局势的共同作用下，毛泽东主席作出革命时期的大规模的疾风暴雨式的群众阶级斗争基本结束的论断，要求把全党和全国工作的重点转移到经济建设上来。这样，发掘和动员建设资源，努力把党内党外、国内国外的一切积极因素，直接的、间接的积极因素全部调动起来，已成当务之急，其中知识分子的积极性自然是至关重要的。因此，陆定一提出这个想法后，很快得到了毛

① 陈清泉：《陆定一推行“双百”方针始末》，《炎黄春秋》2000年第9期。

泽东主席和中共中央的认可和支持。

1956年1月，中共中央召开了关于知识分子问题的会议。会议号召全国人民"向现代科学进军"，周恩来总理在会上作了关于知识分子问题的重要报告，全面阐述了党对知识分子的政策，并代表党中央宣布，知识分子"绝大部分已经成为国家工作人员，已经为社会主义服务，已经是工人阶级的一部分"，强调"在社会主义时代，比以往任何时代都更加需要充分地提高生产技术，更加需要充分地发展科学和利用科学知识"①。这次会议明确了科学技术在社会主义建设中的重要作用，明确了广大知识分子的阶级属性，充分肯定了他们在国家建设事业中的地位和作用。陆定一还在大会上解释了胡先骕的问题，使中央领导层在这个问题上取得了比较一致的认识，承认批他是批错了。②胡先骕是我国著名的植物分类学家，1954年为适应师范学院和农林院校的教学需要，编写了《植物分类学简编》，因为在有关"植物分类的原理"一章中，胡先骕批评了李森科学派的见解，从而招致了一场针对他的大批判。

毛泽东主席在总结会议发言时，借用了中科院副院长陈伯达的说法，提出了"百花齐放、百家争鸣"的口号，作为中央对艺术和学术工作的一个方针政策。4月27日中共中央召开政治局扩大会议，又特意安排陆定一在会上就这个问题作了一个长篇发言。

会后，国务院成立了科学规划委员会，组织了全国600多位科学家和技术专家，着手制定我国的第一个科学技术发展长远规划，即《1956—1967年科学技术发展远景规划》，规划着重强调了原子能、电子学、半导体、自动化、计算技术、喷气和火箭技术等新兴科学技术领域的建立和发展。

1956年，为了确保科学和艺术的繁荣，中共第八次代表大会在政治报告和决议中明确写入了"百花齐放、百家争鸣"的方针，简称"双百"方针。"双百"方针的提出充分调动了各个部门、科研机构和科技工作者的积极性，我国的科学技术事业由此出现了一个前所未有的繁荣景象。

---

① 李安平：《百年科技之光》，中国经济出版社2000年版，第20页。

② 薛攀皋：《"双百"方针拯救了植物学家胡先骕》，《炎黄春秋》2000年第8期。

1956年5月26日，应中国科学院院长、中国文学艺术界联合会主席郭沫若的邀请，陆定一在中南海怀仁堂，代表党中央对一批自然科学家、社会科学家、医学家、文学家和艺术家作了题为《百花齐放，百家争鸣》的报告。陆定一说："我们所主张的'百花齐放、百家争鸣'，是提倡在文学艺术工作和科学研究工作中有独立思考的自由，有辩论的自由，有创作和批评的自由，有发表自己的意见、坚持自己的意见和保留自己的意见的自由。"并明确认定"自然科学包括医学在内，是没有阶级性的。在某一种医学学说上、生物学或者其他自然科学的学说上，贴上什么'封建''资本主义''无产阶级''资产阶级'之类的阶级标签，都是错误的。"①

陆定一代表党中央所作的这个报告，在知识界引起了强烈反响。当时康生刚从德国回来，带回了一些关于遗传学的不同意见。陆定一认为这是贯彻百家争鸣方针最合适的一个题目，于是与中宣部科学处处长于光远商量，准备召开一次有关遗传学的会议，地点定在青岛。

此前，在北京的一次会议上，坐在童第周边上的范长江曾经问他："你到底喜欢搞科研，还是在大学教书？"童第周说："我喜欢搞科研。"范长江就说："那好！你就到科学院来吧！"②范长江③用力握了一下童第周的手，算是与他一言为定了。为此，中科院副院长竺可桢和1956年5月9日接替张稼夫为中科院党组书记、副院长的张劲夫，特地邀请高教部副部长曾昭抡和地质部的何长工来中科院开会，把童第周和尹赞勋调中科院工作的事定了下来。8月，童第周调入中科院工作。尹赞勋是我国著名的古生物学家和地质学家，中国地质事业的开拓者和组织者之一，留法博士，此前为北京地质学院副院长兼教务长，学部委员，与童第周同为生物地学部副主任。此次，又与童第周一起调入中科院，任中科院地质所研究员。1957年生物地学部分开后，童任生物学部主任，尹任

① 陈清泉：《陆定一推行"双百"方针始末》。

②《童第周：追求生命真相》，第31页。

③ 范长江是我国杰出的新闻记者，1935年就以天津《大公报》特约通讯员的身份到大西北革命根据地采访并写成了《中国的西北角》一书，新中国成立后历任新华社总编辑、解放日报社社长、新闻总署副署长，人民日报社社长，1954年调任国务院第二办公室副主任，时任国务院科学规划委员会秘书长。

地学部主任。

1956年8月10日至25日，在周恩来总理的亲自关照下，中国科学院和高等教育部联合在青岛顺利召开了遗传学座谈会，这是自然科学领域为贯彻“双百”方针召开的第一个会议。被邀请的人员有中科院、高教部、林业部、农业部等系统的53位专家，包括中国遗传学界摩尔根派和米丘林派的主要代表人物。

此时，童第周是中科院生物地学部副主任，同时也是青岛市科联主席，中科院是这次遗传学座谈会的主办单位之一，青岛市科联则是具体承办单位，因此童第周自然而然地成了这次会议的主持人。

童第周在8月10日的开幕式上，首先明确指出了召开这次会议的目的“是要在遗传学上发扬百家争鸣的精神，打破片面狭隘的见解，使遗传学在中国能健康地发展，在12年内达到国际水平。”①

接着，童第周提出了当前遗传学界的问题：

> 不能否认，解放以后科学家的思想有了很大的提高，同时学习苏联先进科学也有很大收获。但另一方面，在学习苏联的先进科学中还不能很好地领会苏联的科学精神，同时忽视了其他国家中科学发展的情况，这样的偏差在遗传学上特别明显。几年来我们虽然学习了米丘林学说，因为体会不深，在研究上和教育上主要根据李森科学说来进行工作和教导学生。对摩尔根学说只有批判没有研究，因此使一部分的科学工作者，不但不敢根据摩尔根学说进行研究工作，就是摩尔根学说的内容和目前的进展，也不敢向任何人介绍。这样的情形，是不合百家争鸣的精神的。这种情况的造成主要原因可能有二：第一是没有深入研究各学派的学说和成就，就作出结论，肯定是非；第二没有开展学术讨论，各学派之间，因此没有相互了解和相互学习的机会。由于以上的原因及其他的矛盾问题，使我国的生物

①《童第周：追求生命真相》，第211—212页。（“12年”是指1956—1967年全国科学技术发展远景规划的12年。）

学界在遗传问题上，形成一种思想上的隔阂，最近李森科学说受到批判以后，[①]思想上更起了一种新的波动。因此目前在遗传学问题上，需要有一个共同的明确的概念，否则对遗传学的发展，是会发生很大的影响的。[②]

最后，童第周对与会代表提出了要求和希望：

参加会议的人，必须踊跃发言，在讨论问题时，做到知无不言，言无不尽的要求。因此为了要开好这次会议，我们希望，对问题的讨论时，大家不要客气，不要抱着来旁听、来学习的态度，也不要以为没有准备，没有长篇报告，就不发言，更不要有所顾虑，怕说得不恰当，别人会扣帽子。我们必须本着百家争鸣的精神，把自己的见解，尽情地发表出来，不怕争论，要争论得愈热烈愈好。[③]

会议讨论中，童第周又带头进行了“争鸣”，除指出李森科学派的学术错误外，还说明了摩尔根学派的不足之处，“摩尔根学派太强调细胞核的作用，忽视了细胞质，他们认为基因是遗传的主要物质基础，但没有很好地考虑细胞质的作用”，并用自己的实验成果对此进行了详细的说明，提出了自己的质疑和想法：

应该说基因对遗传是有作用的，但同时对细胞质的作用亦不容忽视，如轴性的决定，各种器官的产生等与细胞质的分化有密切关系。文昌鱼的卵可以分为动植物两半球，以后这两半球的发展不一样，这种不一样是基因的作用么？我认为不一定。另一方面有人研究基因在个体发生时期的作

① 指1953年赫鲁晓夫上台后，对李森科学派进行了严厉打击，1956年李森科被免去了全苏农业科学院院长的职务。但事实上时隔不久，赫鲁晓夫又重新任用了李森科，李成了苏联的首席科学家，一直到1964年勃列日涅夫上台，李森科才彻底被批判，但此时苏联的经典遗传学家所剩无几。

②《童第周：追求生命真相》，第212页。

③ 前引书，第212—213页。

用，发现基因一般在原肠时期才开始作用，那么在原肠时期以前是不是没有基因的作用？可是很多细胞质，在原肠期以前早就分化了。由此可以说基因是有作用的，但早期的发育主要的还在于细胞质。我认为细胞质早就有了分化，细胞质本身有其特性，随着时间或空间的不同，细胞质的这一部分可以接受基因的影响，也可以不接受基因的影响，这是细胞质本身的特性，是遗传的。①

在8月25日闭幕式上，童第周对这次会议做了一个总结发言：

半个月的座谈会，今天结束了，这次会议是座谈性质，因此我们对学术问题，不作结论，实际上也不能作结论。因为最近几年来遗传学是生物学中争论最多的学科，而这次会议又是在中央提出百家争鸣的方针以后自然科学中的第一次的学术讨论会，因此这次会议受到了各方面的重视……根据这次出席专家在会外的谈话和反映，对这次会议，一般感到满意，并认为这次会议是必要的，同时也开得成功的。②

接着童第周归纳了会议之所以成功的六个原因，并在最后提出了自己的希望和建议：

鉴于这次座谈会的成就，我觉得这样的座谈会以后还应该定时举行，并希望能在会议中，提出各人的研究论文，开展讨论和争辩，真正做到百家争鸣的要求。③

确实，这两个星期的会议充满了学术讨论应有的民主气氛，也得到了国家领导人的肯定。

---

①《童第周：追求生命真相》，第219—220页。

② 前引书，第214页。

③ 前引书，第217页。

这次会议不仅消除了新中国成立以来国内所谓新的米丘林学派和旧的摩尔根学派两者之间的一些隔阂和猜疑，更可贵的是取得了取长补短、互相提高的好处，为今后我国创造性地发展这门学科奠定了初步的基础。各出版社也开始出版各种不同学派的著作，如科学出版社出版了“同国内李森科学派持有不同见解的生物学家鲍文奎写的《禾谷类作物的同源多倍体和双倍体》，孟德尔的重要著作《植物杂交的试验》”[①]。北大的李汝祺教授按捺不住激动的心情，在1957年写了《从遗传学谈百家争鸣》一文，刊登于4月29日的《光明日报》，充分肯定了青岛遗传学座谈会的积极作用：

> 从遗传学方面的情况来看，通过去年8月的青岛会议，大家畅所欲言，争了一场，鸣了一番，对目前存在的米丘林和摩尔根两个学派间的互不了解以及对某些具体问题的不同的看法，都得到很大的帮助，使他们逐渐接近。在研究及教学方面，通过大家的共同努力，也初步找到了共同的基础。这样一来，两个学派多少做到了互相尊重，互相团结。本来，科学的客观真理，只能有一个，而科学家的共同愿望就是寻找这个真理。可以想象，不久的将来，通过具体的研究工作，遗传学中目前存在的两个学派，会逐渐融合为一，那就是说只有“家”而没有“派”。我希望所有的中国遗传学工作者都能以此为奋斗的目的和努力的方向，因为到了那个时期，我们就会做到真诚的团结。青岛会议在遗传学上的另外一个收获，是使大家一致认识到要争得热烈，鸣得响亮，就必须拿出自己的资料，在自己的研究的基础上提出问题。因此，在会议之后大家都动起手来，开始进行研究工作。

没想到毛泽东主席看到后，第二天就写信给当时负责《人民日报》的胡乔木：“此篇有用，请在《人民日报》上转载。”并亲自把文章题目改为《发展科学的必由之路》，亲自为《人民日报》代写了编者按语：“本报编者按：这篇文章载在4月29日的《光明日报》，我们将原题改为副题，替作者换了一个肯定的

---

①《不同学派的著作开始出版》，《人民日报》1957年5月3日第7版。

题目，表示我们赞成这篇文章。我们欢迎对错误作彻底的批判（一切真正错误的思想和措施都应批判干净），同时提出恰当的建设性的意见来。”[1]

---

① 李汝祺：《发展科学的必由之路——从遗传学谈百家争鸣》，《人民日报》1957年5月1日第7版。

第五章　风雨中的坚持

步履维艰

1956年，党中央发出了“向现代科学进军”的号召，提出了“百花齐放、百家争鸣”的方针，制定了12年的长期科技发展规划，这是我国科学技术事业发展的第一个里程碑。

然而，好景不长，1957年下半年开始的反右派斗争和1958年开始的“大跃进”运动，使科学的百花还没来得及盛开就遭到了风刀霜剑的摧残。

刚开始时，在“大鸣、大放、大辩论”的口号下，学者和教授们出于良好愿望，提了很多意见和建议。例如，陶孟和认为旧知识分子未尽其用，“以中国干部之缺乏，有才者不用，而无才者充数，以致酿成许多混乱”，竺可桢提出“向科学进军必须实事求是，不能从主观愿望出发”。[①]其中，20世纪50年代初的全盘苏化、一概否定美式通才教育，院系调整如拆散浙大理学院、骤停英文教学而改学俄文等问题成了当时被集中“炮轰”的对象。

但1957年夏季，政治形势突然发生了逆转，文艺、学术上的“齐放”“争鸣”一下子又成了资产阶级与无产阶级的政治斗争，继之而起的反右派风暴更是秋风扫落叶一般横扫了刚刚有了一些春意的文艺、学术百花园，只落得满园

① 程光炜：《艾青在1956年前后》，《天涯》1998年第2期。

残枝败叶。

反右派运动后，知识分子的处境日益艰难，大家都像受了惊吓的河蚌一样，紧紧地闭上了嘴巴。紧随其后的是“大跃进”和三年困难时期，国家的经济社会发展也遭遇严重挫折。

伴随着反思的纠正由此展开。根据中共中央关于调整、巩固、充实、提高的方针，国家科委和中国科学院在广泛征求科技界意见的基础上，共同制定了《关于自然科学研究机构当前工作的十四条意见》，经中央批准后，于1961年6月公布试行。这份意见总结了新中国发展科学技术事业的经验教训，澄清和规定了针对知识分子的政策和组织措施，提出了科研单位的根本任务是“出成果、出人才”，从而保证了科学研究工作的正常进行。1962年2月，在广州举行的全国科技工作会议和戏剧创作会议上，周恩来、陈毅、聂荣臻等国家领导人重申了知识分子的绝大多数是爱国的、进步的，是为社会主义服务的。这些讲话在广大知识分子中引起了强烈反响，极大地激发了他们的爱国热情，增强了科技工作者的主人翁责任感。

值得庆幸的是，在青岛遗传学座谈会后有所抬头的摩尔根学派，虽然在其后的反右派风暴中又再次被打倒，许多遗传学家受到了严重的冲击，许多人被打成右派，甚至出现了粉碎摩尔根学派的叫嚣，但由于卢惠霖①等一些科学家舍命坚持和不断提醒，该学派总算得到了一定程度的保护。在这阴晴不定的政治风云中，中国的遗传学事业仍步履维艰地前进着。

五教授案

中科院自1949年成立以来，许多学者和科学家都想来此工作。这惹恼了高教部，于是他们提出撤销中科院，把研究力量充实到高校去。童第周到中科院时，这个矛盾已非常尖锐。

1957年3月，复旦大学谈家桢教授作为党外代表出席在中南海怀仁堂召开

① 卢惠霖，摩尔根的第四名也即最后一名中国弟子，翻译出版了摩尔根的《基因论》。

的中央宣传工作会议。此前，童第周已向中科院院长郭沫若推荐谈家桢到中科院来组建遗传研究所，谈本人亦有此心。因此，在这次会议上，郭沫若就提出了调动谈家桢的要求，但高教部部长杨秀峰执意不放人，两人各抒己见，互不相让。3月16日，毛泽东主席亲自出面调停。听了大家的意见后，毛泽东主席说：我给你们划条三八线，都要存在，不要再拉绳了，具体的“停战协定”则由科学规划委员会开会讨论。

5月13日，民盟中央决定成立4个临时研究组，其中一个负责研究“科学规划问题”的组，由曾昭抡、千家驹、华罗庚、童第周和钱伟长5位科学家负责，由曾昭抡主持，他们准备搞一个有关科学体制问题的提案。

6月9日，《光明日报》发表了由曾昭抡、千家驹、华罗庚、童第周、钱伟长五名教授署名的《对于有关我国科学体制问题的几点意见》，[①]《光明日报》还发短评，说这篇《意见》为“民主党派在参与国是，代表其成员的正当利益、合理要求以及体现相互监督作用等方面，丰富了新的内容，开拓了新的道路”[②]。

但这事撞在了枪口上。前一天，即6月8日，中共中央已发出了《关于组织力量准备反击右派分子进攻的指示》，《人民日报》则发表了《这是为什么?》的社论，全国范围的反右派斗争就此拉开了序幕。民盟中央副主席章伯钧和罗隆基首先被揪出打倒，五教授发表“意见”这件事被宣布为章罗联盟反党反社会主义的阴谋活动，曾昭抡、钱伟长二人被划为“右派分子”。叶毓芬意识到问题的严重性，要当时已去青岛出差的童第周赶紧发个声明。正好华罗庚也打电话给童第周，认为这篇文章事先并没让他们看过，就署上他们的名字发表，非常不妥，于是两人就和千家驹一起联名在6月26日的《光明日报》上发表了检讨文章《我们也被右派分子利用了一次》，承认自己政治警惕性不够，也为自己作了点解释：

①《对于有关我国科学体制问题的几点意见》，《光明日报》1957年6月9日头版和第3版。

②《为互相监督开拓了新路》，《光明日报》1957年6月9日头版。

> 科学规划小组指定由曾昭抡、千家驹、华罗庚、童第周、钱伟长五人负责……我们当时政治警惕性不够，未怀疑此中有任何阴谋活动，就答应了；昭抡同志对这件事倒特别热心，召开过好几次的小组会，我们有时参加，有时则因事因病未完全参加。过不了几天，搞出了一个“有关我国科学体制问题的几点意见”草案，但是这个草案无论是自然科学部分或社会科学部分，我们三人都没有参加执笔。关于自然科学方面的一些问题，大概是根据昭抡同志批示要点和大家座谈意见，由民盟一位秘书起草的，关于社会科学的问题，也是由这位秘书根据费孝通同志在“争鸣”上的一篇文章草拟的。最后决定把这个“意见”送国务院科学规划委员会参考，在送去的前几天，最后开了一次会，华罗庚、童第周均因事未出席，那次会上，曾昭抡同志特别约了费孝通同志作最后修改，没有再征求大家意见就送出去了。过了几天，光明日报把小组意见正式发表了，并且还写了一个“为互相监督开拓了新路”的短评，在我们看到报上发表的文件以后，才知道最后稿子有些问题的提法是犯了原则性错误的。①

童第周与华罗庚的私交一直不错，1975年华罗庚在东北传授运筹学时，心脏病猝发。病愈后，童第周曾寄诗慰问：“舟车全国苦奔波，多少生涯客里过。为叫生产逐浪高，不惜病躯日夜磨。”②

但事情并没有到此结束，7月6日，《人民日报》发表了《驳斥一个反社会主义的科学纲领》的批判文章，③指责五教授是为了向党夺取科学工作的领导权，这篇《意见》由此“升级”为一个反社会主义的纲领。为此，中科院召集在北京的一百多名科学家，于7月14日、16日、22日和24日，连续召开座谈会，近百人在会上作了批判发言，千、童、华也被迫在会上作了检讨，但童第周只是再次详细说明了他参与此事的经过，其他事均是泛泛而论，没有对别人

① 千家驹、华罗庚、童第周：《我们也被右派分子利用了一次》，《光明日报》1957年6月26日第2版。

② 贾宝琦：《当代科学家诗文选》，电子工业出版社2002年版，第391页。

③ 郭沫若：《驳斥一个反社会主义的科学纲领》，《人民日报》1957年7月6日第3版。

落井下石。

当时的新闻是这样报道他的发言的："童第周在今天的发言中谈到他参与民盟'科学规划问题'临时研究组的经过以后说，前一个时期，高等学校和科学院的研究机构关于体制的争论，在科学界和高等教育界造成很大的思想混乱，是人为的，是自然存在的，还是有阴谋活动？值得注意。"[①]别人的检讨也从侧面证明了童第周在这件事情上确实没怎么参与，在不知情的情况下被署名是不应该的。华罗庚说："我和童第周代表只参加了两次碰头会，并且没有参加定稿（后来知道就是定稿也是被人篡改的，这一小组是曾昭抡主持的，篡改定稿是由曾昭抡邀来的不属于五人小组的费孝通执笔的；后来六月五日，曾昭抡、钱伟长、费孝通更荒谬地去向章伯钧汇报情况）。"[②]曾昭抡也承认"科学体制问题以后还开了几次会。童第周参加过一次，华罗庚参加过两次，提过一点意见，他和钱伟长去的次数最多"[③]。但就是去的那次，童第周其实也是偶然碰上的，而且并没有说什么，对此他在《追求生命真相》一书中专门作了解释："有一次进城开会回来，路过民盟中央，进去一看，华罗庚、曾昭抡、千家驹等正在讨论'体制问题'，并订了几条。我去了大约一小时，没有参加讨论就走了。"[④]

但局势的发展已难以控制，随着科技界反右派斗争轰轰烈烈地不断深入，此事也终于演化成反右派斗争中著名的"五教授反动纲领"案。

但童第周和华罗庚最终逃过一劫，没被打成右派。1956年5月，张劲夫接替张稼夫担任中科院党组书记和副院长。张劲夫没有任何学历背景，但为人胸怀开阔，人格高尚。在中科院工作的11年中，有口皆碑。五教授案发生后，张劲夫向毛泽东求情，说科学家是国宝，要求给予特殊保护政策。毛泽东让他到书记处作进一步的汇报。于是他就到书记处找邓小平，邓表示非常赞同他的意

①《北京科学家批判反社会主义的科学纲领，反击右派向科学领域的进攻》，《人民日报》1957年7月15日头版。

② 华罗庚：《党能够领导科学，能够领导教育，能够领导知识分子》，《人民日报》1957年7月14日第4版。

③《反社会主义的"科学纲领"的主要设计人曾昭抡开始交代同章罗联盟的关系》，《人民日报》1957年7月14日第5版。

④《童第周：追求生命真相》，第34页。

见，请他代党中央起草了一个如何保护自然科学家的文件。这个文件的中心意思就是对自然科学方面的高级科学家要区别对待，明确提出这些人造诣较高，具有专长，在反右派问题的处理上要和一般缺乏专长的人员有所不同。中央批准了这个文件，并让他提交了一份知名科学家的保护名单。正是这个文件和这份名单，保下了一大批科学家，包括童第周。

此案至1980年才得以平反。1980年5月8日，中共中央统战部在《关于爱国人士中的右派复查问题的请示报告》中说：这两份意见书的基本内容是可取的，不是反党反社会主义的。

四国渔业会议

1956年童第周夫妇调北京工作时，北京正在召开中国、苏联、朝鲜、越南组成的四国渔业会议。当时组织会议的中科院秘书长陈康百发现由中科院起草的会议条约有些问题，就去请示周恩来总理，周总理看后也觉得不满意。于是张劲夫打电话给童第周，请他马上到总理办公室去。童第周到的时候，张劲夫、陈康百已在那里了。总理秘书说："专家来了，听听他的见地。"童第周连忙说："我没有参加四国渔业会议计划，不了解情况。听说苏联'勇士号'①要调查中国沿海线，我不了解与苏联的关系如何，但日本人调查了许多，只有渤海湾不太清楚，是否应该让苏联人调查，我不了解。"②

我国沿海渔业资源丰富，一直被日本垂涎，从20世纪二三十年代起，日本就开始常年观测中国的海洋状况，不时组织大面积的海洋环境调查，并派出大量渔船在中国海域公然盗捕。由于长期系统的调查，当时日本对我国各个渔场的海洋环境、资源数量和种类都了如指掌，甚至比我们自己了解得还多，如日本农林省的技术员熊田头四郎每年春秋两季都会来我国沿海调查渔业，并持续进行了10年以上，对我国黄海、东海渔场非常熟悉。③因为当时中国与苏联特

---

① 前苏联一艘著名的海洋科学调查船。

②《童第周：追求生命真相》，第32页。

③ 张震东、杨金森编著：《中国海洋渔业简史》，海洋出版社1983年版，第97—98页。

殊而微妙的关系，童第周在这个问题上回答得很谨慎。但以总理的睿智，童第周的话他已心领神会：领海主权不能丢。

6月12日，四国政府签订了《太平洋西部渔业、海洋学和湖沼学研究的合作协定》，目的是在太平洋西部和互相毗连的边境水域中相互合作，开展渔业、海洋学和湖沼学的研究工作，为合作利用这些水域中的渔业资源、共同发展渔业生产奠定基础。为此，四国派出各自的代表和专家，于14日组建了四国太平洋西部渔业研究委员会，中国首席代表、水产部部长许德珩被任命为委员会主席。委员会全体会议每年召开一次，主要内容是总结上年度的工作、宣读和讨论学术报告、协商制定下年度的合作建议和专业组的年度计划等。委员会的费用从《协定》参加国按商定的比例所缴的会费中支出。1966年6月协定期满，该委员会也停止了活动。

总理对童第周是欣赏的、信任的。1957年组团去苏联参加四国渔业会议时，童第周就被确定为中国代表团副团长兼秘书长（许德珩没有去，童第周相当于代行了团长的职责）。这份任命是非常慎重的，因为童第周当时被牵涉进了"五教授案"，成了《对于有关我国科学体制问题的几点意见》这个"反社会主义的科学纲领"的署名人之一，因此在赴苏参加四国渔业会议前，周总理特意把童第周叫到了自己的办公室，询问了一些细节，确认童第周与此无直接关联①。

出国前，中方要根据1956年的协定订一个条例，以备会议讨论。中科院秘书长裴丽生给童第周配了一个秘书，让他起草条例。秘书写好后拿给童第周过目，童第周发现他私自改了原协定内容，而这一改恰恰是有损我国主权利益的，就对他说："协定是周总理定的，条例是根据协定定的。"②童第周要他根据原协定改回来，但不知出于什么原因，这个秘书后来并没有改。这时，童第周已比其他成员早走一个月，先去苏联各地参观了。等秘书来苏联时，童第周发现条例并没有按他的要求改好，于是只好当场修改，让在莫斯科开会的周培源带回

---

①《童第周：追求生命真相》，第35页。

② 前引书，第32页。

去，交给许德珩。许德珩的秘书又另外写了一个差不多的条例，拿去请总理批示，也没和总理说明情况。总理很忙，当时也没有与1956年的协定核对，看没有多大问题，就批了。童第周发现带回的条例还是老样子，非常生气，坚持要重新修改。但团里的一位副团长兼临时党支部书记不同意童第周的意见，并以势压人，说："这是总理定的，难道你要改吗？"当时的情势非常紧张，但童第周认为自己是出于公心，是为了国家的利益，没什么好怕的，总理日理万机，难免会有疏忽，既然总理已把这个任务交给了他们这一行人，他们就应该负起这个责任，为总理把好这个关，于是反唇相讥道："难道我是在反总理吗？"[①]双方僵持不下，事情闹到了刘晓大使那里，刘大使向周总理汇报了事情的经过，总理支持童第周的意见，按原协定重新作了修改。在此基础上，经过多次协商，总算与其他三国达成了一份共同条例。

那位副团长回国后受到批评并被调离相关岗位，于是记恨于心，后趁"文化大革命"又重提此事，歪曲事实，说童第周在这件事上反总理，真是"欲加之罪，何患无辞"！每次在家中说起此事，童第周都非常生气。

从1956年至20世纪60年代初，童第周一直担任四国渔业委员会副主任委员的职务，在推动四国的渔业生产和学术交流、促进科学家之间的友谊中发挥了重要的作用。

克隆先驱

1956年童第周调至北京工作后，在中科院动物研究所大楼建立了一个小小的实验胚胎学实验室，但人事关系上仍属青岛的中科院海洋生物研究室。

1960年，有两方面的原因促使童第周脱离了青岛中科院海洋研究所。一是中科院海洋研究所设在青岛，而他身在北京，工作联系多有不便；二是1957年应童第周的极力劝说从美国返回青岛中科院海洋生物研究所、创建生殖生物实验室的学生张致一副研究员，由于研究方向与海洋所的发展方向不符，想离开

---

①《童第周：追求生命真相》，第32页

海洋所，为此童第周心里深感不安。这两件事撞在一起，迫使童第周作出了合并两室、脱离青岛中科院海洋研究所的决定。于是，童第周向中科院建议，将张致一的实验室调来北京与他的实验室合并成一个“发生生理研究室”，脱离海洋所的编制，并入中科院动物研究所。这个建议得到了中科院的认可。改组后，童第周调任中科院动物研究所所长，张致一任发生生理研究室主任，叶毓芬任副主任，全室共计20余人。此后，童第周虽然名义上还是青岛中科院海洋所所长，但已很少再去青岛，基本上常驻北京工作了。

童第周受二哥童第德的影响，从小就对哲学产生了浓厚的兴趣，为此中学毕业后报考了上海复旦大学哲学系，求学期间受郭任远和蔡堡等老师的影响才逐渐转入实验胚胎学的研究。新中国成立后任教山东大学，在华岗校长的影响下，对哲学重新产生了兴趣。“解放后，我在山东大学当副校长时，同华岗校长接触较多。他在很多报告中都贯穿了辩证的观点。有一次我问他这方面的问题，他让我看看辩证唯物主义这本书。”[①]华岗曾多次为童第周讲解《实践论》《矛盾论》，讲解唯物辩证法的基本观点，童第周受益匪浅，并最终成为一个唯物辩证法的信仰者。

由于对辩证法有了深刻的领会，童第周逐渐看出了摩尔根学派和李森科学派各自的理论缺陷。李森科学派只看到外因的作用，而完全否定内因的存在，对此他是坚决反对的。从本质上来说，他是个摩尔根学派的追随者，但对摩尔根学派“细胞的分化、个体的发育、性状的传递，都是细胞核即基因的作用，它控制细胞质，对实现上述各点发生作用”[②]的说法，他也是有不同意见的。童第周认为，按照辩证唯物主义的观点，事物之间的相互作用和影响，是事物发展变化的重要条件，细胞核和细胞质之间当然也应当存在这种辩证关系。细胞是一个整体，细胞内的细胞核和细胞质虽然各有各的功能，但它们彼此必然相互联系、相互制约，这种联系和制约一定会在细胞分化、个体发育和生物性状等遗传学方面表现出来。为了证实自己的想法，他把主要精力转向了细胞质与

---

①《童第周：追求生命真相》，第40页。

② 前引书，第179页。

细胞核关系的研究。

想要研究细胞质和细胞核的关系，一个最好的实验途径就是通过细胞核移植来确定彼此的遗传作用。例如，把鲫鱼的一个细胞核移入一个事先已去掉核的金鱼卵细胞中，由此发育而成的小鱼，如果完全像鲫鱼，说明细胞质在遗传过程中不起作用，下一代的基因全部取自移入的鲫鱼细胞核。反之，如果小鱼完全像金鱼，说明基因来自细胞质中的遗传物质，移入的核不起任何遗传作用。如小鱼既像鲫鱼，又像金鱼，则证明细胞核和细胞质中都含有遗传物质。

凑巧的是，当时新兴的克隆技术也是以细胞核移植为研究手段的。因此，童第周开展细胞核移植实验，虽然目的只是借此弄清细胞核与细胞质的关系，特别是细胞质在遗传中的作用问题，但无意间却成了中国最早开展克隆技术研究的人之一。①

“克隆”一词是英语单词“clone”的音译。原意为树枝，意译为无性繁殖或复制。动物克隆是指通过无性繁殖的手段，产生出的一群遗传构成完全相同的动物。

动物克隆有胚胎分割和细胞核移植两种方法。

胚胎分割是把不同发育时期的胚胎经显微手术切割成几部分，把这些部分培养成独立的胚胎，再分别植入各母畜子宫中让其发育生长，产出基因相同的一些幼畜。一个胚胎的分割度有限，不能无限分割，因此一个胚胎的几个分割部分，即使全部培养、移植成功，一次也只能产生几个基因相同的幼畜。

细胞核移植是指将不同发育时期的胚胎细胞核或成体动物的细胞核，通过显微手术取出并放入另一个事先已去核的卵母细胞（即未受精卵细胞）中，重新组成一个细胞，在一定的条件下，使它能像受精卵一样启动发育，发育成胚胎甚至进一步发育成幼体或成体。由这种重组细胞发育而成的动物，与提供细

---

① 在童第周用金鱼进行克隆试验的时候，上海的朱洗也在用蟾蜍进行克隆试验，他们都取得了成功，当时有“北有童第周，南有朱洗”的说法，他们都是中国克隆事业的先驱者。

胞核的动物个体在遗传物质和性状上是完全相同的。

与胚胎分割技术不同，通过细胞核移植技术，移出之核与去核卵重新组合而成的一个细胞，能在实验室中大量生长，可用以产生成千上万个相同基因的个体，在畜牧业生产上具有特别重大的意义。因此，克隆多采用细胞核移植技术进行。

细胞核移植的概念最早是由德国科学家汉斯·施培曼（Hans Spemann）1938年在其著作《胚胎发育和诱导作用》一书中提出来的，目的是通过核移植，研究不同发育时期胚胎细胞的发育全能性。但他苦思冥想，都没能想出一个可以帮助他实现这个设想的实验方式。因为细胞核的体积很小，而本身又很脆弱，要做好移植工作，同时不损伤它也不损伤细胞质，使卵子能正常发育，这对仪器的设计和技术的操作要求都是非常高的。其间有不少科学家尝试了单细胞动物的细胞核移植和组织培养中细胞核的移植，虽然不是很成功，但为核移植技术的完善和发展积累了丰富的经验教训。1952年，美国科学家罗伯特·布里格斯（R.Briggs）和托马斯·金（T.King）把核移植技术应用于多细胞动物，开始了难度更大但更有科学和现实意义的胚胎细胞核的移植工作。他们在解剖镜下用尖细的直径略小于细胞的玻璃吸管，将豹蛙囊胚细胞的核吸入管中，[①]移植到一个事先已去核的卵细胞中，并使这个“合体”细胞发育为蝌蚪及成体（以二倍体囊胚细胞核代替精子及卵细胞核）。这就是科学史上著名的蛙移植实验，也是第一例通过核移植完成的脊椎动物个体重建，即我们通常所说的“克隆”。接着，英国科学家以爪蟾蜍为实验材料，做了类似的核移植实验，也成功地得到了克隆幼蟾。因为用于融合的两个细胞均取自同一物种，豹蛙或爪蟾蜍，因此这种克隆被称为“同种克隆”。

同种克隆技术有非常重大的现实意义，能快速复制优种牲畜。例如，正常

---

① 承童夙明教授相告，进行细胞核移植时，一般是先用玻璃针把卵细胞的核挑出，再用玻璃吸管把供体细胞的核吸出，注入去核的卵细胞中。因为卵细胞处在极体阶段时，其细胞核会移到细胞膜附近，此时只要用玻璃针轻轻一挑，核就可破体而出，但供体细胞的核因太小且极易损伤（一旦损伤就会影响以后的发育），因此不能用针挑，科学家一般是先用一种液体使集聚在一起的细胞分离成单个，再用玻璃吸管将整个细胞吸入管中，由于针管的直径小于细胞，细胞被吸入时，细胞膜会被挤破，再将这个破碎细胞的细胞核连同包裹在核外的一些细胞浆一起注入去核的卵细胞中。

情况下，一头高产奶牛，一生所能生产的母牛头数是很有限的，而且有性繁殖的后代，会带上许多父系的遗传性状，性状不可能全像其母亲，不能保证也是头产奶量很高的母牛。一般说来，要培育出一个纯度达98%的品系，需要进行20代的兄妹间交配，对牛来说意味着需要100年的时间。而且，长时间的近亲交配会导致动物生育能力的明显降低。而克隆技术则是提取这头高产奶牛的体细胞，在体外培养，通过不断地一分为二，产生一大堆带有同样遗传信息的细胞，然后把这些细胞里的细胞核移植到从母牛身体里获得的、已事先用人工方法去掉细胞核的卵细胞中，再把融合成的新细胞培育成胚胎，植入其他母牛子宫内发育，最后由这些母牛生出小牛。这些小牛的性状均和提供细胞核的那头高产奶牛一样，因此也绝对会是头高产奶牛。

童第周在国外的科学杂志上了解到这类信息后，觉得这种技术正好可用来做他的核质关系研究。考虑到海洋生物研究所缺乏两栖类动物的材料，所以决定从鱼类着手胚胎细胞的核移植实验。鱼类的核移植此前还没有人做过，童第周由此成为国际上第一个研究鱼类克隆技术的人。

此时，童第周在金鱼方面的实验已基本告一段落，在文昌鱼方面的工作计划已完成了大部分，所以他有精力把研究工作的主要目标转向细胞核和细胞质关系的研究。当童第周和叶毓芬说起这个设想时，叶毓芬坚定地支持了他，于是他们马上付诸实施。

其实早在1958年，他们就开始了“细胞核移植”的准备工作。但当时的实验条件非常简陋，没有现成的核移植的工具，童第周就带领大家共同研讨国外文献中提到的仪器，然后指定助手严绍颐自己动手制作移核器。由于搞“运动”，工作干干停停，严绍颐一直摸索了两年多，才用土办法设计和制作完成了这种简易的细胞核移植器。

最初，他们选用金鱼（*Carassius auratus*）、鳑鲏鱼（*Rhodeus sinensis*）做同种核移植实验，即同种克隆。鱼卵虽然比蛙卵要小，而且更脆弱，需要更精细的技术，但鱼类易于饲养，繁殖速度快，可以连续做，一年就能得到实验结果。

1961年，童第周实验小组开始进行细胞核的移植实验，把金鱼囊胚细胞核移植到去核的金鱼卵质中。接着又进行了鳑鲏鱼的核移植实验。1963年，金鱼和鳑鲏鱼各自的同种克隆都获得了成功，其中金鱼囊胚细胞核移植到去核金鱼卵的实验大约有10%发育成了幼鱼。他们在杂志上发表文章，报道了鱼类细胞核移植技术在中国的建立，如《动物学报》1963年第15卷第1期的《细胞核的移殖》，《科学通报》1963年第7期的《鱼类细胞核的移殖》等，中国由此成为继美、英之后，在20世纪50年代末和60年代初成功开展核移植研究的国家。

1963年后，国家经济和政治形势都有了一定程度的好转，童第周等也积极地进入了科研状态。在同种核移植获得成功后，他们很快又进入了不同物种间的核移植实验，即“异种克隆”。

这次他们使用的实验材料仍是鳑鲏鱼和金鱼，这两种鱼属于不同的亚科，鳑鲏鱼属于鲤科中的鳑鲏亚科，金鱼则属于鲤科中的鲤亚科，因此在胚胎的发育和遗传性状上有明显的区别，在核移细胞发育出的胚胎和幼鱼中可以比较清楚地辨认出彼此的特征。而且这两种鱼都可在实验室中饲养，产卵季节相同，很适合做异种核移植的材料。这次实验的目的有两个：其一是研究杂交核的发育能力与纯异种核（双倍体）发育能力的差异；其二是研究细胞质对细胞核的影响。这次的实验分为五组同时进行，第一组是把金鱼囊胚细胞核移至去核的金鱼卵；第二组是把金鱼（母本）与鳑鲏鱼（父本）的杂交囊胚细胞核移至去核的金鱼卵；第三组是把鳑鲏鱼囊胚细胞核移至去核的金鱼卵；第四组是把金鱼囊胚细胞核移至去核的鳑鲏鱼卵；第五组是把金鱼囊胚细胞核移至去核的鳑鲏鱼卵，等发育到囊胚期，再将细胞核回移至去核的金鱼卵。[①]其中，第一组为对照组，其余四组为实验组。

但由于这两种鱼的亲缘关系太远，所以实验结果不太理想。第二组只有74.5%能发育至囊胚，囊胚中有17%进一步发育成胚胎或幼鱼，但这些幼鱼发育至卵子孵化后11—17天即死亡。幼鱼性状部分类似鳑鲏鱼，部分介于父本和母本之间。第三组和第四组只有60%左右的卵子能发育至囊胚期，囊胚中仅有1%左右发育至原肠完成以后的各时期胚胎，大部分胚胎在5天内死亡，小部分生活至一星期左右。第三组性状类似第二组，但因发育不正常，有的性状不是

① 童第周等：《鱼类不同亚科间的细胞核移殖》，载《童第周文集》，第579页。

十分明确。第四组类似于鳑鲏鱼自交胚胎，性状纯属鳑鲏鱼。第五组只有46.6%发育至囊胚，而后仅有2.8%发育为原肠以后各期胚胎，且都在5天内死亡。性状有的完全类似金鱼胚胎，有的类似杂交胚胎，介乎父母本之间。童第周由此判断：杂交核来自父本和母本各一半，它与细胞质的矛盾小。不同种间的移植核为双倍体的异种核，与细胞质的矛盾大。所以前者的发育比后者好，性状的出现不是完全控制于细胞核，细胞质也有它的作用。[①]

虽然这个实验结果不太理想，但毕竟成功了，使我国成了最早成功开展不同亚科间异种克隆实验的国家。据说这一实验工作的结果，童第周1965年即投寄有关学报，但因“文化大革命”爆发，1973年才得以在《动物学报》上发表，因此当时世界上并不知道中国已成功开展了异种克隆工作。

与此同时，在1964年左右，他们还设计了一个实验，以证明细胞质对细胞核的控制作用。红血球（红细胞）的细胞核是没有分裂功能的，于是他们设计将青蛙红血球的细胞核植入青蛙去核的卵子内，结果发现这个红血球的细胞核在卵子内替代原有细胞核的作用，恢复了分裂功能，开始分裂了。这个实验结果充分说明细胞质对细胞核是有控制作用的，同样是这个细胞核，在红血球细胞质的环境中它就不能分裂，而在青蛙卵细胞质中它就能分裂。这个实验当时国际上还没有人做过，他们是最早的实验者和发现者。但文章还没来得及发表，政治风波又平地而起，1964年“四清”运动开始，童第周实验室的人先后被派到农村去搞“四清”运动，1966年紧接着又爆发了“文化大革命”。正是在这个时候，英国人也成功地做出了相似的实验，并抢先在国际上发表了。

20世纪70年代初，政治形势有所缓和，童第周他们又开始了核移植实验。这次他们接受上次不同亚科间异种克隆效果不佳的教训，降低实验难度，选择了同亚科但不同属的鲤鱼和鲫鱼作为实验材料，进行核移植试验，结果取得了成功，培育出了具有较大生产价值的鲤鲫核质杂种鱼。对此，我们将在“核质杂种鱼”一节中作详细的介绍。

这些鱼类细胞核移植实验均表明，细胞质在发育中具有重要作用，低等动

---

① 童第周等：《鱼类不同亚科间的细胞核移殖》，载《童第周文集》，第586页。

1973 年，童第周等人观察实验结果（左：严绍颐，右：张玉簾）

物中可以进行异种间的细胞核移植。

至此，童第周终于用实验证实了自己的理论假设，用充分的实验证据无可辩驳地说明了细胞质在遗传上具有不可或缺的作用，对遗传学的发展作出了重大的贡献。而且获得了一个意想不到的副产品，不仅成功地在鱼类身上重复了国外所做的两栖类同种克隆技术，而且开创了异种细胞核移植的研究先河，成了当之无愧的中国克隆先驱、种间克隆第一人。而且他的成绩代表了当时国际同类工作的最高水平，因此他在克隆实验上的意义在后来甚至超过了他研究细胞核质关系的初衷，成了他对生物学最重要的贡献之一。①

此后，童第周一直没有停止过这方面的工作。1973年和牛满江教授一起用金鱼和鲫鱼克隆出了举世闻名的“童鱼”，并在20世纪70年代就超前提出了克隆哺乳动物的设想。

童第周去世后，他的学生、弟子和后继者并没有因此停止这方面的探索。1980年，他们成功地培育出了鲤鲫核移鱼（为不同属鱼种间的异种克隆）。1983年，他们将基因克隆技术与显微注射技术结合起来，首创基因鱼研究，并于翌年获得了世界首批转基因鱼。转基因技术比单纯的核移植克隆更先进，已能对移入的细胞核上的基因进行处理，去除或加入某些基因，从而使培育出的转基因动植物具有人类所需的某些品质，如植入抗病虫害基因使某些作物具有抵御病虫害的能力，植入人类基因使某些动物的器官可用于人类的器官移植。

① 2002年，为纪念童第周诞辰100周年，中国科学院院长路甬祥写下“克隆先驱”四个字，以致敬童第周的卓越贡献。

1986年，童第周的学生朱作言将培养30多天的成熟银鲫的肾细胞核连续移植，获得了一尾性成熟的成鱼，这是世界上第一例脊椎动物体细胞克隆成功，证明已经成熟或老化的细胞核在合适的细胞浆环境中仍可恢复生命力。因为此前克隆所用均为与生殖发育关系密切的卵细胞或囊胚细胞。体细胞在分裂和诱导分化等功能上远不如卵细胞和囊胚细胞，囊胚细胞也是越早期取的核越好，如用2细胞时期的细胞核进行的核移植，比用4细胞时期的细胞核进行的核移植成功率要高得多。由此可见，越是生殖、发育初期的细胞（如卵细胞，早期胚胎细胞、原生殖细胞、精原细胞等），其分化、调整的功能越大，克隆的成功率越高，而越成熟老化的细胞（如成熟的体细胞）成功率越低。因此，用体细胞进行克隆难度要大得多。可惜，由于宣传力度不够，这个伟大的成果在当时并未引起学术界的重视。1983年至1995年，他们又先后克隆出了鼠、兔、绵羊、山羊、牛等哺乳动物，使中国走在了世界克隆研究的前沿。但由于他们克隆这些哺乳动物时，几乎都放弃了朱作言的体细胞思路，重新使用囊胚细胞、卵细胞等与生殖发育关系密切的细胞，因此1997年在英国诞生的体细胞克隆羊“多莉”成了世界上首例用体细胞（乳腺细胞）克隆成功的哺乳动物。但就是到了这个时候，克隆胚胎还都是放到其他母体的子宫内培育的，也就是说，克隆胚胎赖以存活和发育的子宫的免疫系统，与提供给克隆胚胎细胞核（即遗传物质）的供体的免疫系统并不一致，因此往往会发生严重的免疫排斥（类似于器官移植），使克隆胚胎在子宫中夭折或畸形。世界上第一个基因与受孕子宫同属一个母体的克隆动物，直到2003年才由意大利科学家克隆成功，他们取出一匹母马的一个成熟表皮细胞和一个去掉了细胞核的卵细胞，将胚胎培育一阵后再重新植入这匹母马的子宫中，母马顺利孕育，产下了小马。[①]这种新技术不仅能培养出与最优秀母体完全一致的“副本”来，而且减弱了免疫排斥的作用，从而大大增加了克隆人类的可能性。

①《第一匹克隆马诞生》，《科学世界》2003年第9期，第10页。

“文化大革命”风暴

如果说1957年到1966年“文化大革命”前的这段时间，中国遗传学的天空是阴霾压空，但还偶露一缕阳光的话，那么1966年“文化大革命”爆发之后的形势，尤其是头几年，简直是追魂夺魄的疾风暴雨。科技战线上的大批科学家和科学技术人员无可避免地成了受害者。新中国成立以来正确的科技发展路线和政策至此被彻底否定，科技管理陷入瘫痪，研究机构被肢解，正待腾飞的中国科技事业半空折翅，遭受了毁灭性的打击。

在1956年首届遗传学座谈会后，一路步履维艰的摩尔根基因学说，再次被打入了十八层地狱。因为在当时的红卫兵革命小将眼里，讲基因，就是宣扬“天不变，道亦不变”的形而上学世界观，是宣扬“龙生龙、凤生凤”的资产阶级血统论，开展人类遗传学研究则是搞“希特勒种族主义”。

中科院动物研究所是中科院最迟成立的一个所，迟迟成立不起来的一个重要原因，就是因为“这一批人在旧社会就很麻烦，派别厉害，各派斗争也厉害”[①]。中央一时难以把这些人整合成一个相对团结的集体。后来，虽被勉强捏在了一起，但深层的裂痕并没有因此消弭。因此，“文化大革命”一来，动物所那些陈谷子烂芝麻的事被一翻，事情就闹大了。中科院是“文化大革命”时期北京地区科学院系统中运动最激烈的地方，而动物所则是中科院运动最激烈的地方之一。

由于童第周在思想上一直与我党亲近，新中国成立后又成了民盟中央的主要领导人之一，再加上本身为人正直、清廉，因此一开始时他并没有受到冲击。童第周的清廉自律是有口皆碑的，他出身贫寒，对物质生活一辈子都没有什么追求，始终保持着简单的生活习惯，而且绝对不允许家人借他的名头贪公家的便宜。据他的学生闫淑珍回忆，一个在20世纪50年代初曾在山东大学校办任职的干部在90年代末还感慨地同她谈起：童第周任山大副校长期间，从未因私事

---

①《童第周：追求生命真相》，第36页。

使用过公车，与他共事过的领导和同志们谈起这些事时，都充满了敬佩之情。[①]记得有一次家里的电视机坏了，孩子们请童第周的小车司机拉去修，童第周知道后，把他们狠狠地训了一顿。还有一次，三子童时中来北京出差，想搭父亲的便车去中关村办事，结果车没搭上却挨了一顿训。20世纪70年代初，童第周开始与美籍华人牛满江进行合作研究，但对牛满江带来的仪器概不收受，做完试验后就让他带回美国去。为此牛满江很不理解，有一次竟伤心地在下榻的北京饭店里哭了起来，后来还是陪同他的林德音为他想了个办法，让他和童第周说：反正我不要了，你愿扔就扔掉吧！这才迫使童第周收下。

甚至连童第周自己起初也认为，他这个1960年才正式加入动物所的实验室，不仅人员很少，而且多是从外地调入的成员，平时与所里其他人的往来也不多，既没有什么历史瓜葛，也没有什么现实利益的冲突，想来不会惹什么麻烦。童第周以为，除了不得已去跟着喊几声口号，到批判会上去填充几个座位外，他仍可以带着大家在“闹革命”之余做点实验工作。

但不久，童第周办公室的门上就被贴上了一张大字报，指名道姓地说童第周是“资产阶级的反动学术权威”，要求造反派将童第周送到劳动队去参加劳动改造，而大字报的作者竟是他的一名学生。这对童第周的精神打击是巨大的，他把学生视为科学事业的希望、国家的未来，因此他在学生身上所倾注的感情和精力远远超过了自己的孩子。现在竟有学生这样恩将仇报，真是让他非常心寒。

1966年8月，各单位开始成立“专政队”[②]，动物所的每一位高级研究员都陆续被揪出来丢进了专政队，童第周也未能幸免。专政队的人不能回家，集中住在研究所腾出的一些平房内，早饭后分头做最脏、最累的勤杂工作。有一次童时中回家探亲，看到父亲在吃力地推一车煤渣，伤心不已。造反派认定童第周是大地主出身，画漫画批斗他，还罚他扫地。其实1946年从重庆回老家时，兄弟们就在大哥的主持下分了家产，但童第周夫妇感恩兄弟姐妹们对他们的多

① 闫淑珍：《纪念童第周老师》，载《童第周》，第118页。

② 又名劳改队，“牛棚”是晚些时候才出现的叫法。

年照应，什么也没要，只带走了1938年起寄养在此的二儿子和三儿子，北上山东大学任教了。童第周是世界上第一个用鱼类做克隆研究的人，这本是童第周的伟大创新和贡献，但此时一些不学无术的人竟以此来嘲讽童第周，说国外都用大白鼠做实验材料，童第周却用金鱼，可见其根本不懂实验工作。童第周闻之好气又好笑地说："外国的先进技术需要学习，但要把学习和创造结合起来。盲目地跟着人家学，就只能跟在人家后面跑，唯有创新才能迎头赶上……外国人之所以用大白鼠作为实验材料，是因为它繁殖能力强，换代快，几年时间就可看到遗传性状改变的情况；然而，金鱼的发育周期更短，饲养方便，第二年就可看到结果。我们为什么不可以选用中国特有的金鱼作为试验材料，而要去盲目地仿效外国人的做法。不懂得创新，如何推动科学的发展？"①

后来，他又被赶到北京郊区怀柔县去劳动改造，跟在马后面看管石磙子压麦子，马走得快，他跟不住，累得够呛。晚上还要写自我检讨或参加揭发批判会。家属虽可定时申请探望，送些衣物和零用钱，但都要由看守人员检查过。这些被要求去劳动改造的人，不仅没有了从事自己工作的权利，被迫去干那些繁重的体力活，而且连工资也被扣发，仅给极少的一点生活费，伙食标准非常低，几乎到了仅仅不饿死的地步。以童第周为例，那时他每月只能拿到15元伙食费，每顿只有5分的菜钱。精神的苦闷、生活的艰辛，使他的胃病更加严重了。童第周早年就有胃病，所以身体一直消瘦。"文化大革命"前，组织上考虑到他的身体情况，以及出生在浙江习惯吃米饭的饮食特点，曾特别照顾他在口粮定额中不搭配其他粗粮，当时北京居民口粮定额中各种粮食的比例是玉米面40%、面粉40%和大米20%。童第周被关进"牛棚"后，这种照顾自然就没有了。此时，童第周已66岁，胃病比较严重，平时就只能吃一小碗米饭的他，现在连这一小碗米饭也保证不了了，只能硬咽着面粉和玉米面做的食物，真是苦不堪言。从"牛棚"出来时，童第周已满脸浮肿，步履蹒跚。

1968年9月，童第周的问题进一步"升级"，被换到单间隔离审查了。此事起因于山东大学物理系郭贻诚教授。郭贻诚（1906—1994）为留美博士，物理

① 童时中：《童第周的治学为人之道》。

学家，是我国磁学和磁性材料学的奠基人之一。抗日战争期间，郭贻诚曾在东北伪政府工作过。抗日战争胜利后，他受聘来复校的山东大学任教，曾先后出任物理系的教授、系主任和理学院院长等职，并于新中国成立后加入民盟，任民盟青岛市委常委和民盟山东省委副主委等职。童第周与他同为山大教授，而且都是民盟的盟员和领导，两人因此相识并有所交往。郭贻诚在“文化大革命”中受不住折磨，胡乱写下了许多假材料以求早点“过关”。这些假材料中，有许多是“揭发”童第周的，说童第周在解放前镇压过学生运动，警备司令部在童第周家开过会，等等。

调查组天天叫童第周写交代材料，他实在写不出，痛苦欲绝。因为童第周也算是个“上层”人物，所以除让他自己写交代外，当时还有很多外调的人来找他核实别人的交代材料，有一次一个外调人员问了他很多问题，他都说不知道，那人气坏了，就把他推出门去淋雨、罚站，因怕他自杀，走时还收走了他的裤腰带。还有个人则找到中科院，想挖一点他到苏联去开四国渔业会议时的“卖国罪行”，幸好被刘希尧坚决地顶了回去，刘希尧当时是周恩来总理的联络员。

在这样的残酷冲击下，童第周能坚持下来，无疑和他坚强的性格有关，但最重要的是叶毓芬对他自始至终的信任和默默支持。童第周被关进“牛棚”时，有人强迫叶毓芬揭发检举童第周，叶毓芬横眉冷对、斩钉截铁地说：“我和他一起生活了几十年，我了解他，他不是你们说的那种人！”对方厉声斥责她：“都什么时候了，你还要保童第周？”叶毓芬从容地回答：“说保就保吧，我了解他，才要保他！”[①]这个现在看来非常简单的表态，在当时的情况下，简直就是夫妻间的同生共死。叶毓芬为此付出了惨重的代价，实验室的研究不让做了，她被派到动物房喂养实验用的猴子；一家人居住的中科院四室一厅公寓房（中关村14号楼），此时硬是挤进了几户人家与他们同住。在童第周被隔离审查后，她又被逼着搬到一间仅有9平方米的小屋内，东西只能被乱七八糟地码在一起，除了一张大床、一张小床、一张书桌外，只能放下一张椅子了，进出时还得把

①《山大逸事》，第113页。

椅子移开。原来几大书柜的书，把床底都塞满了还放不下，又不被允许放到研究室去，连白送给研究室也不行，弄得叶毓芬只好忍痛把这些书当废纸卖掉。[①]此时的叶毓芬，独自一人缩在那间逼仄狭小的房子里，境况相当凄惨。但就是在这样的情况下，她不仅没有背叛丈夫，还时刻牵挂着丈夫的安危。每当在批斗会上、劳动现场看见丈夫瘦弱的身影，她的心就像刀割一样地难受，她实在心疼她的丈夫。

想当年有多少夫妻儿女为了自保，与最爱他们的亲人划清了界限，有些为了表忠诚、表决心，甚至加入了残酷的批斗队伍。经过“文化大革命”的人心里都明白，当时许多人之所以走上自杀的不归路，并不是被残酷的“专政”吓垮了，而是因为亲人的不信任和冷漠让他们心灰意冷。童第周是幸运的，因为他娶的是叶毓芬。

妻子牵挂着丈夫，丈夫也挂念着妻子，童第周曾在“牛棚”中写下一首《寄毓芬》诗安慰妻子：“放逐囚禁不须哀，人生自古多变幻。四十年来共欢居，也应自是慰心怀。且忆年年实验节，长夜工作共达旦。独居不堪寂寞时，重整旧作以自解。”[②]

万幸的是，经过审查，童第周的许多“问题”被判定为“无中生有”，他在被关押、审查了一年多后，于1969年3月得以解除隔离。但童第周并未因此得到工作和生活的自由，他被退回动物所劳动改造，仍被置于“革命群众”的监督之下，工作之余还得打扫厕所。

据严绍颐回忆：“童第周被造反派‘解放’后，便回到他原来的办公室上班。过去这个房间只有他和夫人使用，现在又被加上了二张桌子。一张是给被定为‘现行反革命分子’的另一位电子工程师黎廷的，另一张则让和他们划不清界限的我使用。按造反派的说法，这个房间里坐着三个‘资产阶级反动学术权威’和一个‘牛鬼蛇神’。当然我们四个人也很清楚，一定要夹着尾巴做人，小心谨慎地在一起，以免再节外生枝，引起麻烦。所以，我们除了早上见面时

---

① 童时中：《童第周的治学为人之道》。

②《童第周传》，第112页。

点点头表示相互问候外，一般不大相互交谈。在不是很冷的冬天，我们都把房门开着，以便人家‘观察’。”①

当时，童第周所在的发生生理研究室的几位助理研究员和实习研究员都先后被下放到“五七”干校或中小学去接受再教育，动物所里的人也陆陆续续走空了，因此童第周解除隔离回到所里接受群众监督劳动时，所里其实已没什么“群众”可以来监督他了，而且此时“文化大革命”最强劲的风头似乎也已经过去，留在所里的当权派们对“资产阶级反动学术权威”的劳动监督也没什么劲头了，因此事实上也没人天天来盯着童第周的劳动改造。

但童第周的内心是真诚地接受劳动改造的，他是劳动人民出身，深知劳动人民的疾苦，他真心地认为坚持一定的体力劳动，能时刻提醒他不要忘本。同时，他也希望造反派能因此认可他改造思想的诚意，不要再找他麻烦，让他在劳动改造之余，多少能安心地做些研究。因此他坚持打扫办公室对面的男、女厕所和一段过道，并且自费购买清扫工具。每天早上7点半左右就去打扫卫生，以便在大家上班前干好。开始叶毓芬也陪着他一起干，后来叶毓芬的心脏病加重，无法再帮他了，严绍颐看在眼里急在心里，担心着也患心脏病的老师的身体，又不敢公然地帮他做，所以只好赶在老师之前到单位，打开水、打扫卫生。童第周问他为什么也来打扫卫生，他只能回答“锻炼锻炼”，而且为避嫌，干活时他们几乎不讲话，彼此只是闷着头默默地清扫，但师生的情谊已尽在不言中。他的另一个学生杜淼，也在暗中尽力关照老师，时常抢在童第周之前把厕所打扫干净。童第周扫厕所一直扫到1971年因病住院，但出院后又重新开始扫厕所。1973年，邓小平复出担任国务院副总理，得悉童第周的遭遇后，发了话，中科院才不让他再扫厕所了。

肿瘤免疫实验

1969年，童第周解除隔离审查后，并没得到应有的工作机会，仍处于群众

①《童第周》，第45页。

监督的劳动改造中，心情是非常郁闷和压抑的。科学实验无法做了，他就不停地看书学习。

一个偶然的机会，童第周发现毛泽东主席过去在接见科技界人士时曾说过“生命和细胞的起源要研究一下”这样的话，所以他便向上级提出了研究“细胞起源”的课题申请，但上级只给政策不给钱，同意他做研究，但所需经费要他自己想办法解决。此时，所里的人大多还在外面“闹革命”或接受劳动和思想改造，看着一片萧条的实验室，又得不到经费支持，童第周不觉灰心起来。但叶毓芬却极力鼓励他做，知夫莫如妻，叶毓芬知道，丈夫是个工作狂，没工作做是他最痛苦的事，而一旦有工作可做，他就会全身心地投入其中，多少可以缓解一下他心中的苦闷。

为了解决经费问题，童第周想到了与医院联合搞研究的路子，因为此前他在国外杂志上看到一些用核移植或细胞融合技术获得杂交细胞做肿瘤免疫的试验。例如，1960年，金（King）和麦金内尔（Mckinnell）等在两栖类动物细胞中移植肿瘤细胞核（属核细胞技术，把一个细胞的核移入另一个已事先去掉核的细胞中，以前者的细胞核和后者的细胞质组成一个新细胞），以观察它们的发育能力。[①]1969年，沃特金斯（Watkins）和陈（Chen）又用肿瘤细胞与其他正常细胞合并（属细胞融合技术，两个以上的细胞合并成一个细胞或一个多核细胞）的方法，以研究这种杂交细胞对肿瘤的免疫能力。他们先将田鼠细胞和Ehrlich腹水肿瘤细胞合成杂交细胞，再将这种杂交细胞注射到小白鼠腹腔内，然后再给这些小白鼠接种Ehrlich腹水肿瘤细胞。实验目的就是为了搞清楚注射过这种杂交细胞的小白鼠是否能在体内产生肿瘤免疫，降低肿瘤的发病率。实验分5组，每组5鼠，每鼠注射100万个杂交细胞。10天后给他们接种Ehrlich腹水肿瘤细胞，第一组每鼠注射100万个Ehrlich腹水肿瘤细胞，每二组10万个，第三组1万个，第四组1千个，第五组1百个。结果25只小白鼠中有16只没有发生肿瘤，存活了下来。正常小白鼠接种10个Ehrlich腹水肿瘤细胞大概就会有一半发病死于肿瘤，而按照这个实验数据，注射过这种杂交细胞的小白鼠

① 童第周等：《以移殖肿瘤细胞核研究肿瘤免疫的初步报告》，载《童第周文集》，第576页。

平均注射10万个Ehrlich腹水肿瘤细胞才会有半数的发病率，免疫力增加了约1万倍。30天后，他们又给这16只活下来的小白鼠每只注射了10万个Ehrlich腹水肿瘤细胞，结果它们还是抵抗住了，未因发生肿瘤而死亡。[①]童第周认为这是一个很有发展前途的科研思路，因为肿瘤是现代社会的多发病，但至今都没有良好的医疗方法，成了人人谈虎色变的绝症。如果通过细胞核移植和细胞融合技术产生的杂交细胞，能成为预防肿瘤的疫苗，那真是福泽苍生的千秋伟业了。为此童第周一趟趟地跑医院沟通，功夫不负有心人，北京医学院等医院从他的论述中看到了这个课题的光辉前景，同意合作研究，童第周由此成为国内将核移植和细胞融合技术研究应用到肿瘤防治上的第一人。

核移植技术童第周已相当熟悉，此前他已做过许多核移植实验，但细胞融合技术是20世纪60年代才出现的新技术，而且国外文献中也只有零星报道。没办法，童第周只能参照着文献自己摸索着干。童第周一直非常注意阅读外文资料，以便及时了解最新的科技动态，因此他经常去外文书店购书，与书店经理相熟后，经理常为他预留新版的生物学著作，供他选购。"文化大革命"期间，许多珍贵的书籍资料都被迫处理掉了，但从"牛棚"出来后，他又成了外文书店的常客，马上着手自费订购外文书刊。

1970年刚开始时，只有他们夫妻俩，什么工作都得自己干，甚至实验用的小白鼠，也要自己配饲料饲养。但叶毓芬却"乐此不疲"，为的只是丈夫能开心点，能在工作中找到点乐趣。后来，一些陆续回来的同事也开始加入他们的工作，工作进程由此加快。

他们的实验分核移植技术和细胞融合技术两块进行，以大白鼠Walker癌肉瘤为对象，1972年已得到了初步的结果，并写成《细胞抗癌免疫试验——融合细胞和移核细胞》一文，发表于《北京肿瘤通讯》1972年第2期。这两块的实验都证明：这种肿瘤杂交细胞（包括移核细胞和融合细胞）的抗癌免疫作用，不是某一肿瘤的特殊现象，而带有普遍意义。所以用肿瘤杂交细胞配合其他治疗方法，应该会有良好的效果。如在外科手术、放射治疗或化学治疗后，肿瘤

---

① 童第周：《融合细胞》，载《童第周文集》，第618页。

细胞大量减少的情况下，可以用肿瘤杂交细胞来消灭残存或扩散的肿瘤细胞。虽然从实验数据看，效果还不是很理想，但他们认为如果改进技术或解决好实验中的一些问题，免疫效果应该还会更好些。

因此，他们没有停下探索的步伐，1973年继续实验研究，工作仍分核移植和细胞融合两块进行。

在核移植这块工作中，他们将大白鼠Walker癌肉瘤细胞核移植进两栖类动物蟾蜍的受精卵中，用这种移核细胞发育出的囊胚或原肠胚的细胞为免疫制剂，以观察和研究这种免疫制剂对肿瘤的免疫能力。实验结果表明：实验组被事先注射了这种免疫剂的46只鼠中，在注射大白鼠Walker癌肉瘤细胞后，有28只存活，占总数的61%，18只长出了肿瘤而死亡，占总数的39%。28只存活鼠中，未长瘤的有12只，长后消失的有16只。而没有注射过这种免疫制剂的47只对照组实验鼠在注射肿瘤细胞后，只有14只存活，占总数的29.8%，33只发生肿瘤死亡，占总数的70.2%；14只存活鼠中10只未长瘤，4只长后消失。①

在细胞融合这块工作中，他们曾试着将人类的各种癌细胞（如肾癌、膀胱癌、直肠癌、胃癌、肝癌、肺癌、血癌细胞等）与正常的细胞（如小白鼠的脾脏细胞或鸡的红血球）进行融合，都成功地得到了所需的杂交细胞。

他们还把Wistar大白鼠的Walker癌肉瘤细胞与鸡的红血球融合而成的肿瘤杂交细胞，用福尔马林固定后作为免疫剂，在每只大白鼠腿上注入50—70克。经3次定时注射后，接种Walker癌肉瘤细胞。结果在68只实验鼠中，有10只发生肿瘤死亡，占全数的14.7%，58只存活，它们或未发生肿瘤或发生后消退，占全数的85.3%。而对照组（未经免疫注射，直接接种癌细胞）则全部都长了肿瘤，其中13只存活，占全数的19.1%，55只死亡，占全数的80.9%。死亡鼠的存活日期，实验鼠平均约30.5天，对照组约23.7天。②

实验结果再次表明这两种方法合成的杂交细胞（免疫制剂）对肿瘤免疫都有一定的效果。但免疫力的大小与注入杂交细胞的数量和接种癌细胞的数量有

① 童第周等：《以移殖肿瘤细胞核研究肿瘤免疫的初步报告》，载《童第周文集》，第576页。

② 童第周，叶毓芬，史瀛仙：《肿瘤杂交细胞的抗癌免疫试验》，载《童第周文集》，第637页。

密切的关系，杂交细胞数量大，免疫力就强，反之免疫力就弱。

核质杂种鱼

1971年，童第周看到实验室下放到“五七”干校和中小学校的人员陆续回来了，于是决定重新开始鱼类细胞核移植实验。但工作的方向做了改变，原来做鱼类细胞核移植实验，主要是为了从理论上论证细胞的核质关系和细胞质在遗传中的作用，属基础理论研究，现在为了响应政府“抓革命，促生产”的号召，他们与一些水产研究所合作，在食用鱼类中进行细胞核移植的研究，以期获得改良的鱼类品种。有性繁殖中，不同种之间是不能产生后代的。但童第周在以前的核移植试验中却发现，如果细胞核和细胞质的品种配合得当，是有可能产生“核质杂种”的。如果这种核质杂种试验成功，将为渔业和畜牧业育种开辟一条高效、快捷的育种新途径。

对童第周来说，虽然他的研究优势和研究兴趣一直在基础理论上，但他从没有因此看不起应用科学的研究。相反，他一直相当关注应用科学。他常说：“基础科学和应用科学二者不可偏废，既要搞直接结合生产实际的研究，又要搞基础理论包括有些暂时不能结合生产实际的研究。基础是研究自然规律，如果不掌握基础理论，应用科学就没有‘根’，知其然而不知其所以然，就不可能超过世界先进水平，只能跟在人家后面跑。既要考虑到目前的问题，也要考虑到长远的问题。”[①]20世纪50年代，他任中科院青岛海洋研究所所长时，就提倡和主持了许多这方面的课题，如海洋经济生物的驯化养殖、有害动物的防除等，取得了对生产实践具有重大意义的成果。此前他又将核移植技术和细胞融合技术应用于肿瘤防治。现在，他的核移植技术有可能为人民培育出品质更好、产量更高的鱼种，他是非常期待的。

因此，1971年课题立项后，童第周便带着严绍颐和杜森等人，分别到河北、湖南和广西、广东、东北等地做实地调查，研究各地鱼类的养殖及生长情

---

① 童夙明：《忆父亲童第周二三事》，载《童第周》，第128页。

同样条件下饲养6个月，鲤鲫核质杂种鱼（上）比鲤鱼（下）生长速度快20%。

况，最后决定与武汉水生生物所、沙市长江水产研究所和广西壮族自治区水产研究所三家单位合作，组成课题协作组。

当时，童第周夫妇不顾年老体弱，亲自到各研究所指导、参加实验工作。他们将鲫鱼细胞核移至鲤鱼去核卵细胞中，将草鱼细胞核移至鳊鱼去核卵细胞中，鲤、鲫同为鲤亚科，但不同属，鲤为鲤属，鲫为鲫属，因此这种实验相当于不同属动物之间的异种克隆。这些实验的难度都比较大，许多因素都会影响实验的成败，如卵子的成熟程度、提取细胞核的时机、注射细胞核的部位和时间、技术人员操作的熟练程度和进行核移植的两种鱼的配合度等。

1973年，他们获得了第一批鲤鲫核质杂种鱼（亦称移核鱼），是由鲤鱼囊胚的细胞核移植到鲫鱼的去核卵细胞内获得的，成功率为3.2%，这些鲤鲫核质杂种鱼的口须和咽喉齿像鲤鱼，侧线鳞片数介于二者之间，椎骨数接近鲫鱼，说明椎骨数的基因来源于细胞质。

不久，武汉水生生物所因为承担了另外的研究任务，退出了此项协作工作，但广州珠江水产研究所、无锡淡水研究中心和浙江淡水水产研究所相继加入了合作行列。童第周本人因1973年以后开始与美籍华人牛满江进行遗传学方面尖端课题的合作研究，无暇再去各实验基地从事核质杂种鱼的实验，但他仍领导着这个项目的工作，一直到1979年去世。以他为主撰写的《硬骨鱼类的细胞核移殖——鲤鱼细胞核和鲫鱼细胞质配合的杂种鱼》一文，1980年发表于《中国科学》第4期，表明中国已成功克隆出了具有“发育全能性”①的克隆鱼，这是这个项目在全世界的首次报道。

① 指该核质重组卵能发育为性成熟并能繁殖后代的个体。

童第周去世后，他的同事们仍坚持工作，一直合作研究到1990年第八个五年计划才结束，为中国的鱼类养殖业培育了一批高产优质的核质杂种鱼。如鲤鲫核质杂种鱼，既有鲫鱼的鲜美味道，又有鲤鱼的大个头。广西南宁营养研究所曾对鲤鲫核质杂种鱼做过营养分析，表明其肌肉蛋白质含量比鲤鱼高3.78%，脂肪含量比鲤鱼低5.58%。在四川双流县做的养殖鉴定则表明：鲤鲫核质杂种鱼的生长速度比鲤鱼快，而且可以繁殖后代。鲤鲫核质杂种鱼繁殖出来的种苗，曾在北京、四川、湖北、湖南、广西、唐山等地区推广养殖，受到群众的欢迎。中国农业电影制片厂还特地拍摄了一部有关鲤鲫核质杂种鱼的科教片，并获得了1986年国际科普影展金穗奖。

童第周开创的鱼类同种和异种细胞核移植技术（即克隆技术），不仅探讨了细胞核和细胞质在发育和分化上的相互关系，而且利用此项技术，服务于医疗和渔业生产，为培育新的动物物种找到了一条新途径。

第六章　老骥负重在征途

第一个中美科研合作

1971年7月9日至11日，周恩来总理在北京秘密会见了美国总统特使、国家安全事务助理基辛格。1972年2月21日至28日，美国总统尼克松应中国政府之邀，正式访华，毛泽东主席会见了尼克松，周恩来则同尼克松就两国关系正常化及双方关心的其他问题进行了开诚布公的讨论，达成了初步的共识，并于28日在上海发表了《联合公报》。对抗了20多年的中美两国，关系终于开始走向了正常化。双方声明：两国关系走向正常化是符合双方利益的，并同意发展科学、技术、文化、体育、新闻等领域的联系和交流，逐步发展两国之间的贸易。这是新中国外交史上一个标志性的事件，表明了中国走向开放世界的决心和诚意。

这一切，使任职于美国费城坦普尔大学生物系的美籍华裔教授牛满江激动不已。牛满江（1912—2007）出生于河北省博野县，1936年从北京大学生物系毕业后留校工作，1944年赴美深造，1947年获得美国斯坦福大学博士学位，从此定居美国。新中国成立后由于中美紧张的关系，他一直无法回国看望家人。此时，经过努力，他终于可以回国探亲了。

1949年春，童第周从美国回国途经旧金山时，顺道访问了斯坦福大学。因为在美国耶鲁大学生物学系奥斯本实验室（Osborn Laboratory）做客座研究员时，那里的哈里森教授曾向他介绍过这所学校有关生物学研究的一些情况。这次访问，他结识了在此任教的哈里森的学生特威蒂（Victor C.Twitty）教授和他的学生牛满江。因为都是中国人，牛满江还在家里宴请了童第周。童第周是我国实验胚胎学的奠基人之一，此时已是中央研究院院士，因此牛满江很敬重他，且童第周年长他10岁，所以他尊称童第周为老师。牛满江曾诚挚地谈道：“我所以称他为老师，是因为他高尚的胸怀，渊博的学问，一心致力于科研事业，无私忘我的精神。他虽然没有在课堂上教过我，但是他的身教胜过言教，使我深受教育，我尊重他，所以称他作老师。”①

1949年童第周和牛满江在旧金山分别后，由于国内和国际形势的变化不定，牛满江和童第周逐渐断了联系。不过他偶尔仍能从学界听到一些童第周的消息，知道他一直在坚持实验工作，并取得了不少的成绩。这次回国除探亲外，他最大的愿望之一就是能见到童第周，看看他这些年到底在做些什么。

1972年春天，童第周因过度劳累，心脏病发作。在学生严绍颐的极力争取下，单位安排他们夫妇俩到北京市郊的小汤山疗养院休养。休养期间，童第周得知牛满江将来动物所访问，就匆匆结束了休养，赶回实验室做接待准备。他要把实验室和以往的工作好好整理一下，因为这不只是他个人的面子，也是国家的面子。而且牛满江当时正在进行的研究课题——细胞质内所含的核糖核酸（RNA）能否决定或影响细胞特异性分化，童第周也颇感兴趣。因为童第周的核移植实验只证明了细胞质对遗传是有作用的，但细胞质中成分复杂，到底是哪些成分在起关键作用呢？童第周很想搞清楚这个问题，为此他还一度指派学生严绍颐专攻实验胚胎学中有关化学机制方面的研究。何况，核糖核酸的研究属于分子生物学，当时中国与世界科学界已脱节太久，国内对分子生物学非常陌生，童第周也想借此机会将分子生物学引入中国。

1972年8月，牛满江到达北京。在访问了北京大学后，在中科院外事部门的工作人员陪同下，牛满江来到了中科院动物所。动物所安排了15名专家同他会面，其中有他认识的童第周、陈世骧、张致一、朱弘复、王昆仁等教授。大

① 童时中：《童第周的治学为人之道》。

家重叙友情，讨论学术。接着在中国医学科学院礼堂，由童第周主持，请牛满江作了一场有五六百人参加的学术报告会，报告的主题是“核糖核酸的生物学功能”。核糖核酸是牛满江的研究重点，早在1953年他就发表了有关核糖核酸诱导功能的论文，引起了世界生物学界的重视。①后来，童第周又请他在动物研究所图书馆作了一场专业性较强的小型学术报告。

牛满江参观了童第周等人用鱼类所做的各种核移植试验，尤其是不同鱼种之间的核移植（即异种克隆）试验后，非常兴奋，因为这是非常有学术意义的，由此可确定由核移植细胞发育而成的“新种”身上，哪些特征是由细胞质决定的。

牛满江探亲返美后，立即给童第周等友人驰书报安，童第周于9月28日回信：

满江教授：

得来书，知已平安抵家，很高兴！

嫂夫人和家人们正等候您从祖国带回的佳音，抵家相见，一定欢乐万分。

这次回国，一方面见到了三十七年不见的老母亲和姐弟及亲戚，实现了您的愿望，同时也安慰了您老母亲和姐弟等多年来对您和您的家庭的思念。另一方面，亲自见到了我们的祖国，在毛主席和中国共产党的领导下，推翻了两千年来的封建制度，消灭了百年来殖民地的余毒，建立起伟大的社会主义祖国，这一史无前例的人类社会的大变革，正如您所说的，这次旅行情绪很高，收获很大。希望一两年后有机会和您的夫人及家人再来看看祖国的发展情况。

您的实验工作大家都很感兴趣，也认为很重要。有许多观点，我们基本上相同。希望您不久的将来，在研究上取得更大的成就。

---

① 牛满江的主要成果就是通过核糖核酸诱导来攻克癌症。但他做的实验别人无法复刻并得到相同的结果，国外学界对此已有较多质疑，但由于中国与世界隔阂太久，当时国内并不清楚这些情况。

> 国际上科学技术的交流，我国现在还没有很好开展，我想不久将会发展起来。那时候怕要麻烦您的地方很多。这次华盛顿的学术会议①，承您邀请我们参加，很感谢。预祝会议成功，并希望您的报告取得胜利！②

1973年元旦，牛满江向童第周提出了合作的请求：“在参观实验室后，就想合作，但不好意思提出，现在正式提出。”③当时牛满江做了两手准备，先邀请童第周到美国费城坦普尔大学做访问研究，一切费用由他筹划解决，如果童第周不能赴美，就由童第周邀请他来北京合作研究，但考虑到国内的政治因素和相对简陋的实验室条件，他认为第二个计划几乎没有实现的可能。

之前，另一位知名度极高的美籍华人生物学家也想和童第周合作，但因为童第周当时最关注的是如何在中国开展分子水平上的生物学研究，因为他知道这将是生物学研究的一个方向，他不希望中国在起跑线上就落后，因此一直希望能寻找一位合适的生化方面的学者合作。牛满江在这一点上是符合童第周要求的，但鉴于当时的政治形势，他对此也没敢抱什么希望。只是按规定向上级作了汇报，把牛满江的来信交给了中科院动物研究所，由所转中科院院部再转中央。但不久就得知周恩来总理对此已经首肯，这简直就是“奇迹”。

当时“文化大革命”虽然尚未结束，但中央的对外政策已经开始松动，特别是对美国的外交政策正在积极改善中，乒乓外交④是个典型事例，童、牛合作在某种意义上可视为乒乓外交在科技界的翻版。童、牛两人无意间撞上了这个“大运”，得以做成一些学术上的事。

中央最后决定，以童第周个人名义邀请牛满江来华合作研究，来回路费由牛满江自理，到中国后，由中方招待。实验结果由两人共同署名发表，但童第周的名字要排在前面，而且文章只能在中国发表。牛满江对此表示同意。

---

① 指1972年12月在华盛顿召开的一个国际核酸会议，牛满江是主持会议者，第一负责人。

② 李佑华：《生命奥秘的探索者——牛满江》，中国农业科技出版社1988年版，第140页。

③《童第周：追求生命真相》，第38页。

④ 1971年4月7日，在中美两国之间互不往来22年之后，中国决定邀请美国乒乓球队来华访问，这是打开中美交往大门的一次历史性事件，促进了两国关系走向正常化。

1973年4月17日，童第周给牛满江发了一封正式的邀请电报，邀请牛满江和夫人张葆英教授于5月1日到北京进行合作研究，并且说明中科院已批准拨款15万美元为童第周实验室添置设备，以示支持。

事情能有如此结果，牛满江、张葆英夫妇大喜过望，但一算行期，实在过于紧迫，无法践约。于是在4月21日发了一封回电，要求延期至6月1日抵京。童第周回电，请他们尽量设法在5月15日之前到达北京，因为金鱼的产卵期不等人。

按照中美上海公报，中美互设联络处，中国驻美联络处主任是黄镇，美国驻华联络处主任是大卫·布鲁斯（David Bruce）。布鲁斯按计划于1973年5月15日抵京，为赶时间，牛满江夫妇搭乘了布鲁斯的专机。这一天，北京晴空万里，机场上，欢迎的人们翘首仰望着一架巨大的银色波音707徐徐降落。机舱开处，布鲁斯主任和夫人缓缓走下飞机。紧接着，牛满江和夫人也下了飞机，他们还随机带来了许多必要的实验仪器和药品。站在机场上迎接老友的童第周夫妇满脸笑容地迎了上去，同他们亲切、热烈地握手。

由于牛满江在美国仍有教学任务，必须于8月底前返美，所以双方的合作时间暂定为每年4个月。

童鱼出世

童第周和牛满江的这次合作研究，在科研水平上比以往的核移植实验又提高了一大步，核移植实验主要要解决的问题是细胞核和细胞质的关系以及细胞质是否也具有遗传功能，这个实验要解决的问题则是信使核糖核酸（mRNA）是否就是细胞质中具有遗传功能的一种物质。

他们设计的具体实验程序是：提取鲫鱼精巢（即睾丸）细胞、肝细胞细胞核中的脱氧核糖核酸（DNA）和成熟卵子细胞质中的mRNA，用类似于细胞核移植的技术分别注射到金鱼的受精卵内，观察由此发育成的胚胎和成鱼是否会引起遗传性状上的变化。因为鲫鱼和金鱼虽属同种（金鱼由鲫鱼驯化而来，可视为鲫鱼的一个品种），但形态大不相同，性状变化上易于区别。注射取自细胞质的mRNA是他们此次实验的根本目的，注射取自细胞核的DNA只是附带而做的参照实验。

童第周和牛满江把实验人员分为二组：牛满江、史瀛仙等六七人组成一组，负责提取、纯化和鉴定鲫鱼的DNA和mRNA，童第周夫妇及牛满江夫人张葆英等七八人组成一组，负责将鲫鱼的DNA和mRNA注入金鱼受精卵内，并观察分析结果。

每天天刚亮的时候，工作人员就来到鱼缸旁守候。当看到雌雄金鱼开始追尾（即雌雄鱼交配前互相追逐求爱的过程，专业上称为追尾）时，就用小网把它们捞出，雌、雄分开，放在两个提桶里，带回实验室。然后，他们用手轻挤雌鱼腹部，促其排出鱼卵，加入稀释的雄鱼精液后，这些鱼卵很快就能受精。注射组成员会把这些金鱼受精卵分成两组，用比绣花针还尖细得多的玻璃注射针，从另一组送来的器皿中，汲取一点从鲫鱼细胞中提取的DNA或mRNA液汁，分别注入两组金鱼受精卵中。这样一干就是几个小时，他们连歇一口气的工夫也没有，因为制备核酸需要4℃以下的低温，每个人还不得不穿上笨重的老棉袄。

双尾金鱼（左）和单尾金鱼（童鱼）

辛勤的耕耘获得了可喜的成果。这一年的实验结果进展顺利，注射过DNA和mRNA的两组金鱼受精卵都成功地发育出了变异金鱼，单尾鳍出现的频率明显增高，而单尾鳍正是来自鲫鱼的性状。经过反复观察、核实，注射过mRNA的金鱼受精卵孵出的320条小金鱼中，有106条（占33.1%）由金鱼的双尾变成了鲫鱼的单尾，即遗传了鲫鱼的性状，而没有做任何注射的对照组中，因返祖现象而自然变成单尾的金鱼只有3.2%。[①]这个结果不仅再次证实了摩尔根学派关于细胞核中DNA的遗传功能，而且首次证实了细胞质中的mRNA也有遗传功能，两者均能诱导金鱼发生遗传性状上的变异。

1973年10月9日的美国《纽约时报》和10月11日的中国《人民日报》，均

①《生命奥秘的探索者——牛满江》，第148页。

专题报道了他们的实验成果，《中国科学》也在10月刊上发表了他们的研究成果。消息传出，世界震动，连英国皇家科学院的《大英百科全书》也刊印了这种变异金鱼的照片。通过注射鲫鱼mRNA而得到的这种单尾金鱼，是克隆技术在核移植之后的又一次突破，创造了细胞遗传学上的奇迹。

但对于这种大张旗鼓的宣传，童第周却感到了深深的忧虑和不安，常沉思低语："我要倒霉了。"这一方面是因为童第周生性不喜出风头，甚至在晚年还一再诚恳地表示："我现在迫切希望不要把我宣传得太多。"[①]另一方面也是因为多年的政治风波让他心有余悸。

但童第周还是很愿意与老友们分享这份快乐的。他用玻璃缸装了一条变异金鱼送给著名画家吴作人。吴作人与童第周相识于比利时，当时童第周在比京大学学习实验胚胎学，吴作人则在比利时皇家美术学院学习绘画。此时的吴作人还是一个受批判的"反动"画家，童第周的登门，让他又激动又温暖。在了解了这种鱼伟大的科学意义后，他为老友感到骄傲和自豪，于是欣然提笔，为老友画了一幅"睡莲金鱼图"。画面上，五条形态活泼的金鱼在莲塘中嬉戏，游在最前面的一条就是这种变异鱼，朱身单尾鳍，形状奇特，吴作人戏称其为"童鱼"。

1977年7月，著名诗人赵朴初应吴作人夫妇之请，为此画题诗曰：

异种何来首尾殊？画师笑答是童鱼。
他年破壁飞腾去，驱遣[②]风雷不怪渠。
变化鱼龙理可知，手提造化出神奇。
十年辛苦凭谁道？泄露天机是画师。
当年二妙索题诗，自恨疏慵两载迟。
今日对图惊盛业，知公有以遣悲思。

这首诗在公开发表时，后面还加了这样一条注："第周教授，以金鱼卵注入

①《童第周：追求生命真相》，第39页。
② 有些版本"遣"作"逐"字。

鲫鱼信使核糖核酸，产生新种，金鱼其首而鲫鱼其尾，证明细胞质对遗传特性之影响。作人戏名此鱼曰童鱼。”[①]诗中“二妙”，指吴作人、萧淑芳夫妇，两人均为著名画家。

硕果累累

转眼到了1974年的夏季，1973年繁殖的那些“童鱼”中，有些已长成成鱼，并能产卵了。于是童第周和助手们用这种“童鱼”作配种实验，让它们自交，观察孵出的小鱼的尾型是否仍能保持变异后的单尾形状。实验结果显示：680条由“童鱼”自交生出的小鱼中，双尾的396条，占58.2%，单尾的113条，占16.6%，另有156条呈变异单尾（即不是很明确的单尾）状态，占23%，如果把单尾和变异单尾算在一起，就占到39.6%了。[②]这个实验数据足以说明：这种由细胞质中的mRNA诱变所产生的单尾鳍性状能遗传给它们的子代。1974年，牛满江虽未得中科院的邀请，但接受了香港大学的一个邀请，去那里作学术报告。完成香港的工作后，他以探亲的名义自费来北京与童第周见面，因此也参与了这个课题的工作。

当牛满江提出1975年继续来华合作研究的申请时，中科院仍有人表示反对，但此时负责中科院工作的周荣鑫非常理解合作研究的意义，于是与外交部副部长马文波联名写报告给中央，认为两人合作的项目是国际一流的科研项目，能为祖国争光，国家应给予三至五年的支持。报告得到中央的批准，牛满江于1975年顺利来华。

1975年5月12日，童第周、龚坤元等有关人员，与牛满江夫妇一起商讨了当年的研究计划和工作日程，中方提出了三项内容，牛满江在此基础上又增添了两项，共确定了以下五项实验计划：

（1）将鲫鱼卵巢的mRNA和睾丸（或肝脏）的DNA，分别注入金鱼受精

---

①《探索生命奥秘的人——生物学家童第周》，第104—105页。

② 童第周、牛满江：《由核酸诱导所产生的单尾鳍金鱼的子代》，载《童第周文集》，第621页。（此文原载《中国科学》1975年第3期。）

卵，观察其发育的小鱼性状的变异。

（2）用放射自显影方法，研究注入金鱼卵的mRNA的作用途径（其中超薄切片方法改用基因定位方法）。

（3）测定金鱼卵内有无逆转录酶活性的实验。

（4）将鲤鱼卵巢、肝脏的mRNA及睾丸的DNA分别注入金鱼受精卵，观察其发育的小鱼性状的变异。

（5）金鱼反交实验，观察其后代的变异情况。①

这是硕果累累的一年，他们不仅圆满完成了既定目标，而且取得了丰硕的科研成果。

首先，他们以鲫鱼和金鱼为材料，重复了1973年注射mRNA的试验，获得了肯定的结果，证明了1973年的实验是可以重复的。

其次，为了进一步证实并发展mRNA的诱导变异作用，他们提取并部分纯化鲤鱼卵巢内成熟卵细胞质中的mRNA，把它们注入不同品系的金鱼受精卵。鲤鱼系鲤科鲤属，金鱼系鲤科鲫属，两者不同属，因此在难度上大大高于同种的鲫鱼和金鱼之间的实验。设计这个实验的目的：一是为了了解鲤鱼卵的mRNA对金鱼尾鳍是否也有同样的作用；二是为了了解不同品系的金鱼对鲤鱼卵mRNA的反应是否有差别。实验结果显示，孵化出来的小金鱼中，有22.3%是单尾的。此处单尾表现的是鲤鱼的性状。未注射mRNA的对照组中，仅有5.7%因返祖现象而呈单尾。②把鲤鱼mRNA注射到金鱼受精卵中，在孵化出来的小金鱼中也能得到如此高比例的单尾金鱼，这种现象说明，即使在不同属的动物之间，mRNA对发育、遗传的诱导作用也是很明显的。但是，这种诱导作用低于鲫鱼卵mRNA对金鱼尾鳍变异的诱导作用，如前所述，鲫鱼和金鱼之间的单尾率高达33.1%，而此次鲤鱼和金鱼之间的单尾率则只有22.3%，这种差异可能是由于mRNA的来源不同所致，毕竟前两者之间为同种，而后两者之间不仅不同种而且不同属。

---

① 中国科学院外事局接待组：《接待美籍生物学教授牛满江夫妇简报》，1975年5月30日第一期，第2页，保存于中科院档案馆。

② 童第周等：《鲤鱼卵信使核糖核酸对金鱼尾鳍变异的作用》，载《童第周文集》，第641页。

其三，初步测定了金鱼卵内存在着逆转录酶的活性，为进一步证明mRNA的作用机理，打下了基础。测定逆转录酶活性的实验目的，据牛满江说，如果找到逆转录酶，我们就可以合成mRNA和DNA"，"如果这两种合成的核酸具有功用的话，那每一项在世界上都是第一份"，因为"到目前为止，还没有一个合成的核酸是有功用的"①。

1976年，他们继续进行合作研究。这次他们加大难度，准备在不同纲的动物之间进行诱导变异实验，目的是要了解不同纲之间核酸是否也有诱导尾鳍变异的作用。不过这次用的不是细胞质中的mRNA，而是细胞核中的脱氧核糖核酸（DNA）。

虽然童、牛合作成果不断，但对于牛满江，质疑声一直存在。比较尖锐的批评主要来自学界同行。②

但在这些质疑声中，大家几乎都没有"指责"童第周。因为合作研究时，生化方面的实验操作就是由牛满江负责的。例如初次合作，牛满江那组是负责提取和纯化DNA和mRNA的，而童第周这组是负责将牛满江组提取和纯化好的DNA和mRNA注入受精卵内，并观察分析结果的，而质疑的源头恰恰就是提取的DNA和mRNA的纯度问题，因此需对实验结果负责的是牛满江而非童第周，"由于童第周多年来一直从事胚胎发育、细胞等方面的研究，生物化学知识不多，生化实验更没搞过。该组内青年同志也没有搞过mRNA的提取工作。所以，实验中提取mRNA部分都是牛满江一个人安排的"③。又如1977年童、牛合作的重点是在实验中寻找变异生化指示物，结果，"经淀粉胶电泳证明，用卵信息

① 中国科学院外事局接待组：《接待美籍生物学教授牛满江夫妇简报》，1975年7月14日第三期，第6页，保存于中科院档案馆。

② 2012年中国科学院出版专辑《牛满江与中国科学院》，较集中地反映了对牛满江的各方意见。此外公开发表的还有：邹承鲁：《开展百家争鸣，促进我国科学事业的繁荣》，《自然辩证法通讯》1980年第6期（未点明的批评）；熊卫民：《樊洪业先生的成就和遗憾》，《南方周末》2020年9月6日（提到1981年《自然辩证法通讯》杂志社编辑樊洪业组织了几篇由国内外著名生物学家撰写的稿件，来批评手眼通天的牛满江）；饶毅：《邹承鲁：善者好之，不善者恶之》，《科学文化评论》2007年第4卷第2期；饶毅：《触目惊心的海不归牛满江》，《新语丝》2012年12月14日。等等。

③ 中科院院部档案1974-029-0001-0002，《关于动物所与牛满江合作工作中提出的一些问题建议调查事》。

核糖核酸（mRNA）和肝脏信息核糖核配注射过的金鱼肝脏提取物的LDH图谱……在阴极增添了一条中间带”，在发表于《中国科学》1978年第1期的论文中，他们断言“鲤鱼卵mRNA含有一种有关肝脏发育的成分”[①]。这个结论应该主要是由牛满江得出的，因为这篇文章的第一作者是牛满江。他俩以前的所有合作论文的第一作者都是童第周，这是当初合作协议里规定的，但这次却以牛满江为第一作者，这意味着这些偏生化的实验已由牛主导。

现代生物学的发展日新月异，即使今天的成果已经证明童、牛当年的科研结论是存在问题的，但就像饶毅说的，科学研究不怕错。通过实验证明错了，亦有科学价值，因为这种试错至少能让后来者少走弯路，正所谓“失败乃成功之母”也。因此，不管实验结果的对错，对老一辈科学家在科学道路上的探索和努力，我们仍要献上最诚挚的敬意。最可怕的是为了名利人为造假，这是学术研究中不能原谅的“恶”，从来以实事求是为科研准则的童第周，如果知道有人故意造假，一定会是第一个跳起来痛骂的人。学术争论之外，在当时特殊的历史条件下，牛满江作为中美两国科技合作的第一人，是具有开局和引领之功的，“童第周与美籍科学家合作的意义不在于如何评价他们的实验成果，而在于冲破了那时对国际科技交流设置的重重障碍”[②]，在促进政府改善当时科研人员的待遇、[③]引进先进仪器设备和科研方法、促进中美科学家的交流、促成年轻科研人员赴美进修、促成洛克菲勒基金捐助筹建“发育生物学研究所”等方面，牛满江的功劳值得我们铭记在心。

---

① 牛满江、童第周：《高等生物的遗传控制——信息核糖核酸对肝脏特异性同工酶的诱变作用》，《中国科学》1978年第1期。其英文稿亦以牛满江为第一作者在1977年发表。

②《南海路7号：海洋科学界的陈年旧事》，第102页。

③ “70年代，牛满江曾经推进中美学术交流。在特定时代，作出了一定贡献。现代青年不能理解，那个时代，童第周那些国内科学家常被批判，扫厕所不算惩罚而是劳动。全国很多大学和研究所，没有清洁工，是老师和学生打扫。牛满江的到来，有助于改善童第周等境遇，起码少扫几次厕所。好像牛满江说的一些话上了文件或者《参考消息》，如：科学家不应该参加大扫除，费了老大的训练不应该扫厕所。而各地的大学老师、科研人员用这种话去壮胆，还常常不成功，但有个‘美籍华人’在上面说些话，也是莫大的欣慰。”（饶毅：《邹承鲁：善者好之，不善者恶之》，《科学文化评论》2007年第4卷第2期。）

鸳鸯失偶

1976年1月8日，周恩来总理与世长辞，闻此噩耗，童第周夫妇心情十分悲痛。叶毓芬的心脏病一直比较严重，但那时因为她就诊的医生误诊她的背痛是神经痛，让她采用捶打肌肉的松弛疗法，导致病情日益严重，受此噩耗刺激她更是一蹶不振，于3月11日因心绞痛抢救无效而去世。

风雨相伴40多年，夫妇俩很少分开过，如今一个撒手而去，留下另一个悲痛欲绝。据童第周之子童时中回忆："母亲的去世给父亲带来沉重的打击、无限的悲痛，常见他坐在那里陷入痛苦的深思，他流着泪对我们说，我对不起她，她这几天不舒服，我没有陪她去看病……她工作成绩很出色，但由于我，她却未能升为教授。"[①]20世纪30年代初叶毓芬从中央大学毕业后，在高校和科研单位从事教学和科研工作40余年，有相当的科研成果，论资历和水平，早就应该被评为教授了。20世纪60年代，有个日本代表团到中国访问，指着一本书上叶毓芬的照片，说要见这位著名的科学家（当时形势下未能会见），却不知这位他们眼中的著名科学家只是个副研究员。原因就是童第周一直是叶毓芬所在单位的领导，叶毓芬的晋职材料一次次报到他手里，却一次次被卡下了，童第周把名额让给了别人。在山东大学的时候，叶毓芬就有资格提教授了，但童第周当时是校务委员会负责人，就把她从名单中拿掉了。到北京中科院动物所工作后，副研究员中曾有两个提升研究员的名额，大家都说叶毓芬有那么多论文，这回总该轮到她升了吧，但是任所长的童第周

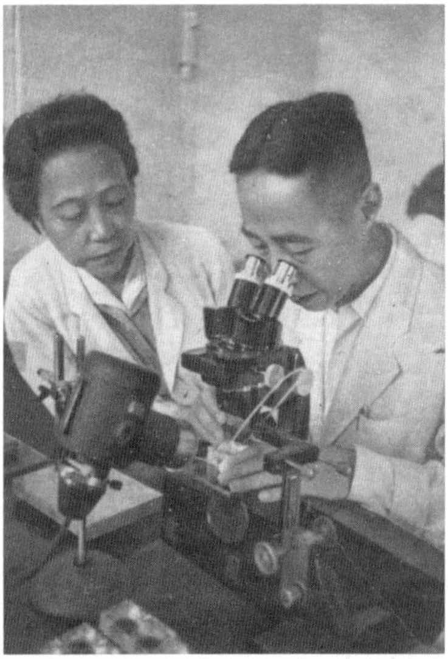

童第周和叶毓芬在观察文昌鱼胚胎细胞

① 童时中：《童第周的治学为人之道》。

又升了别人。

“我要是早点带她到大医院去看看就好了”，这是童第周在叶毓芬去世后常常自责的一句话。因为3月5日那天早上，因病在家休息的叶毓芬听说严绍颐要到广西去出差，生性重情重义的叶毓芬就一个人艰难地走到实验室，嘱咐严绍颐代她向在广西水产研究所工作的学生和朋友们问好，严绍颐连忙应承了，见叶毓芬脸色非常不好，行动迟缓，就劝她赶快回家休息，并一直把她送到了动物所的大门口。下午出差前去向童第周告别时，严绍颐就顺便说了叶毓芬的情况，劝老师早点回去陪陪师母。童第周当时认为自己不是医生，在家陪着也治不好她的病，但严绍颐认为有亲人陪着，至少病人的心情会好些，童第周被严绍颐说动，答应马上就回家去陪陪叶毓芬。童第周正准备回家，家里的电话就到了，叶毓芬病危。童第周急忙赶回家，情急之下，靠家中的保姆和一个邻居的帮忙，才七手八脚地把叶毓芬送进了附近的中关村医院。童第周放下所有的实验工作，在医院里守着妻子，看着叶毓芬苍白的面容，他才意识到一向坚强能干的妻子已是一个衰弱的老人。

叶毓芬与童第周在性格上属于互补型，童第周性格内向，不爱讲话，一心放在工作上，不考虑生活，出差时都是由叶毓芬为他整理好行装，平日在家都是叶毓芬给他做饭吃。叶毓芬性格开朗，对人热情，很健谈，整天有说有笑，甚至在晚年还会描眉点唇地化点淡妆，把自己打扮得精精神神，很有女人味。她一辈子乐呵呵地相夫教子，从没有因为繁重的家务影响了自己的科研工作而怨天尤人，几个孩子也培养教育得非常成功，一个个都学有所成。叶毓芬认为在工作和生活上只有分工不同，没有高低贵贱之分，因此与同事、群众的关系也很好。叶毓芬家用保姆，用一个就一直用下去，不会再换，因为她把保姆看作自己家里人一样。

叶毓芬对社会工作也很热心。作为民盟盟员，她很活跃，是山东大学民盟小组的负责人。来北京后，她兼任民盟北京市委宣传部副部长，是海淀区人大代表、第三届全国政协委员。[①]

---

① 田广渠：《童第周加入民盟的经过》。

同时，她又是一位勤奋努力，自尊自强，与丈夫在事业上并驾齐驱的女强人。有人统计，夫妇俩合作的科研论文有29篇，约占童第周主要论文的60%以上，[①]他俩由此被誉称为中国生物学界的“居里夫妇”。他们是相濡以沫的爱人，更是并肩战斗的科研战友。童第周对她的评价也非常高：“她工作非常突出，观察仔细，甲是甲、乙是乙，反复观察。统计也非常仔细，她总是反复计算，以求绝对准确。”[②]

现在，实验室里只剩下童第周一个人了，“但他一直保存着叶毓芬使用过的桌椅和实验用具，每天都要仔细地擦拭一遍，像是等待着妻子安详地走来和自己一起做实验似的”[③]。一个女人，最后能得到丈夫这样的尊重和怀念，她是幸福的。

---

① 刘桓、田广渠：《闪光的足迹——生物学家童第周在青岛》，载《名人传记》编辑部（选编）：《当代中国的智慧之星》，河南人民出版社1993年版，第217页。

②《童第周：追求生命真相》，第11页。

③《山大逸事》，第113页。

第七章　重生的喜悦和生命的遗憾

乔木春华

1976年10月，中共中央公布了粉碎“四人帮”的消息。1977年1月，中央派方毅到中科院主持工作，任党的核心小组第一副组长（郭沫若为组长）。3月，中央批准由郭沫若任院长、党组书记，方毅任副院长、党组副书记，李昌、武衡、胡克实任党组副书记，周培源、童第周、严济慈、华罗庚、钱三强等为副院长，郁文任秘书长。

1977年7月，党的十届三中全会通过了恢复邓小平工作的决议。邓小平复出后，主动要求分管科学教育工作，以此作为拨乱反正的突破口。

但十年浩劫留给祖国的灾难是巨大的。尽管有一大批像童第周这样的科技工作者，在极端困难的条件下，仍然利用一切可能的机会开展科学研究，并且取得了人造地球卫星、氢弹、原子弹、杂交水稻、歌德巴赫猜想、克隆鱼等具有世界先进水平的重大成果，但与国外的距离已无可挽回地拉开。因为这段时间，正是世界上半导体、集成电路、计算机、激光、分子生物学、高能物理、计算数学等新兴学科快速发展的时期。

1977年8月4日至8日，中共中央在北京召开了科学和教育工作座谈会。邓小平在讲话中对我国科学和教育的一系列问题，都提出了拨乱反正的意见，并明确指出：我国要赶上世界先进水平，必须从科学和教育着手。

8月17日，邓小平接见了牛满江夫妇，一见面就给牛满江夫妇吃了一颗“定心丸”：照例邀请牛教授夫妇归来，也及时送走，畅通无阻。党和国家的领导人有了这样一个明确的态度，童第周总算稍稍安了心。彼此交谈甚欢，牛满江还和童第周一起，向邓小平介绍了他们正在与植物所联合进行的试验，他们想要利用生物技术，把大豆的高蛋白基因放进大米里，以提高大米的蛋白质含量，并告诉邓小平，试验所得的稻种已经在云南下种试种了。邓小平听了他们的设想，非常高兴。

枯木又逢春，童第周的心如孩童般欢喜雀跃。有一天，他在宝古斋购买了一幅万上遴的巨幅花木国画，画上有两棵苍健雄伟的高大松、柏，松、柏下则是繁茂盛开的牡丹，题曰“乔木春华”。童第周观画有感，遂作诗曰：“年华现正比乔木，也应逢春开鲜花。且喜壮志老益坚，敢攀高峰窥科学。”[①]童第周在私塾打下的国学功底和在复旦大学打下的哲学功底，使他在专业之外兴趣广泛，特别是1956年定居北京后，他也喜欢逛逛琉璃厂，购买一些价格能接受的字画，也结交了不少画家和诗人。

1978年2月24日，全国政协五届一次会议在北京举行。这次会议是“文化大革命”后召开的第一次全国政协会议。大会通过了新的政协章程和政协第五届一次会议决议，并推选邓小平为五届政协主席，童第周等22人当选为政协副主席。学术之外，童第周又担负起了繁重的参政议政工作，为国家的发展朝夕筹划，呕心沥血。

紧接着的3月18日—31日，邓小平在北京主持召开了全国科学大会，党和国家的领导人都出席了这个盛会。全国科学家代表济济一堂，共商我国科学事业的发展大计，童第周也应邀参加。邓小平在大会上明确提出了“科学技术是生产力”的科学论断，重新审视和确定了党的知识分子政策，在全党、全国形成了“尊重知识、尊重人才”的大好形势，极大地激发了广大知识分子献身祖国现代化建设事业的积极性。大会还褒奖了许多优秀科研成果，童第周的“童鱼”研究成果获科研一等奖，他的胸前戴上了一朵大红花。科学春天的到来拂

①《当代科学家诗文选》，第392页。

去了他心头的忧伤，他拟订了一长串的工作计划，其中最重要的就是把理论研究应用于生产实践，用生物技术为他深爱的人民造福。

更让童第周感到欣慰的是：这一年，他以77岁的高龄加入了中国共产党，实现了为共产主义奋斗终身的心愿，《人民日报》也为此编发了消息《童第周、贝时璋光荣入党》。

12月，党的十一届三中全会胜利召开，进一步提出对外开放和重视科学、教育的方针，指出要在自力更生的基础上积极发展同世界各国平等互利的经济合作，努力采用世界先进技术和先进设备，大力加强实现现代化所必需的科学和教育工作。邓小平指出："党的十一届三中全会对过去作了系统的总结，提出了一系列新的方针政策，中心点是从以阶级斗争为纲转到以发展生产力为中心，从封闭转到开放，从固守成规转到各方面的改革。"①

在这些云开雾散的日子里，童第周和大家一样，意气飞扬，情不自禁地写下了一组激情高昂的诗：

（一）

年华似水向东流，转眼已过七十秋。
壮志未随白发衰，事业岂因"臭九"休？

（二）

英明领袖承遗志，兵不血刃除四仇。
抓纲治国有远谋，期年重振新神州。

（三）

我亦枯木逢春风，意气飞扬与众同。
誓将余生献祖国，共为科学攀高峰。

（四）

高峰仰之不见顶，披荆斩棘敢辞辛？

① 武斌：《世纪中国：光荣与梦想（下卷）》，中国经济出版社2000年版，第129页。

愿与同侪共努力，频向中央报喜讯。[①]

良师益友

从复旦大学毕业后，除在南京和桐庐几个月的短暂工作经历和到比利时的几年留学外，童第周几乎一直辗转于各大院校任教，培养出了庄孝僡、张致一、吴尚勤等一大批优秀的生物科学工作者。1956年调中科院工作后，他通过带助手的形式，培养了严绍颐、史瀛仙、陆德裕等不少学术前沿的高尖端人才。

对教书育人，童第周有着自己独特的见解和经验。

首先他认为教师的知识面一定要广，融会贯通的知识才能形成一个有活力的知识体系，在这样一个动态的系统的知识体系中，你才有可能更好地发现问题和解决问题。当你具备了这样的知识体系和研究能力的时候，你才能深入浅出地为学生讲清讲透科学原理，为学生提供启发性的思考。因此，童第周在课程安排上从不挑肥拣瘦，只要是教学需要的课程，他都愿意开设，而且经常是有意识地主动承担新课目。因为在他眼里，这是扩展和巩固学科知识的一次次好机会，而不是什么额外的负担。

童第周不仅自己这样做，而且把它作为一种经验传授给自己的学生。学生张天荫快要毕业时，童第周专门找他谈了一次话，其中就讲到了这个问题。童第周说：你毕业后，如学校要你留校任教的话，要安心教学，因为你要教懂学生，必须自己先弄懂，这是一个打好基础的机会。他还以自己的亲身经历为例，告诉张天荫想要做好一个教师，知识面一定要广，基础要扎实。[②]童第周教学20多年来，除了植物学科方面的课程没有教过外，动物学科中大部分他都讲过，如普通动物学、细胞学、比较解剖学、遗传学、胚胎学和实验胚胎学等，这种出自人生经验的肺腑之言，相信每一个学生都会铭记于心。

---

①《当代科学家诗文选》，第391页。

② 张天荫：《缅怀导师童第周和叶毓芬教授》，载《童第周》，第123页。

童第周为山东海洋学院、青岛医学院师生讲授“细胞核的移植”

在教学上，童第周非常注意激发和保护学生的学习热情，积极鼓励学生提问，随时为他们解困释疑，并详细地指导学生掌握阅读参考书、查资料、写心得笔记、绘制图表等自学技能，以提高他们自己发现问题和解决问题的能力。毕竟他们毕业后都需要独当一面地工作，课本只能提供最基础的学科知识，正所谓老师领进门，修行在个人。但修行的好坏其实和这个领进门的老师是有很大关系的，差劲的老师只会像填鸭子一样把课本上的知识塞进你的脑子，而像童第周这样优秀的老师会在教给你知识的同时，教会你获取知识和利用知识的能力。对此他的学生严绍颐深有体会。1953年，严绍颐刚被分配到中科院青岛海洋生物研究室随童第周工作时，童第周就交给他两本英文原版书《无脊椎动物胚胎学》和《实验胚胎学》，要求他读通读懂，不懂的就马上提出来。这种对学生自学能力的严格要求，使21岁大学毕业的严绍颐，到26岁时就能翻译大部头的英文专著了。①

童第周一生都没有离开过实验室，科研工作一直是他的主要工作内容。但他并没有因此影响教学，而是把两者有机结合起来，他认为不搞科研就不能提高教学质量，并由此形成了自己理论联系实际的教学优势。因为他的科研均为世界前沿性课题，他的讲课大都以自己的科研成果为示范例证，这些都潜移默化地影响着学生们。那些世界前沿性的课题开阔了学生们的视野，

① 严绍颐：《在童第周身边工作的日子里》，载《童第周》，第133页。

使他们的目光更高更远，这对他们今后的科研选题将产生极大的影响。一个好的选题，可能事半功倍；而一个不好的选题可能得不偿失甚至只是浪费时间的重复劳动。因此，科研的选题即使抛开学术和社会、经济的价值不说，仅就学者个人来说，课题立项是否前沿、是否有理论和应用突破点，也将影响他的终身成就。

在培养学生科学观念和思维的同时，童第周还特别注重学生实验能力的培养，因为思想的灵感最终要靠技术手段去证实，否则只能像流星一样一闪而熄。例如，第一个冒出核移植想法的德国科学家施培曼，就是因为一直想不出一个实现自己想法的技术手段，而被别人抢了“克隆”的头功。大家所受的教育相似，同行的人对学科发展的了解也相似，当学科经验积累到一定程度或出现了某些新资料的时候，可能许多人都会同时想到一些相似的问题，产生一些相似的思路。此时，实验能力的强弱往往就成了成败的关键。童第周的科研项目之所以成功率这么高，和他高超的实验能力也是分不开的，别人剥不下的卵膜，他能剥下；如果两人同时在做一个目的相同的实验，那么他就完全有可能抢在别人之前完成实验，取得科研成果。

童第周在教学时，为了培养学生的采集和观察能力，常常亲自带他们到野外寻找和捕捉青蛙，采集蛙卵，让他们拿回实验室培养，并仔细地写下观察报告。上实验胚胎学实验课时，则着重强调学生的动手能力，他要求学生自己用玻璃棒制成实验仪器玻璃针，用自己做的玻璃针在自己捕捉和饲养的青蛙产下的卵上动手术，学习移植蛙卵组织的实验操作技巧，并让他们自己观察、记录自己动过手术的蛙卵的发育过程。他的学生王祖农回忆说：“有一年的春天，我采集了一些交配的蟾蜍，放在实验室里用玻璃缸分别盛着，昼夜观察其产卵受精的情况，将产出的卵送给童老师作实验，我自己也在童老师的指导下，作半个背唇的诱导第二胚胎的工作。这些都是童老师亲自教给我的，以后毕业论文能够顺利完成，那是老师辛勤教育的结果。”[①]这些教学手段不仅有效地训练了学生的实验操作和观察能力，而且极大地激发了学生的学习兴趣，同时还使学

① 刘桓、田广渠：《闪光的足迹——生物学家童第周在青岛》，载《当代中国的智慧之星》，第218页。

生在实验学习的过程中，无意间养成了爱护仪器的良好习惯和实事求是的科研精神。学医的吴尚勤，在上了童第周的课后，就被他吸引而改学胚胎学，亦足见童第周的教学魅力和风采。

童第周一生坚持实事求是，他反复强调："科学是老老实实的学问，研究工作一定要做到精确，来不得半点马虎和虚假。"①因此，他对弄虚作假特别痛恨。有一次，一位年轻工作者请童第周审校一篇俄文翻译稿，童第周认真地对他说：我不懂俄文，请你找懂俄文的人审吧。当时他已是科学院生物学部主任，但他身居高位并不图虚名，而是实事求是地说明自己对俄文是外行。②做肿瘤免疫细胞实验时，每个课题组成员分得5只大白鼠作为一个实验对象组，由于实验技术的差异，童第周和叶毓芬两组100%成功，但其他人却只有20%~100%不等的成功率，有人建议以童第周夫妇的实验结果发表论文，童第周坚决反对，他认为"应原原本本地、客观地反映实验的全部实际结果，不能只取符合自己愿望的那一部分数据。"③于是发表的论文中只取了课题组的平均值。童第周不仅自己身体力行，而且在这方面对学生和子女的要求也特别严格。他常对助手们说："我们的实验数据要经得起时间的考验，对实验结果的评价要留有余地。"④1954年，童第周第一次招收研究生，录取了张天荫和王秋二人。1956年童第周调北京工作，张天荫因论文还没完成，随导师来了北京。就在他完成论文，准备回山东大学参加论文答辩的前夕，童第周专门找他谈了一次话。他语重心长地告诫张天荫：今后一定要注意，不能好高骛远，眼高手低，工作一定要一步一个脚印，踏踏实实，有些要多次重复，科学结论才能经得起历史的考验，研究的质量才能逐步提高。千万不能弄虚作假。⑤童第周的长女童夙明也是一位科学家，有一次她在听了介绍写论文的报告后，偶尔与父亲谈起了这方面的事，说

---

① 童时中：《童第周的治学为人之道》。

② 童夙明：《忆父亲童第周二三事》，载《童第周》，第127页。

③ 见童时中先生赠寄给笔者的打印稿：《思想要奔放 工作要严密——忆我的父亲童第周的治学之道》，相关内容以《童第周的治学为人之道》为题发表在《纵横》2002年第8期，但发表时此段文字被删掉了。

④ 童时中：《童第周的治学为人之道》。

⑤ 张天荫：《缅怀导师童第周和叶毓芬教授》，载《童第周》，第123页。

有些人写论文时会根据实验结果稍加扩展，以便论文显得更充实一些。童第周听后严肃地说：搞科学研究要坚持实事求是，有五分成果只能写五分，绝不能写成六分。[①]

童第周在科研尖端人才的培养上重质不重量，对助手的挑选十分严格。李嘉泳回忆说：1947年夏与童第周同游南京玄武湖时，童第周“曾在湖边提出和我比试分辨钟山上的林木和建筑，想来其目的就是了解我的视力。此后，他在我家中又发现了我绘的花蝶图，这才认可我有忝列门墙的基本条件”[②]。因为从事实验胚胎学需要在显微镜下观察细胞组织，没有好视力是不行的。过去没有电镜，显微镜下看到的细胞结构，需要观察者手工描绘出来。童第周曾先后培训过好几十个人从事鱼类细胞核移植，但最后被认可的只有四五人。

对自己的工作小组，童第周抱着精英式建设的想法。童第周的同事回忆说：“每次向他提出增添人员问题时，他总是极其负责地回答说他太忙，没有时间照顾新人”，以免“误人子弟，成长不起来”[③]。“太忙，没有时间照顾新人”确实是一个实情，怕因此“误人子弟”也是他真诚的肺腑之言。但其中还有一个更深层的原因，童第周是个学术思想非常活跃的人，故步自封是他非常反感的事，学术上的近亲繁殖更是他极其厌恶的。在学校工作时，童第周就经常邀请研究院所的科学家到学校任课；到研究所工作后，他又经常接受高校老师到研究所进行合作研究。他认为这样不仅可以提高教学质量，而且可以增进科研机构与学校之间的联系。因此，在工作班子的建设上，童第周并不希望招收太多与他本人做同样工作的人，而是希望有不同学科的人才如化学、物理，甚至是电子学方面的人才，来配合他进行他所设想的开拓性工作，所以他的工作组更欢迎来自其他导师和学科的学生。童第周的工作班子由此逐渐成了人品过硬、技术过硬的精英式的小但团结的班子，即便在“文化大革命”期间，这个班子也没作鸟兽散，大家一有机会便携手合作工作，坚持了几十年的时光，这样的工作班子在当时的生物学界是很少见的，童第周对此颇感欣慰。“文化大革命”后，他曾多次感慨

---

① 童夙明：《忆父亲童第周二三事》，载《童第周》，第127页。

② 李嘉泳：《怀念一代胚胎学宗师童第周教授》，载《童第周文集》，第21页。

③ 严绍颐：《在童第周身边工作的日子里》，载《童第周》，第144页。

地对别人说："我感到幸运的是，我们这个班子始终没有被打散。"[①]

童第周在学业上对学生要求很严，但在人格上却能平等相待自己的学生，从不在学生面前摆师道尊严的架子。童第周认为："一个人不可能永远是别人的老师，因为时代在前进，但他却可以永远成为别人的朋友。"[②]人心换人心，童第周也因此受到了学生们发自内心的敬爱。据跟随童第周时间最长的学生严绍颐介绍，和老师一起出差时，每到一地，都会有许多老师昔日的学生来探望他，其中不乏一些名气已经很大的人，但他们对自己的老师还是那样地敬重。

科研是靠双手做出来的

科研要实验，实验要自己亲手做，这是童第周一生坚持的科研信条。

早年不必说了，他总比别人先到实验室，搞好清洁卫生后就坐下来工作，很讨厌聊天闲扯。晚年，索性每天自带饭菜，在实验室解决中饭，稍事休息后，又开始工作。

王龙是山东大学52级动物系胚胎组的学生（为了培养专门人才，系里设置了两个专业：胚胎组和无脊椎动物组），据他回忆：当时童第周已是系主任、副校长，会议多，工作忙，但他除了亲自为他们开课讲授比较解剖学、实验胚胎学和演化与遗传外，每天还要到实验室亲自动手一两小时，几十年如一日，从不间断。[③]甚至在晚年，他还向领导请求，每周六天工作时间中，尽可能保证他5天的科研时间。

正是这种坚持不懈的实验工作，使他在70多岁做核移植等精细的手术时，仍能气不喘手不抖。20世纪70年代，一篇题为《让我们活得更年轻》的报告文学，表达了对他的这双"巧手"的惊叹："在显微镜旁，我们看到了一种高超的艺术，实验对象是比米粒还小的金鱼卵细胞，只见那双手以惊人的准确和敏捷，

---

① 刘桓、田广渠：《闪光的足迹——生物学家童第周在青岛》，载《当代中国的智慧之星》，第220页。

② 童时中：《童第周的治学为人之道》。

③ 王龙：《纪念童第周和叶毓芬老师》，载《童第周》，第121页。

夹住卵膜的一端，均匀地向两边一撕，卵膜就被剥离得干干净净；显微镜下又探来一根比绣花针细得多的玻璃针，给脱掉衣服的小家伙，一个接一个地进行注射。短短的半小时里，同样的手术重复了二三十次。全部动作是那么娴熟、优美、富于节奏。”①

童第周从不轻信别人的结论，一切实验都要自己亲自做过才相信。他认为：“自己不亲自观察、亲自动手做而作出结论，那是很危险的，那就很难有所发现。”②

甚至连论文的插图和校对，他都自己做。20世纪50年代研究文昌鱼时，他不仅亲自做实验，而且亲自画图。那些论文中由密密麻麻无数个小点组成的插图，就是童第周自己一点一点画出来的。这种图画起来很麻烦，要用很细的笔针蘸着墨水一个点一个点地打。一般一张图都要画好几个小时。根据显微镜中的观察，有些图还要一次次地修改，其中一张图童第周竟修改了十几遍。有一次，某杂志编辑部要发表他的论文，建议他将校对英文原文等烦琐的技术性工作指定给一个助手干，不要再亲自操劳了，不想他听后却严肃地说：“我没有这样的助手，也不需要这样的助手。”③

粉碎“四人帮”后，童第周虽然担任了繁重的社会工作和领导职务，却一天也没有脱离过科学研究。得了白内障后，他的子女和实验室的同志们都反复劝他：您年纪大了，眼睛又不好使，坐在一旁指点指点我们就行了，不必亲自动手。他感谢大家的关心，却反对做一个“闲人”，他说：“科研成果是靠双手做出来的，不是靠嘴喊出来的。我不能光说话，不做事。”④他认为：我自己不动手，就弄不清问题的实质和症结所在，也搞不清别人正在做的事，怎样去指导人家？再说人人身上都有一副担子，别人和我一样忙啊！“我们的事业，需要的是手，而不是嘴”，这是童第周的至理名言，也是他一生的写照。

1978年2月，童第周在《诗刊》上发表了一首诗：“周兮周兮，年逾古稀。

① 童时中：《童第周的治学为人之道》。

②③ 刘桓、田广渠：《闪光的足迹——生物学家童第周在青岛》，载《当代中国的智慧之星》，第220页。

④《探索生命奥秘的人——生物学家童第周》，第114页。

残躯幸存，脑力尚济。能作科研，能挥文笔。虽少佳品，偶有奇意。虽非上驷，堪充下骥。愿效老牛，为国捐躯！寄语诸子，莫轻老耆。视作废物，弃若敝屣。八亿神州，同心勠力。坚无不摧，胜利可期。”①这首诗表达了他不服老，坚持科研的豪迈决心。

放眼看世界

童第周是个视野宽广而敏锐的人，是在政治运动的阴霾下仍能放眼看世界的极少数中国学者之一。他非常重视自己的学生和助手与世界的联系，为学生和助手们一次次地争取“希望渺茫”的出国进修和合作研究的机会。在当时，这是非常超前的一种意识，很难得到认可和理解，因为当时的世界正处在无产阶级和资产阶级两大阵营的激烈对抗中，你要派“祖国的花朵、祖国的未来”去向资产阶级学习，这还了得！但童第周不怕，他抓住一切机会，让自己的学生开眼看世界。

1956年底，中科院根据陈毅副总理的批示，准备派科技人员参加苏联科学院在太平洋的IGY（国际地球物理年）考察并进修，童第周和曾呈奎得知这个消息后，就极力向院里推荐尤芳湖和孙继仁两位年轻学者，终获批准。1957年春节后，童第周专门为他们安排了约一个月的俄语强化训练，出发前，童第周又和夫人在青岛中山路一家饭馆点了馄饨和煎饺为他们饯行，关切地询问了他们出国前的各项准备工作，并仔细地交代应注意的事项。此后，童第周在这方面的愿望越来越强烈，因为他看到了中国与世界科技的距离正在越拉越大，内心十分焦急。“三年困难时期”过去后，童第周就开始动用私人关系，设法让严绍颐到英国或比利时他早年留学过的实验室去进修，但不久后发生的“四清”运动和紧接而来的“文化大革命”，让童第周受到了严重的冲击，此事便半途而废。

20世纪70年代与牛满江夫妇开始合作研究后，童第周的心里又重新燃起

①《当代科学家诗文选》，第390页。

了希望，牛满江敬重童第周的学问和为人，也非常佩服童第周领导下的这个科研团队，因此也有心帮助这些青年学者出国进修。1975年8月7日，在去哈尔滨参观途中，牛满江就和陪同人员谈起："我希望今年冬天或明年，你们所内派一两名青年同志到我的实验室去工作半年，然后再换两人去，很快就可以培养出来一批人。童老也很赞同这样的办法。"[①]8月8日上午又再次和陪同人员谈起了他的这个设想："根据我的多年接触了解，严绍颐的知识水平是比较全面的，像他那样的人，如果语言不太通，再加上一个史瀛仙，到我实验室去工作。他们可以在我家里吃住，一起坐车去上班。这样工作半年比一般出国学习一两年的收效要大。因为一般出国学习的，熟悉情况差不多就得一年，学不了多少东西。"[②]在牛满江夫妇的牵线下，童第周冲破重重阻力，终于把选派学生去国外深造的问题提到了日程上，并于1978年促成了史瀛仙和陆德裕赴美进修。

史瀛仙和陆德裕是童第周的两名得力助手，她们于1978年9月2日顺利到达了美国费城的坦普尔大学。因为她俩是"文化大革命"后中国官方派出的最早的两个留美进修生，引起了美方的高度重视，媒体纷至沓来，作出了各种各样的报道和揣测。

《坦大新闻》上的一篇采访报道对此事作了高度的评价：

> 近三十年中，中美关系上覆盖着一层冰霜。但是，随着"四人帮"垮台和中美关系的改善，冰霜开始消融。
>
> 中国的副总理邓小平希望看到，中国在本世纪末成为一个技术上不依赖外国的现代化强国。中国把美国看成一个培养学生的大学校。
>
> 中国科学家和学者将源源不断地到美国来。他们之中的第一批已经来到坦普尔大学。史瀛仙和陆德裕这两位来自大陆的首批中国科学家，是根据中国科学院与坦普尔大学交流计划来美国进修的。她们从9月份起在我

① 中国科学院外事局接待组：《接待美籍生物学教授牛满江夫妇简报》，第1页，1975年8月15日第三期增刊，保存于中科院档案馆。

② 前引书，第2页。

校进行发育遗传学研究。陆德裕随后去耶鲁大学继续搞研究。

来自北京中国科学院动物研究所的47岁的遗传学家史瀛仙，将继续在四楼生物学实验室和生命科学大楼进行研究。她说："我希望帮助我国逐步建立技术科学，美国在这方面要先进得多。""政府打算实现四个现代化，即农业现代化、工业现代化、科学技术现代化和国防现代化。"①

童第周对牛满江夫妇是感激的，1979的1月4日他给牛满江夫妇的一封信中写道：

在出国培养人员方面，也全仗你帮助，史、陆两位没有您的提议和帮助也出不去，现在更能有机会让严绍颐出去，不仅他本人对您感谢不尽，大家也都感谢您对培养年青一代的热情……②

此后，随着改革开放的深入，选派优秀人才出国进修深造逐渐成为中科院动物所的工作计划之一。童第周去世后，中科院仍有计划地按照将来的科研发展需求，陆续派出的中、青年科学家到美国各著名大学去进修，或攻读博士学位，仅中科院发育生物学研究所就先后选送了20多人出国进修学习。这些被选送的人中，大多数学成归国，尤其是其中的中年科学家，几乎全部学成归国，成为发育生物学研究所的中坚力量。

筹建发育生物学研究所

多年来，童第周一直有个心愿，建立一个小而精的国际开放型的现代化研究所，使研究人员可专心致志于科研工作，并为国家培养高水平的年轻科学家。这个思路来源于20世纪40年代末他在美国麻省林穴海洋生物研究所做客座研究

① 《生命奥秘的探索者——牛满江》，第192—193页。

② 前引书，第183页。

员时的经历。因为林穴海洋生物实验研究所就是这样一个小而精的开放型研究机构，那里经费充足，管理有方，不仅有丰富的海洋生物资源可用作实验材料，而且各国的科学家都有机会在那里进行合作研究，举办学术讨论会，切磋学问，沟通友谊。

20世纪50年代初，童第周主持的中科院青岛海洋生物研究室规模很小，而且青岛的海洋生物资源丰富，这些都和林穴海洋生物研究所有些相似，因此童第周感到非常满意。但1956年青岛海洋生物研究室脱离武汉水生生物研究所的领导，独立出来成立了中科院青岛海洋生物研究所，人员由此迅速增加，到1960年改为“中科院青岛海洋研究所”时，工作人员已达1000多人，并拥有了自己的远洋海洋调查船，成了当时国际上规模最大的海洋研究所。由于摊大事杂，难以管理，身为所长的童第周很是头痛。

1973年邓小平主持中央工作后，科学事业的发展被提上日程，北京市有关领导来征求童第周的意见，童第周就趁机提出了在北京建立一个小型“细胞学研究所”的建议。当时设想由童第周实验室和中科院植物研究所吴素萱教授领导的细胞研究室合并组成这个细胞学研究所。可惜，由于政治风波，这个设想未能实现。

1976年“四人帮”倒台后，童第周又满怀希望地开始设想建立一个现代化的发育生物学研究所。1977年，兼任细胞遗传学研究室主任的童第周认为细胞遗传学研究室归属于动物研究所，人少地小，很难有大的发展。为了把我国的生物工程尽快搞上去，他想在一两年内，把这个室扩建成一个独立的发育生物学研究所。此想法得到了牛满江的支持。

1978年，童第周以中科院副院长的身份，与牛满江联名，正式向中科院提出了建所申请，并一起去找了中科院负责生物科学的副秘书长秦力生，谈了他们的打算，秦力生当即表示支持，中科院秘书长郁文为此还专门给中央写了报告。中央也很重视，国务院的几位领导很快就在报告上圈阅了同意意见。8月，中科院院部提请上海细胞生物学研究所所长、童第周的学生庄孝僡兼任发育生物学研究所所长。

1978年秋牛满江回美国后，马上去求见洛克菲勒基金会相关负责人。经过努力，基金会主席斯坦普（Sr.Knowles）答应和该基金会人口科学部主任西格尔（S.T.Segal）一起来华，同中科院代表商谈资助成立发育生物学研究所一事，并请牛满江担任顾问。

美国洛氏基金会在新中国成立前，就曾在中国资助和建立过北平协和医学院及其附属医院协和医院，林巧稚、吴阶平等许多杰出的中国医学专家就是协和培养出来的。这一次是新中国成立后，美国和中国非政府机构的首次合作，是为今后发展进一步的合作创立一个新模板的尝试，因此对美方来说，此事也意义深远。

这年圣诞节，牛满江夫妇给童第周写来了贺年信，同时把自己同洛氏基金会负责人员商谈的经过向童第周作了汇报。

童第周获悉事情进展顺利，十分高兴，1979的1月4日就给牛满江夫妇回了信。

牛先生，张先生：

78年12月25日来信已收到并给各位同志传阅，他们看了都很高兴，您们的爱国热情，人人都很感佩，中央领导同志也非常了解您的情况，所以谈到有关的问题时，往往提到您们。这次Dr. Segal和主席Sr. Knowles来中国，也完全是您的力量，我们合作工作，搞一新研究所也是您提出的建议，总之您提出在中国我们来搞一个在国际上站得起来的现代化研究所，对提高中国科学水平和在国际上的地位是非常重要的。中央领导同志都很了解，也很赞成。我们所、我们组，那当然不必说了。这五六年来，无论在设备和业务上的发展，都与您的热情和帮助分不开的，过去中美没有建交，所以有的事困难很多，现在中美建交了，我想许多事情的办理可以更方便一点了，因而需要您的帮助更多了，而且效力也更为显著了。①

不料，来华前夕，斯坦普确诊胰腺癌，不能来了。因此，1979年1月17日，

①《生命奥秘的探索者——牛满江》，第183页。

只有洛氏基金会代表西格尔和作为临时顾问的牛满江两人代表美方来京谈判。

此前，童第周已因心脏病发作，住在北京医院治疗。但他是此事的发起者和主要的筹划者之一，因此对此事非常牵挂，不断地与中科院的有关领导商谈准备事宜，并与牛满江保持着密切联系，随时关注着事态的发展。其间，童第周私下还曾想趁这次机会，为中科院动物所的副所长张致一也争取一些资助，帮他兴建新的实验室。因为童第周了解到西格尔博士本身就是一位生殖生物学家，而且是张致一在美国留学时的同事和好友。

严绍颐从北京医院把童第周接到了举行谈判的北京饭店。经过两次会谈，双方很快就达成了共识，原则上同意共同投资兴建发育生物学研究所。经过进一步协商后，双方最终确定由中科院出资600万元人民币，洛氏基金会第一期资助30万美元，另加5万美元作为中科院派人到美国与美国建筑师合作设计研究用大楼的前期费用。

确定洛氏基金会的资助金额后，西格尔替中方拟了一个简单的信稿，大意为双方经过谈判后，中方对与美国洛氏基金会合作感到兴趣。[①]此信由童第周以中科院副院长的名义署名后，请西格尔带回美国，由西格尔向洛氏基金会转达中方的具体要求。

不久，西格尔来电说，基金会的董事会经过讨论已批准此项资助，要求中方做好各种准备，并尽快派遣考察小组到美国参观考察，与美国建筑师一起设计发育生物学研究大楼的建筑。

童第周去世的前几天，心中最牵挂的还是这件事。3月26日，严绍颐赴上海出差前去北京医院看望童第周时，他的身体状况已非常糟糕，但他最关心的仍是即将由严绍颐带队的赴美考察小组是否能顺利成行。严绍颐告诉他："美国洛氏基金会的西格尔博士已通知我们，4月10日到纽约后先会见他，然后他将介绍我们去哥伦比亚大学，由那里的建筑系教授接待我们，先考察一些地方，然后共同进行实验大楼的初步设计，估计要在那里待三个月左右。机票已寄来，中国科学院也已为我们办好了出国手续。不过，为了做到对国

---

①《童第周》，第224页。

内的情况心中有数，我们小组准备明天去上海参观一些新建的实验大楼，三天就回来，请您放心好了。”他这才略显安慰地说：“这样安排很好，祝你们成功。”①3月27日左右，曾呈奎到医院看望童第周时，他的精神比前几天略有好转，最关心的仍是发育生物研究所的筹建问题，并再次和曾呈奎强调了小而精的建所原则：这个研究所一定要小而精，总人数不要超过100人，非业务人员不要超过10人，像海洋所那样1000多人的研究所是很难办的。他认为：“研究所所长首先必须是一位科学研究人员，但在一个大的研究所他必须把力量分散到许多非业务工作中去，这样他还能成为一位科学家吗？科学家不亲自动手便成为科学政客了！”②不想，3月30日，童第周因病情突然恶化，经抢救无效，不幸溘然长逝。

童第周去世后，中科院按照童第周生前定下的协议，请时任中科院上海细胞生物学研究所所长庄孝僡兼任发育生物学研究所所长，同时聘任牛满江为科学顾问，徐一志为行政副所长，由此组成了一个以庄孝僡为首的建所筹备组。庄孝僡是童第周的早期学生，国内外著名的实验生物学和细胞生物学家。

1979年7月底，筹备组在中关村选定所址，占地30亩。1980年7月25日举行了奠基仪式。

其间，根据童第周生前的安排，由牛满江推荐，严绍颐于1980年至1981年应美国新泽西州Rutgers大学医学院之邀，在其生理和生物物理系以客座副教授身份进行研究工作。1981年回国后便协助庄孝僡所长负责发育生物学研究所的科研建设工作，1983年庄孝僡退任后，由他出任副所长，1986年任所长。

1983年发育生物学研究所实验大楼基本完成，1984年工作人员全部搬入。

1986年10月13日至15日，庆祝建所仪式暨发育生物学（小型）国际学术讨论会正式举行，成立大会之所以推迟至此时，主要是为了让本所科研人员向

① 《童第周》，第2页。

② 曾呈奎：《怀念童第周教授》，载《童第周》，第54页。

外界报道更多更高质的研究成果。会上，中国学术界的领导人，国内外著名的科学家和美国洛氏基金会的负责人等均表达了他们对童第周的深切缅怀、对发育生物学所的真诚祝贺和衷心希望。

这所发育生物学研究所的建立，标志着中国终于有了现代化的发育生物学研究基地。发育生物学是一门研究胚胎生长和分化现象及机理的学科，在生命科学中占有重要地位，能为生命起源的研究工作提供重要的参考，同时也是医学和农业科学的重要研究基础。因此，这个研究所的建立，为中国生物科学的腾飞打下了坚实的基础。

2001年，原中国科学院遗传研究所和原中国科学院发育生物学研究所合并成立中国科学院遗传与发育生物学研究所。2017年是童第周诞辰115周年，中国科学院遗传与发育生物学研究所为童第周竖立铜像作为永久纪念，并组织召开了“2017年疾病模式动物国际研讨会暨童第周先生诞辰115周年纪念大会”，以缅怀童第周先生为我国科研和教育事业作出的杰出贡献，并激励后来者继续攀登科学事业的高峰。

鞠躬尽瘁

虽然童第周曾感慨会议太多，太浪费时间，希望大家能有更多的时间动手做些实事，但他也非常理解国家此时的难处；人才断档，许多行业都靠童第周这样的老人顶着，后继乏人。面对这样的形势，童第周作为跟着党走了一辈子的“新党员”，只想尽一切努力为国分忧再分忧。

除参与国家科学发展规划的制定，带领科研人员开展相关的科学实验外，童第周还非常关心科学思想的传播和科学知识的普及，视之为民族腾飞的基础，并为此付出了巨大的热情和精力。

1978年春全国科学大会召开后，全国迅速掀起了“学科学”的热潮，来自全国各地的请教信像雪片般飞来，堆满了童第周的桌子。对信中提出的各种问题，童第周都尽可能耐心地给予解答，常写信至深夜。有一个月，仅邮费就用掉了约21元（当时一封信邮资8分钱），家人劝他不必如此认真而累坏了自己，他却认为："人家尊重你，你不应该摆架子，不回复是不礼貌的。"[①]与此相对照的是，据其子童时中回忆，他在外地学习、工作的24年中，只收到过父亲的一封信。[②]因为父亲工作实在太忙，给子女们的家信都是母亲写的。后来单位领导也看不下去了，决定以后这类信件由研究所统一处理。

童第周不仅传授知识，而且还非常注意建立在科学认识基础上的道德情操的教育。有一对年轻夫妻，因为孩子长得不像父亲，父亲心里有了疙瘩，夫妻俩为此争吵不断，来信询问有没有什么方法可以鉴别孩子的血缘关系。童第周给他们回了一封长信，向他们解释了生物遗传学上的隐性、显性问题，如果孩子接受的是显性基因，就会显示相应的特征，如果携带的是隐性基因，就不会表现出来，并劝导他们：夫妻间相处最重要的是互相尊重，互相信任，否则即使不为孩子的事，也会因其他的事而闹纠纷。见信后，这对夫妻深感惭愧，言归于好，并回信感谢。

那是一个知识饥渴的年代，需要他的人实在太多了，除了信件请教外，许多地方还来请他作报告。童第周不顾年事已高，不辞辛劳，赴各地进行学术讲座和科普宣传，想尽自己的力量尽快提高各地的科研水平和民众的科学素养。

从下面这张童第周人生最后阶段的行程表中，我们可以体会到这个老人在学术事业上有多么拼命：

1979年2月，到上海。

3月1日，与上海师大生物系的教师们进行座谈。

3月2日，赶往杭州。

3月2日至5日，先后参加了全国免疫核糖核酸座谈会，作了关于细胞学方面的学术报告，参观考察了一些科研单位，与当地科学家进行了学术交流，还与杭州大学生物系师生进行了座谈。

3月6日上午，为浙江省科技、教育、卫生界的2000多名同志作"如

① 童时中：《童第周的治学为人之道》。

② 前引文。

何加速科技事业发展”的报告。

在3月6日的报告上，童第周说要用生物技术改善人类生活，他描绘的灿烂前景让每一个人心驰神往。突然，兴致勃勃的童第周一下晕倒在座位上。他的心脏病发作了，人们慌忙把他扶了下去。10分钟后，童第周又出现在讲台上，坚持作完报告。当时的浙江省委书记铁瑛留他在杭州休养治病，但他婉言谢绝了。病情稍有好转后，就急匆匆赶回了北京，想为即将到来的金鱼产卵季节做实验准备。但返回北京时，病情加重，到京的第二天便住进了北京医院。

3月30日，童第周终因劳累过度，心脏病急性发作病逝于北京，享年78岁。

鞠躬尽瘁，死而后已，为了祖国科学的昌盛，童第周用生命践行了对党的誓言。

永远的怀念

童第周从事实验胚胎学的研究近半个世纪，是我国实验胚胎学的奠基人，同时也是我国卓越的科学家、教育家、社会活动家和科学界的杰出领导人。

1979年4月11日，国家为他在北京八宝山革命公墓举行了隆重的追悼会。追悼会由聂荣臻元帅主持，方毅副总理致悼词，邓小平、李先念、王震等国家领导人和生前好友600多人出席了追悼会。

桃李不言，下自成蹊。遗体告别仪式上，一位与童第周合作多年的老渔工对着他的遗体施以超过九十度的三鞠躬，失声痛哭，悲痛欲绝，迟迟不肯离去。童第周性格比较内向，平时不太爱说话，看上去有点不苟言笑，但和他交往过的人都清楚，童第周平易近人，为人处世正直、诚恳，宽以待人，严于律己，而且一诺千金。当年赫崇本答应从美国回国来山东大学任教后，童第周首先想到的是如何让他“安居乐业”，于是提前将赫教授的妻子、儿女接到青岛，为其安置好住处，免除了赫崇本的后顾之忧。1950年被分配到青岛海洋生物研究室的任允斌记得，此前与童第周既没有师生关系，又没有亲友关系的他，一到所里就得到了童第周的关心：“我到职不久，童先生就找我谈话，他说：‘我从档案里了解到你爱人没有工作，你试用期工资很少，恐怕生活有困难，你不是上大学以前做过技术工作吗？可以提供一些证件，申请免去试用期试试看。’后来果然得到了上级批准，解决了我的生活困难。再如1951年我爱人生孩子时，童先生还让童师母带着补品来我家看望，使我妻感激涕零。”①1973年，中科院海洋研究所研究员刘瑞玉的妻子患病到北京就诊，童第周知道后，立马叫叶毓芬炖了两只鸡送去探望他的妻子，鸡在当时可是十分珍贵的补品。同事们记得，青岛海洋所大楼盖好时，身为所长的他，把二楼最好的办公室给了副所长曾呈奎和张玺等几位科研人员，自己却寄身于一楼一间又小又简陋的办公室里。司机们记得，为了减轻司机的工作量，他干脆中午不回家，带饭到实验室吃。宿舍区传达室的大伯记得，他生病时，是童第周来看望他，并给他送来了药品和可口的饭菜。儿女们记得，有时被自己的孩子吵烦了，他们就随口许诺休息天带他们去公园玩，但时间一到，童第周就会提醒他们践约，教育他们即使对孩子也不能失信……诸如此类的记录，在他学生、同事和亲友的回忆文字中比比皆是。

童第周为国家的生物学事业贡献了毕生的心血，国家和人民也没有忘记他。1987年，宁波效实中学在校园里为他竖立了半身雕像，效实中学的院士榜上，童第周的大幅照片放在了第一位。此后，多个他工作和生活过的地方，如山东大学中心校区生物楼、中科院遗传与发育生物学研究所、中科院海洋研究所、青岛百花苑、童第周故居等地，都陆续为他立了雕像。

1989年10月，中科院发育生物学研究所、中国动物学会和中国科学技术协会等单位，在北京共同发起组织了“中国发育生物学讨论会”，以纪念童第周逝世10周年，同时出版了他的科研成果集萃《童第周文集》。

2002年，全国政协在北京举办了“童第周诞辰100周年纪念座谈会”，座谈会由全国政协副主席朱光亚主持，中共中央政治局常委、全国政协主席李瑞环，民盟中央委员会名誉主席费孝通，全国政协秘书长郑万通，中共中央统战部常务副部长刘延东等领导人，以及童第周的亲属和生前友好出席了这次座谈会。

座谈会上，全国政协副主席、中共中央统战部部长王兆国代表全国政协和

---

① 《童第周传》，第173页。

中共中央统战部表达了对童第周的怀念和敬意。他说：

> 童第周热爱中国共产党，热爱社会主义祖国，努力学习马列主义、毛泽东思想，积极参加社会主义革命和社会主义建设，把全部精力都贡献给了祖国的科学和教育事业。在将近50年的科学生涯中，他一直从事发育生物学的研究，是我国实验胚胎学的主要开创人。他发表了大量科学论文和专著，所领导的研究工作也居于国际同类研究的先进行列。他还和我国其他老一辈海洋科学家一起，开创了我国海洋科学研究，取得了丰硕成果。粉碎“四人帮”后，他在古稀之年加入了中国共产党，从一个爱国知识分子，成为一名无产阶级先锋战士。从此，他更加精神振奋、不知疲倦地进行科学研究，直至生命的最后一刻，实现了他“有生之年，为国家，为人民多做工作”的入党誓言。①

斯人已逝，英灵长存，童第周永远活在人民的心中。

① 陈晓钟：《童第周诞辰100周年纪念座谈会在京举行》，《人民日报》2002年6月13日头版。

大事年表

1902年，1岁。

5月28日，生于浙江省鄞县（现为宁波市鄞州区）塘溪镇童村（童家岙）。兄弟姐妹中排行第七，字蔚孙。

1908年，7岁。

开始在父亲童兆甲创办和教授的村私塾求学。

1916年，15岁。

大约1916年，父亲去世，开始协助长兄童第锦在村私塾做“小先生”。

1918年，17岁。

9月，在宁波省立第四师范学校预科班读书。

1919年，18岁。

9月，在宁波省立第四师范学校一年级读书。

1920年，19岁。

9月，在宁波效实中学求学，并于1922年毕业。

1922年，21岁。

8月，因长兄重病，回童村家中照料家务。

1923年，22岁。

9月赴上海复旦大学求学，并于1927年毕业。

1927年，26岁。

7月，在南京国民革命军总司令部政治部宣传处工作，级别为中尉。

10月，在浙江桐庐县政府工作，任建设科科长。

1928年，27岁。

1月，在南京国立第四中山大学（1928年5月改称国立中央大学）任蔡堡教授的助教。

1929年，28岁。

8月，叶毓芬从复旦大学转学至童第周所在的国立中央大学。

1930年，29岁。

1月，与叶毓芬在宁波结婚。

8月，去比利时留学。

10月，成为比京大学（即布鲁塞尔大学）著名生物学家布拉舍教授的学生。

11月，长女童夙明出生。

1931年，30岁。

布拉舍教授生病，达克教授接替布拉舍成为实验室负责人，童第周转由达克教授指导，并成为第一个成功剥去青蛙卵卵膜的人。

暑假，在达克教授带领下，到法国海洋生物研究所做海鞘实验（约一个月)，成功剥除了海鞘卵卵膜。

获比利时公费奖学金。

9月18日，中国爆发九一八事变，东北三省沦陷。童第周在比利时串联、组织抗日游行，被捕，判刑两年，后因社会舆论压力，改为缓期执行。

1932年，31岁。

到法国海洋生物研究所从事海鞘研究（约一个月）。用活体染色的方法，证明了浅色的*Ascidiella aspersa*等海鞘在受精时，卵子内的物质流动状况和此后形成的物质分布区域和深色的*Styela partitia*等海鞘基本一样。此实验入选成果展，引起了李约瑟的关注。

1933年，32岁。

除继续海鞘早期发育的研究外，在达克教授的建议下，完成棕蛙卵子受精面与对称面的关系研究，证明了对称面不是完全决定于受精面，而是决定于卵子内部的两侧对称结构状态。

1934年，33岁。

获布鲁塞尔大学哲学博士学位。

7月，离开比利时到英国伦敦，花两周左右的时间在剑桥大学学习实验生物技术。此后，从伦敦启程回国。

8月，到达香港，准备投奔陈铭枢在福建成立的反蒋政府，到港时才得知事已失败，于是取道上海回南京，与叶毓芬一同去山东大学，任生物系教授。

1935年，34岁。

4月，长子童孚中出生。

1936年，35岁。

7月，次子童宜中出生。

1937年，36岁。

7月，七七事变（卢沟桥事变）爆发，正逢暑假，全家回童村探亲；三子童时中出生。

9月，回青岛准备上课，不到一月，山大停课，又返回童村老家。

10月，山东大学准备迁往安徽安庆。接通知后，全家起程去安庆，但半途遇到杭州战事吃紧，交通不便，叶毓芬带4个孩子折回童村老家；童第周只身从杭州前往安庆。此后，随山大转迁武汉、沙市，最后落脚于四川万县。

1938年，37岁。

3月，山东大学解散。

5月，叶毓芬托童第周的大哥和二姐代管两个小儿子，自己带着长女、长子几经周折，来到四川与童第周会合。

5月—8月，在四川重庆国立编译馆任翻译。

9月，任中央大学医学院（迁在四川成都）教授。

1941年，40岁。

10月，离开中央大学。

11月，任同济大学（迁在四川宜宾李庄镇）生物系教授。

1943年，42岁。

6月，李约瑟考察同济大学，并拜访童第周。

年底，离开同济。

1944年，43岁。

年初，任复旦大学（迁在四川重庆北碚）心理生理研究所研究员，兼任复旦大学生物系教授。

1946年，45岁。

6月，离开复旦。

8月，任山东大学动物系教授兼系主任。

10月15日，山东大学举行复校典礼，童第周代表教授讲话。

12月，幼子童粹中出生。

1947年，46岁。

6月2日，参加山东大学学生举行的反饥饿、反内战运动，与曾呈奎一起偷拍下军警镇压学生运动的场景；在《民言报》上刊登，报纸被禁售后，又用剪报的方法寄向全国各地，揭露国民党军警的暴行，还与总务长周钟岐一起成功保释了被捕的学生。

作为山东大学教员会主席，组织教员罢教一个月，取得胜利。

与曾呈奎一起创办了山东大学海洋研究所。

1948年，47岁。

2月，应美国洛氏基金会邀请，赴美考察研究。先在美国耶鲁大学动物系工作8个月，后又去美国麻省林穴海洋生物研究所和伍茨霍尔研究所任研究员，同时被英国剑桥大学聘为客座研究员。

3月，当选中央研究院院士。

1949年，48岁。

春，得知中华人民共和国即将成立，准备回国，途经旧金山时，结识了牛满江教授。

3月，回国。任山东大学动物系教授、系主任。

6月2日，青岛市解放，仍留职山东大学，任山东大学动物系教授。

7月—8月，应“中华全国科学工作者联合筹备会”的邀请赴北京参加筹委会会议，提出了成立“中国科学院海洋研究机构”的建议。

10月26日，与曾呈奎联名给中国科学院的筹建人员陶孟和和竺可桢写了一封信，正式向科学院筹建组提出了在青岛建立海洋生物研究所的建议。

1950年，49岁。

春，筹备“中国科学院海洋研究室”。

6月，兼任上海中国科学院实验生物学研究所研究员、副所长。

8月1日，童第周、曾呈奎和张玺负责筹建的新中国第一个海洋研究机构——中国科学院水生生物研究所青岛海洋生物研究室正式在莱阳路28号成立，童第周任研究员兼室主任，曾呈奎和张玺任副主任。

8月18日，赴京出席中华全国自然科学工作者代表会议，被选为总会常委。

11月，任华东大学与山东大学迁并办理委员会委员。

1951年，50岁。

3月，任山东大学第一副校长（任期1951年3月至1956年7月）。

叶毓芬加入中国民主同盟。

1952年，51岁。

8月30日，加入中国民主同盟。

1953年，52岁。

中国科学院办公厅1月23日发文，任命童第周为中科院水生生物研究所副所长。

1954年，53岁。

1月1日，水生生物研究所从上海迁往武汉，青岛海洋生物研究室由此脱离水生生物研究所，改制为直属中国科学院的独立研究室，称“中国科学院海洋生物研究室”，童第周任室主任。

当选为第一届（1954—1958年）全国人大代表。

1955年，54岁。

兼任中科院生物学地学部副主任。

当选中国科学院学部委员。

1956年，55岁。

2月，应邀去北京参加《1956—1967年科学技术发展远景规划》的讨论会。

应邀去北京开会，讨论党中央和毛泽东主席发出的“向现代科学进军”的号召，会上范长江征询了童第周的个人意见，准备调他到中科院工作。

8月，调入北京中科院，建立童第周实验室，行政关系仍隶属中国科学院海洋生物研究室。

8月10日—25日，主持在青岛召开的新中国首次全国遗传学座谈会。

1957年，56岁。

5月，中国科学院生物学地学部分为生物学部和地学部，任生物学部主任。

任四国渔业委员会副主任委员（至60年代初），去苏联参加中、苏、朝、越四国渔业会议时，任中国代表团副团长兼会议秘书长。

8月1日，中国科学院海洋生物研究室改组为中国科学院海洋生物研究所，童第周任所长。

1958年，57岁。

开始关注细胞质和细胞核的关系问题，准备用细胞核移植的实验来验证自己的想法，并开创性地使用鱼类作为实验材料，由此成为世界上用鱼类作为细胞核移植实验材料的第一人。

1959年，58岁。

1月1日，中国科学院海洋生物研究所改组为中国科学院海洋研究所，童第周任所长。

当选第二届（1959—1963年）全国人大代表。

1960年，59岁。

兼任中国科学院动物研究所研究员、所长（1960—1962）。

中国科学院的童第周实验室与在青岛的中国科学院海洋研究所脱离行政关系，与张致一的生殖生物实验室合并成立发生生理研究室，行政关系归属中国科学院动物所。

1963年，62岁。

金鱼和鳑鲏鱼各自的同种核移植（即同种克隆）均获成功，使中国成为美、英之后，又一个掌握核移植技术的国家。论文《鱼类细胞核的移殖》和《细胞核的移殖》分别发表于1963年的《科学通报》和《动物学报》。

1964年，63岁。

当选第三届（1964—1975年）全国人大常委会委员。

把青蛙的红血球细胞核移入青蛙的去核卵子中，证明细胞质对细胞核是有控制作用的。这个实验在世界上是第一个，但因“文化大革命”未能发表实验成果，后被英国人做出并抢先发表。

1965年，64岁。

基本结束进行多年的文昌鱼研究，取得了一系列高水准的研究成果。

在鳑鲏鱼和金鱼不同亚科间进行异种核移植，论文《鱼类不同亚科间的细胞核移殖》发表于1973年的《动物学报》。

1966年，65岁。

被批斗及劳动改造。

1968年，67岁。

9月，受郭贻诚案牵连，被隔离审查。

1969年，68岁。

3月，解除隔离审查，回原单位接受群众的监督劳动。

1970年，69岁。

与北京医学院等单位合作，开始同时用细胞核移植和细胞融合两种技术，进行肿瘤杂交细胞的抗癌免疫试验。

1971年，70岁。

与中科院武汉水生所等单位联合，开始培育核质杂种鱼的试验工作。

1972年，71岁。

接待美籍华人生物学家牛满江在中国科学院的参观和交流活动。

两种方法的肿瘤杂交细胞的抗癌免疫试验都取得了初步的结果，论文《细胞抗癌免疫试验——融合细胞和移核细胞》发表于1972年的《北京肿瘤通讯》。

1973年，72岁。

1月1日牛满江致信童第周，正式提出双方合作科研的请求。

5月15日，牛满江夫妇抵京，双方开始合作科研。实验结果培育出了被称为“童鱼”的单尾金鱼，证明mRNA对遗传发育起了显著的作用。这个实验引起了世界震动，开创了人工培养新物种的新方法，为发育遗传学创造了一个先例。论文《核酸诱导金鱼性状的变异》发表于1973年的《中国科学》。

继续核移植方法的肿瘤杂交细胞抗癌免疫试验，论文《以移殖肿瘤细胞核研究肿瘤免疫的初步报告》发表于1973年的《科学通报》。

获得第一批鲤鲫核质杂种鱼，论文《硬骨鱼类的细胞核移殖——鲤鱼细胞核和鲫鱼细胞质配合的杂种鱼》发表于1980年的《中国科学》。

1974年，73岁。

让注射过mRNA的单尾金鱼（即童鱼）自交后产生第二代，第二代金鱼也有一些是单尾或变异型单尾的，说明这种诱导变异后的单尾鳍性状能够遗传。论文《由核酸诱导所产生的单尾鳍金鱼的子代》发表于1975年的《中国科学》。

1975年，74岁。

当选第四届全国人大常委会委员。

与牛满江一起，用不同属的鲤鱼和金鱼进行mRNA诱导变异实验，证明即使在不同属的动物之间，mRNA对发育、遗传的诱导作用也很明显。论文《鲤鱼卵信息核糖核酸对金鱼尾鳍变异的作用》发表于1977年的《中国科学》。

1976年，75岁。

3月11日，叶毓芬突发心绞痛去世。

与牛满江一起用不同纲的蝾螈和金鱼进行DNA诱导变异实验，发现一些孵出的小金鱼的头上长出了蝾螈才有的棒状平衡器，其内部结构和生理功能都跟蝾螈的平衡器相似，说明DNA对不同纲的远缘动物的性状变异具有诱导作用。论文《不同纲间核酸的器官诱导——蝾螈核酸诱导金鱼产生平衡器》发表于1977年的《中国科学》。

继续肿瘤杂交细胞抗癌免疫试验，论文《肿瘤杂交细胞的抗癌免疫试验》发表于1976年的《动物学报》。

1977年，76岁。

任中国科学院动物研究所细胞遗传学研究室主任。

与牛满江一起寻找经过mRNA诱导变异的动物内部物质变异的证据，结果发现肝脏同工酶发生了变化，从而证明，mRNA的诱导变异不仅改变了金鱼的外形，而且影响到内部的肝脏同工酶。

用海鞘进行核移植实验，论文《Cell differentiation in ascidian studied by nuclear transplantation》（《通过核移植研究海鞘类动物细胞分化》）发表于1977年的《Scientia》杂志。

筹建中国科学院发育生物学研究所。

1978年，77岁。

3月，任中国科学院副院长。

3月，当选第五届（1978—1983年）全国政协副主席。

当选第五届（1978—1983年）全国人大常委会委员。

春，在全国科学大会上，童第周的“童鱼”成果获科研一等奖。

12月，加入中国共产党。

1979年，78岁。

3月1日，与上海师大生物系的教师们进行了座谈。

3月2日，到杭州。

3月6日上午，为浙江省的科技、教育、卫生战线的两千多名工作人员，作关于如何加速科技事业发展的报告，晕倒于讲台。

3月30日，于北京逝世。

4月9日，遗体告别仪式。

4月11日，于北京举行追悼会。

参考文献

《探索生命奥秘的人——生物学家童第周》，周文斌、林玉树著，四川少年儿童出版社1983年版。

《中国现代生物学家传》（第一卷），谈家桢主编，湖南科学技术出版社1985年版。

《生命奥秘的探索者——牛满江》，李佑华著，中国农业科技出版社1988年版。

《童第周文集》，中国科学院发育生物学研究所童第周文集编辑委员会编，学术期刊出版社1989年版。

《当代中国的智慧之星》，《名人传记》编辑部选编，河南人民出版社1993年版。

《山东省志·海洋志》，山东省地方史志编纂委员会编，海洋出版社1993年版。

《中国科学技术专家传略·理学编·生物学卷》，中国科学技术协会编，河北教育出版社1996年版。

《浙江文史集粹·教育科技卷》，浙江省政协文史资料委员会编，浙江人民出版社1996年版。

《山大逸事》，孙长俊主编，辽海出版社1999年版。

《南大逸事》，龚放等编著，辽海出版社2000年版。

《中外科学家故事精选》，伊明编著，中国少年儿童出版社2000年版。

《亲临其境：像科学家那样工作》，邢志华编著，上海远东出版社2001年版。

《科学家智慧之光——当代重大科学技术发现发明之智慧研究》，张志永等著，江西人民出版社2001年版。

《童第周》，严绍颐编著，河北教育出版社2001年版。

《童第周：追求生命真相》，童第周著，煦峰、文药编，解放军出版社2002年版。

《童第周传》，周静书著，宁波出版社2002年版。

《百年中国社会图谱：从古老发明到高新科技》，郑国柱编著，四川人民出版社2003年版。

《战士·学者·校长：华岗同志百年诞辰纪念文集》，刘培平主编，山东大学出版社2003年版。

《背上十字架的科学：苏联遗传学劫难纪实》，陈敏著，广东人民出版社2003年版。

《南海路7号：海洋科学界的陈年旧事》，薛原著，山东画报出版社2016年版。

后　记

佛曰：历该历之事，结该结之缘。大千世界中，我能无意间与童第周这个伟大的灵魂相遇，结下此善缘，自是倍感惊喜。

我本研习史前文化，与今有几千几万年的时空相隔，对近现代的事自然没有太多的关注。2003年下半年得一机会，从浙江省博物馆调入浙江省社会科学院工作，此时院里正在进行“浙江文化名人传记丛书”第五批作者的招投标工作，领导得知我除文史之外，还比较系统地研读过生物学课程，这种知识结构在文科生中是极少见的，于是希望我申报童第周先生的传记课题，因为科学家的传记一直是传记文学中的一个“困难户”，懂行的科学家可能在文字表述上有困难，文字表达能力比较强的文科生又实在搞不懂那些深奥的理科知识。刚到一个新单位，总希望有个好的开始，所以就申报了这个课题。在项目委员会的专家评审中，我又顺利地通过了审查，正式进入课题工作。

生物是我最喜欢的学科之一，因为学不好物理，所以高考时只好报了文科。但失之东隅，收之桑榆，当时就读的历史系博物馆专业，在专业设立之初已考虑到毕业的学生可能会进入自然类的博物馆工作，所以学习课程中已有地质矿物以及动植物分类学、标本制作、普通生物学等自然学科的设置。因为喜欢细胞和遗传方面的学问，我的普通生物学课还考了100分，生物老师很感慨，说你要是转到生物系多好，可惜那时的大学还不能转系。后来我考上农业院校的研究生，攻读中国农业史专业，导师很严格，要求我们文科出身的学生跟着农大的本科生系统地修读一遍农科的基础课程，因此研究生期间的生物学知识比大学时学得更系统、更深入。没想到在史前史领域里工作了十几年后，又遇到撰写童第周传记这个机缘，让我得以名正言顺地重新亲近我喜爱的生物学。

最早知道童第周先生的大名，就是在生物学的课本里。但当时只知道他是个伟大的科学家，培育出了震惊世界的“童鱼”。这次写作，使我有了深入了解他的机会，他的学识成就让我钦佩，他的为人处世让我感动，他的人生际遇让我唏嘘。我想，这次写作对我绝不只是完成一个课题而已，他的治学之道，他的爱国爱党之情，他坚强、厚道、诚信、清廉、律己的人品，都深深地感染了我，启发了我，我将终生受用。

刚开始写作时，因为童第周先生的生平涉及复杂的近现代历史背景，我有些把握不好，非常烦恼，于是打电话给我的忘年好友童教英教授，向她求教。童教授是中国史学大家童书业先生的女儿，为学精深，而且近年都在整理父亲的遗作、编著父亲的生平，因此对传记写作很有经验。童书业和童第周为浙江老乡，而且在山东大学共事过，因此童教英教授对童第周先生也有所了解。她和我谈了很多，并反复提醒我一点——这些老人们可以用一个“真”字来概括，为学认真，做人认真，他们所做的事情都是出于对祖国对人民的一片诚挚之心，虽然有些事现在看来很幼稚，难以理解，但当时他们是真的把它们当作事关国家和人民的“大事”认真去做的。童教英教授的话给了我很大的启发，循着这一脉络，我读懂了童第周先生一颗坦坦荡荡、赤诚如婴孩的爱国之心，所以我要在这里特别感谢我的这位忘年好友。

因为时间的距离、人事的相隔，再加上我既不是生物学圈子里的人，又不是近现代史圈子里的人，所以有很长一段时间我都无法联系上童第周先生的家人，后来我想了一个办法，在网络上查找童先生子女的姓名，通过他们发表论文时所附的单位地址，试着写信联络，终于联系上了童夙明教授和童时中教授。他们不顾年事已高，都亲笔给我回了信，并给我寄来了一些珍贵的资料，童家真诚、善良的家风真真切切地感动了我。当我把样稿寄给他们审阅时，他们认真负责、实事求是的态度再次让我惊讶和感动，童夙明教授与父亲的专业比较接近，所以本来商量好由她代表兄弟们为我审改一下稿子，她阅读得非常仔细，为我提了许多专业上的修改意见，这些修改意见使本书有关童第周先生科研部分的表述得以更加完善和准确，在这一点上童夙明教授功不可没。因为光凭我的生物学底子，在解读童第周先生各种艰深的学问时，还是有些力不从心的。但童夙明教授仅仅因为自己没在鄞县老家生活过，看着看着就不放心了，于是决定让小时候在老家生活过的弟弟童宜中和童时中也看一遍稿子，看看有关老家那一段的论述是否准确。他们为我写来了详细的修改意见，言辞真挚诚恳，并一再地感谢我的工作，这种被尊重和承认的感觉真好！文稿撰写快要结束时，我又有幸结识了童夙明教授的堂妹童遐明女士，她热情地帮我查核资料、选择照片，她的热情和直爽，和我在写作时所感受到的叶毓芬是那样相像。果然，从交谈中得知，她少年时代基本都和婶娘叶毓芬住在一起，她是婶娘培养的，婶娘对她比自己的孩子还好，所以她在很多方面都像婶娘。谈起叔叔和婶娘，她有说不完的话，可惜这次的文稿已来不及把这些事写进去了。衷心地希望童遐明阿姨有空的时候，能把这些事都慢慢地写下来，因为这个时代太需要这种伟大人格的感召了。

感谢我的同门师兄曾雄生先生，在我去北京查资料的时候，他不仅亲自来火车站接站，为我安排住宿，而且整整两天陪着我东奔西跑，帮我找关系查资料。他是中科院自然科学史研究所的研究员，工作非常繁忙，当时我想，这两天的打扰，他又不知要开几个夜车才补得回去，心下甚是不安。但他却毫不在意，在我因家中有急事忙着赶回去的时候，他还安慰我——那些来不及复印的资料他会为我复印好寄给我，同窗之谊让人感怀于心。

我和郭学勤女士、竹潜民先生只是初识的朋友，原只想麻烦他们代为联络一下宁波的相关单位，但他俩却不辞辛劳，在2004年罕见的酷暑中，陪我去参观童第周先生在山坳里的故居。记得从宁波去塘溪的客车，不仅破烂得哐当直响，而且没有空调，把我们热得直吞仁丹。一路上，看着他们被太阳晒得通红的脸，被汗水湿透的衣服，我真是满肚子歉意。可他们却一再表示没关系，说："你一个女的，独自跑这种地方，不安全的，我们陪着放心些。"如此简单质朴的语言，却足以让我这辈子都会记得在宁波我有这样两个朋友。

最后，我要感谢院领导和项目评审委员会的专家们，感谢卢敦基先生和陈野女士，是你们对我的信任，让我最终有机会走进这个课题，在了解传主伟大的同时，也得以反省自己的平庸。知不足然后有所进取，希望自己因此能年年有所长进。

俞为洁

2005年4月12日

修订后记

《克隆先驱：童第周传》出版于2005年，是“浙江文化名人传记丛书”102本中的一本。2022年，浙江省社科联在这102本中选出40本作为“浙江文化名人传记精选修订丛书”再版。自古江南多才俊，原来的102位传主大多是文化界名人，科学家极少。童第周既有学术建树，又有社会影响，而且道德情操高尚，故成为本次唯一入选的科学家传主。

本次修订主要集中在以下两个部分。

首先，童第周和牛满江的科研合作是新中国成立后中美科学界的第一次合作，极具时代意义，等同于科学界的“乒乓外交”，一直被视为中美关系正常化的标志性事件，此书2005版对童、牛合作也给予了积极的评价。但随着相关史料被越来越多地公布于众，我们发现事情的真相要复杂得多，学界对牛满江的科研成果多有质疑。修订本中我们对此进行了相应的陈述和讨论，但并不因此否定牛满江在特殊历史时期为推动中国科学发展和社会进步做出的贡献。

其次，在科研单位、科研人员的工作中，基础理论和应用科学之间一直存在一些矛盾。此次修订过程中，发现了较多新公布的相关文献档案，于是新增了“坚持学术与应用并进”一节，专门论述新中国成立后，童第周是如何在“科研为生产服务”的政治大背景下，努力平衡好两者关系的，对现今科研政策的制定和科研人员个人的工作平衡都有一定的历史借鉴作用。

2001年年底，中国加入世界贸易组织WTO，中国迎来全新的发展时代。因此在撰写2005版童第周传时，我们的国际环境较好，我们的心情也是欢欣鼓舞的。但没想到仅仅二十来年的时间，波谲云诡的世界已完全不一样了。在艰难困苦中，如何坚守信念、无私奉献，这或许就是我们重读童第周的意义所在。

俞为洁

2024年8月28日